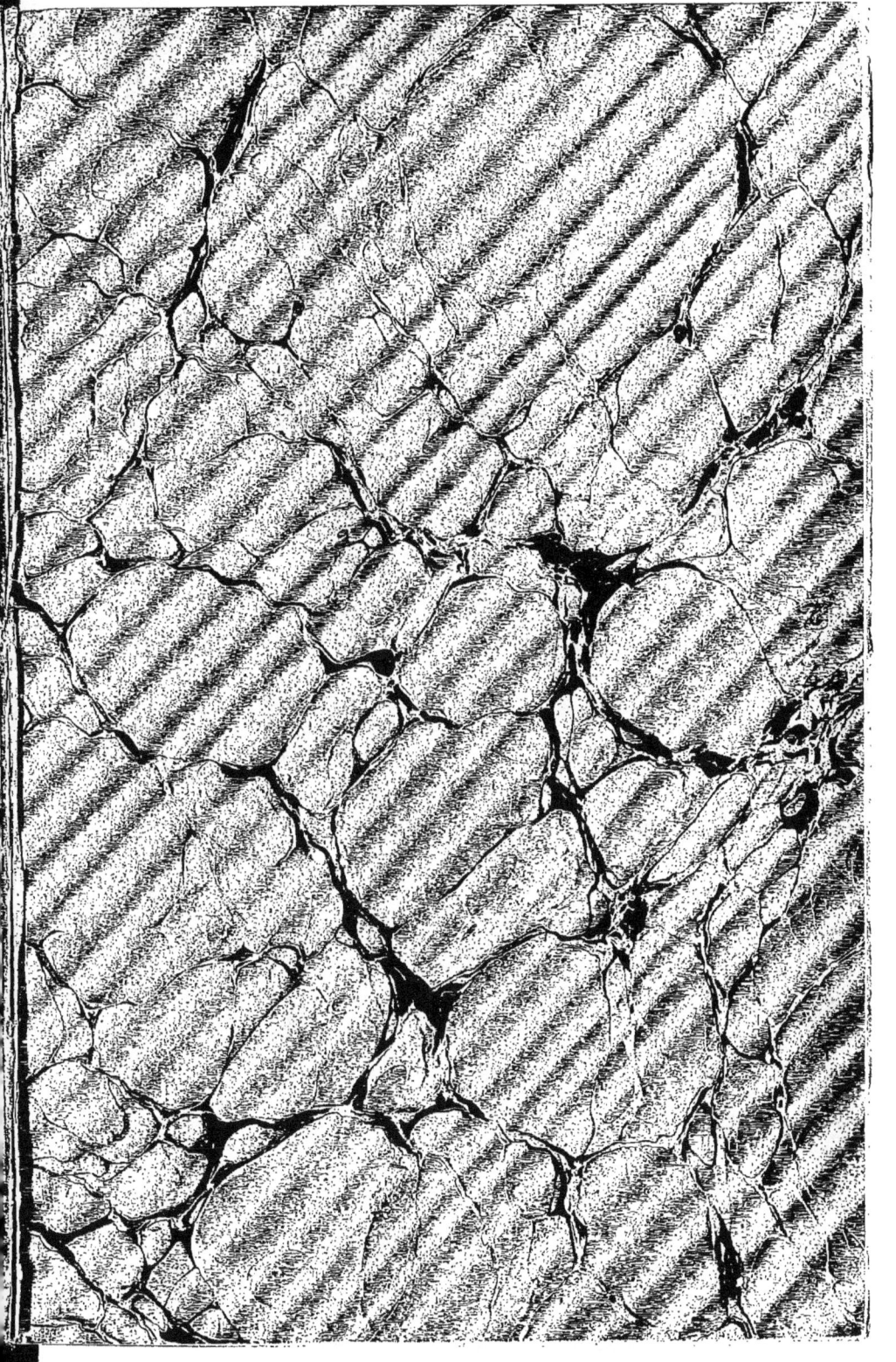

COMTE HENRY D'IDEVILLE

LE COMTE
PELLEGRINO ROSSI
SA VIE, SON ŒUVRE, SA MORT

1787-1848

AVEC UN PORTRAIT PAR HENNER

> Rossi a eu plusieurs patries et n'a servi qu'une cause : cette belle cause de la science développant la civilisation, de la justice affermissant les États, de la liberté perfectionnant les lois.... Pour elle, il a su, depuis 1815 jusqu'en 1848, s'exiler, écrire, parler, agir et mourir.
> Son nom marquera dans l'histoire par l'élévation de ses idées, l'éclat de ses talents, l'utilité de ses ouvrages, la modération de ses actes et la grandeur de sa fin.
> (MIGNET.)

Causam optimam mihi tuendam assumpsi, miserebitur Deus
(Paroles de Rossi, le matin de sa mort.)

PARIS
CALMANN LÉVY, ÉDITEUR
ANCIENNE MAISON MICHEL LÉVY FRÈRES
3, RUE AUBER, 3

1887
Droits de reproduction et de traduction réservés.

LE COMTE

PELLEGRINO ROSSI

1787-1848

OUVRAGES DU MÊME AUTEUR

Journal d'un Diplomate en Italie, notes intimes pouvant servir à l'histoire du second Empire. — (Turin, 1859-1862), 3ᵉ édition. — Hachette et Cⁱᵉ, éditeurs. — Paris 1872.

Journal d'un Diplomate en Italie, notes intimes pouvant servir à l'histoire du second Empire. — (Rome, 1862-1866), 3ᵉ édition. — Hachette et Cⁱᵉ, éditeurs. — Paris 1873.

Journal d'un Diplomate en Allemagne, en Grèce, notes intimes pouvant servir à l'histoire du second Empire. — (Athènes, 1866; Dresde, 1867), 3ᵉ édition. — Hachette et Cⁱᵉ, éditeurs. — Paris 1875.

M. Beulé. Souvenirs personnels avec portrait et autographe; in-18. — Michel Lévy. — Paris 1874.

Les Châteaux de mon enfance (Auvergne et Bourbonnais); in-8º. — 10 eaux-fortes. Victor Palmé. — Paris 1877.

Vieilles maisons et jeunes souvenirs. (Le Collège. — L'École de Droit. — Le ministère des Affaires étrangères, 1840-1850); in-18. — Georges Charpentier, éditeur. — Paris 1880.

Le maréchal Bugeaud, d'après des documents inédits et sa correspondance intime; 3 vol. grand in-8º. — Portrait, autographes et carte. — Firmin-Didot et Cⁱᵉ, éditeurs, Paris 1883. — (Prix Guizot.)

Le maréchal Bugeaud. Édition populaire. 1 vol. in-18, 3ᵉ édition. — Paris 1885.

Les petits côtés de l'Histoire. — Notes intimes et documents inédits (1870-1884). 1 vol. in-18. Calmann Lévy. — Paris 1885. Première partie.

Seconde partie (1870-1886). Paris 1887.

Henner del. Sol. sc.

PELLEGRINO ROSSI.
Né à Correggio le 14 Juillet 1787
Assassiné à Rome le 15 Novembre 1848.

COMTE HENRY D'IDEVILLE

LE COMTE
PELLEGRINO ROSSI

SA VIE, SON ŒUVRE, SA MORT

1787-1848

AVEC UN PORTRAIT PAR HENNER

> Rossi a eu plusieurs patries et n'a servi qu'une cause : cette belle cause de la science développant la civilisation, de la justice affermissant les États, de la liberté perfectionnant les lois.... Pour elle, il a su, depuis 1815 jusqu'en 1848, s'exiler, écrire, parler, agir et mourir.
> Son nom marquera dans l'histoire par l'élévation de ses idées, l'éclat de ses talents, l'utilité de ses ouvrages, la modération de ses actes et la grandeur de sa fin.
> (MIGNET.)

> *Causam optimam mihi tuendam assumpsi, miserebitur Deus.*
> (Paroles de Rossi, le matin de sa mort.)

PARIS
CALMANN LÉVY, ÉDITEUR
ANCIENNE MAISON MICHEL LÉVY FRÈRES
3, RUE AUBER, 3

1887

Droits de reproduction et de traduction réservés.

PRÉAMBULE

I

Vers la fin du mois de novembre 1862, j'arrivais à Rome en qualité de secrétaire de l'ambassade de France, précédant de quelques jours le prince de La Tour d'Auvergne. A peine débarqué au palais Colonna, le nouvel ambassadeur se rendit au Vatican, sans attendre, pour remettre ses lettres de créance au Saint-Père, la réception officielle. Il se fit accompagner par deux membres du personnel de sa mission, un attaché et un secrétaire : le comte Henri de Chateaubriand et moi. Au sortir de l'audience particulière accordée à l'ambassadeur, le jeune attaché et moi, l'un et l'autre nouveaux venus à Rome, fûmes présentés par notre chef au Souverain-Pontife.

Peu de temps après, j'obtins de nouveau l'honneur d'être admis auprès de Pie IX avec ma jeune femme. Je trouve dans mon Journal, à la date du 6 janvier 1863, les lignes suivantes :

« Je viens d'être reçu par le Pape en audience parti-

culière avec Mme d'Ideville. Le prince et la princesse Auguste de Broglie, et leurs trois jeunes fils, ont été introduits avant nous. Leur audience terminée, nous entrâmes dans le cabinet du Saint-Père, et nous nous agenouillâmes sur le seuil. Le Pape, après nous avoir relevés et bénis, me dit aussitôt : « Vous connaissez le prince de Broglie, qui
» sort d'ici ? N'est-ce pas le cousin d'Albert de Broglie,
» votre prédécesseur à l'ambassade de France ?.....
» Broglie, comme vous, était un jeune secrétaire. Il fai-
» sait, en ce temps-là, partie de l'ambassade de Rossi [1]
» qui devint plus tard mon ministre. Il se trouvait à
» Rome lorsqu'on le tua. Mon pauvre Rossi !... Celui-là
» était bien assez libéral, cependant. Il voulait des réfor-
» mes comme moi, lui ! mais ils n'ont pas voulu attendre :
» ils me l'ont assassiné ! »

« Ce nom de Broglie, en rappelant au Saint-Père le nom de Rossi et sa fin dramatique, l'avait vivement impres-

1. Le Pape Pie IX commettait une légère erreur lorsqu'il supposait le prince Albert de Broglie présent à Rome au moment de l'assassinat du comte P. Rossi. Je tiens de M. le duc de Broglie les détails suivants. Nommé second secrétaire de l'ambassade de France auprès du Saint-Siège au mois de mai 1846, le jeune diplomate, qui portait alors le titre de prince, débarquait à Civita-Vecchia le 17 juin 1846, au moment même où le canon du fort Saint-Ange annonçait l'élection du Pape Pie IX. « Je n'eus que le temps, me dit-il, de partir en poste pour Rome, et à peine arrivé au palais Colonna, qui était déjà à cette époque le siège de l'ambassade de France, je m'habillai et accompagnai le comte Rossi au Vatican où il allait saluer le nouveau Pontife. » — M. de Broglie resta près de deux ans à Rome. Il abandonna la carrière diplomatique le lendemain du 24 Février ; il ne se trouvait donc plus à Rome au mois de novembre 1848, lorsque son ancien chef y fut assassiné. — Au moment où éclata la révolution de Février, l'ambassade du roi Louis-Philippe, à Rome, était ainsi composée : comte Rossi, pair de France, ambassadeur ; prince Albert de Broglie, premier secrétaire ; comte François de Bourgoing, deuxième secrétaire ; comte d'Astorg, attaché ; M. Dieudé-Defly, chancelier, consul honoraire.

sionné. Sa Sainteté, toutefois, reprit bientôt sa sérénité, et me questionna longuement sur mon séjour à Turin et sur mes relations personnelles avec le comte de Cavour. » *(Journal d'un diplomate en Italie.)* (Rome 1862-1866. Hachette.)

L'allusion du Saint-Père à ce sinistre événement m'avait frappé. Je n'oublierai jamais l'impression profonde et le ton amer avec lesquels Pie IX prononça ces mots : *Ils me l'ont assassiné!* Aussi, pendant les trois années consécutives que je passai à Rome, ne manquai-je pas une occasion d'interroger les Romains et les Français qui habitaient la Ville Éternelle au moment où se passèrent ces lugubres scènes de révolution. Chose étrange! les personnes auxquelles je m'adressais répondaient presque toutes à mes questions d'une façon vague, embarrassée, et semblaient vouloir éviter ce sujet d'entretien. Quoi qu'il en soit, je fus persévérant, et je recueillis de nombreux documents concernant le crime et les circonstances qui l'avaient précédé et qui le suivirent. La plupart des détails qui sont consignés dans ce livre au sujet de l'assassinat de Pellegrino Rossi, sont empruntés aux pièces authentiques du procès.

On comprend aisément que les Romains, quelles que soient leurs opinions politiques, cherchent à oublier, à effacer cette page honteuse, la plus odieuse peut-être de l'histoire de la régénération italienne. Mais à nous qui n'avons point les mêmes motifs de faire le silence autour d'un crime atroce, ne nous incombe-t-il pas le droit et même le devoir de rechercher avec soin, au nom de la vérité et de l'histoire, les causes de cet attentat? Nous avons donc pris à tâche, faisant la lumière éclatante, de détruire à jamais une stupide légende, mise en circulation avec la perfidie la plus indigne par les haines et les passions d'un parti. L'horreur, en effet, causée par cet attentat, commis publiquement, avec des raffinements de lâcheté, et en quelque sorte avec la complicité de toute une population, fut telle, que, peu de temps après, les auteurs directs du crime, c'est-à-dire les chefs révolutionnaires, reculèrent devant la réprobation unanime et les responsabilités de l'infamie.

A partir de ce jour, circula la légende mystérieuse, répétée d'abord à voix basse, qui laissait supposer que les véritables auteurs de l'assassinat du comte Rossi n'étaient autres que les Jésuites et le *parti noir*. Malgré l'invraisemblance de cette monstrueuse calomnie, il se trouve encore aujourd'hui des hommes instruits et honorables, un peu naïfs, il est vrai, qui ajoutent foi à cette fable. Il n'est donc pas sans utilité de rétablir les faits, et de montrer une fois de plus à quels moyens ont recours nos adversaires.

« A propos de cet attentat, la démagogie ne s'y est point trompée, » écrivait, le lendemain de la mort de Rossi, un Genevois, un républicain sincère, un protestant, M. Huber Saladin, « elle a frappé en Rossi l'ennemi le plus redoutable de son œuvre d'anarchie, de despotisme et de destruction. »

II

Tandis que je cherchais à Rome, sur le théâtre même où ils s'étaient passés, à reconstituer les incidents de la mort de Rossi, je fus naturellement amené à étudier l'homme depuis sa naissance et à pénétrer dans sa vie entière. Cette physionomie m'attira d'autant plus qu'elle est fort peu connue de nos contemporains. En effet, les graves événements qui agitaient Paris et la France en 1848, au moment où le comte Rossi succombait à Rome, expliquent le silence qui se fit autour de cette fin dramatique.

Les archives de notre ambassade de Rome et les cartons de la chancellerie ne contiennent aucun document concernant l'assassinat. Quant aux dossiers relatifs aux deux missions de Pellegrino Rossi, successivement accrédité comme envoyé du roi Louis-Philippe auprès du Pape Grégoire XVI (1844-1846), et auprès du Pape Pie IX (1846-1848), ils sont très incomplets. Mon chef, M. le prince de la Tour d'Auvergne, qui voulait bien m'encourager dans mon travail, me donna l'explication de ces lacunes.

M. Rossi entretenait avec M. Guizot, ministre des Affaires Étrangères, une correspondance particulière très suivie; il n'est donc pas surprenant que les traces de cette correspondance intime n'existent pas dans les archives de l'ambassade, où sont seulement classées les minutes ou les copies des dépêches officielles. C'est à Paris, aux archives du ministère des Affaires Étrangères, que l'on pourrait retrouver une partie de cette correspondance. Toutefois, je dois le dire, ce sont surtout les *Mémoires* de M. Guizot qui m'ont permis de reconstituer cette période si intéressante, et en même temps si délicate, de notre diplomatie à Rome.

Quant aux débuts de Pellegrino Rossi (né à Carrare en 1787), aux fonctions universitaires et judiciaires qu'il remplit à Bologne (1803-1812), sous l'administration du vice-roi d'Italie, Eugène de Beauharnais, au rôle politique qu'il joua auprès du roi Joachim Murat l'*Italique*, c'est dans les journaux italiens et les pièces du temps que nous avons puisé les plus curieux détails.

Pour ce qui concerne la période de 1815 à 1832, durant laquelle Rossi séjourna à Genève comme citoyen suisse, d'éminents contemporains du brillant professeur, des amis de l'exilé, ont bien voulu, à notre intention, recueillir des souvenirs inédits, que nous avons complétés à l'aide des remarquables articles publiés par Antoine Cherbuliez dans la *Revue suisse*.

Enfin, lorsque, en 1833, les instances de M. Guizot et de M. le duc de Broglie eurent réussi à attirer en France le professeur Rossi, nous retrouvons à Paris l'ancien avocat de Bologne, l'ex-citoyen de Genève, successivement membre de l'Institut, professeur au Collège de France, Doyen de l'École de droit et Pair de France. Dans sa chaire, dans ses livres, aux séances de la Chambre haute, nous suivons tour à tour le savant jurisconsulte, l'ingénieux économiste, l'éloquent orateur, jusqu'au jour où la perspicacité d'un grand ministre et la confiance du souverain transformèrent en diplomate le nouveau Français, digne héritier des grands Italiens de la Renaissance.

III

Avant de raconter la vie de Pellegrino Rossi, vie mouvementée et pleine de péripéties, il est important de faire ressortir ce que fut ce personnage, sur lequel la calomnie et la haine ont exercé leurs traits. Cet homme, que ses ennemis de toute opinion, Français, Suisses, Italiens, accusèrent avec tant d'âpreté d'avoir changé aussi souvent de principes que de nationalité, fut précisément, dans tous les actes de sa vie politique, conséquent avec lui-même, fidèle à sa devise et à ses doctrines.

Nul n'a mieux compris cette unité de vie, nul ne l'a mieux définie que M. Mignet, disant: « Rossi a eu plusieurs patries et n'a servi qu'une cause, cette belle cause de la science développant la civilisation, de la justice affermissant les États, de la liberté perfectionnant les lois ; il l'a soutenue dans les cours, propagée par ses livres, scellée de son sang ; il en a été l'éloquent docteur et le courageux martyr... Pour elle, il a su, depuis 1815 jusqu'en 1848, s'exiler, parler, écrire, agir et mourir. Son nom marquera dans l'histoire par l'élévation de ses idées, l'éclat de ses talents, l'utilité de ses ouvrages, la modération de ses actes et la grandeur de sa fin. »

Rossi, à vingt-sept ans, signant, comme commissaire civil du roi Murat, la proclamation du 5 avril 1815, qui convie tous les peuples italiens à combattre, au nom de l'indépendance et de l'unité de la patrie, sous le drapeau de Joachim l'*Italique;* Rossi exilé, enseignant dans sa chaire de Genève les principes de droit et d'histoire, et préparant pour la Suisse, son pays d'adoption, l'admirable projet de *Ligue* et de *Confédération* qu'il avait rêvé jadis pour sa patrie d'origine; Rossi, défendant à Paris, comme conseiller d'État, professeur et Pair de France, les idées libérales et la liberté de conscience; Rossi, ambassadeur français à Rome, obtenant du vieux Pontife Grégoire XVI des concessions que nul autre que lui n'eût osé réclamer, et saluant, dans la personne du nouveau Pape Pie IX, l'aurore, pour l'Italie, d'une ère nouvelle de grandeur et d'unité; Rossi, enfin, après la chute de la monarchie française, ressaisissant sa nationalité première, admis aux conseils du Souverain-Pontife et rêvant pour lui la présidence de la Confédération italienne, demeure constamment identique avec lui-même et inébranlable dans ses convictions. Jusqu'au seuil du palais de la Chancellerie, où le poignard d'un sectaire interrompt sa grande œuvre, il ne varia jamais.

L'histoire de cette vie était à faire. Nous avons tenté l'entreprise. Dans ce cadre restreint de l'existence d'un homme né en 1787, mort en 1848, c'est-à-dire la première moitié du XIXe siècle, nous assistons, non pas à ces grands chocs de nationalités et de peuples qui ensanglantèrent l'Europe, mais à cette lutte passionnée, gigantesque, qui éclata entre le droit ancien et le droit nouveau issu des États généraux de 1789 — et dont notre génération peut-être ne connaîtra point la fin! — Dans cette mêlée ardente, Rossi, le grand libéral, choisit un rôle : celui de conciliateur, de modérateur et d'arbitre. Sa vie fut une aspiration constante vers un but unique : l'alliance étroite du principe divin d'autorité avec les libertés constitutionnelles.

S'il succomba au milieu de la tâche, victime de ses efforts et de sa sincérité, faut-il en conclure que le but généreux qu'il travaillait à atteindre soit irréalisable, et que ses doctrines fussent un rêve, une illusion?

Hélas! serait-il donc vrai que tout accord fût à jamais impossible entre les deux éléments, entre les deux forces qui partagent et divisent les sociétés modernes? Le mot *libéralisme* ne serait-il donc qu'une illusion, une duperie, un mensonge? Seuls, les partis extrêmes seraient-ils logiques, et, seuls, auraient-ils le privilège d'assurer l'ordre et la paix, et de gouverner le monde?

Henry d'Ideville.

Paris, 25 décembre 1886.

SOMMAIRE DES LIVRES

Livre premier.
1787-1815
— **Bologne.** — L'avocat de Bologne, le magistrat sous le Prince Eugène Beauharnais, vice-roi d'Italie (1807) et le commissaire civil du roi Joachim-l'Italique (1815).

Livre second.
1815-1833
— **Genève.** — L'exilé. Le professeur libre ; le citoyen genevois ; le député à la Diète fédérale.

Livre troisième.
1833-1845
— **Paris.** — Le professeur à l'École de droit et au Collège de France ; l'économiste. Le Doyen à l'École de droit ; le Pair de France.

Livre quatrième.
1845-1846
— **Rome.** — Le négociateur du roi Louis-Philippe auprès du pape Grégoire XVI.

Livre cinquième.
1846-1848
— **Rome.** — L'ambassadeur du roi Louis-Philippe auprès du Conclave et auprès du Pape Pie IX.

Livre sixième.
1848
— **Rome.** — Le député de Bologne. Le ministre du Pape Pie IX.

Livre septième. — **Rome.** — Après la mort. Le tombeau.

LIVRE PREMIER

BOLOGNE

1787-1815

Hercule III, duc d'Este, prince de Massa et de Carrare, occupait le trône du petit duché de Modène, lorsque *Pellegrino Louis-Édouard Rossi* naquit à Carrare le 13 juillet 1787, deux ans avant l'explosion de la Révolution française. Ses parents appartenaient à l'une des meilleures familles de la bourgeoisie de la ville, et plusieurs de ses ancêtres furent magistrats.

Pellegrino fit ses humanités, comme on le disait alors, au collège de Corregio, et, ses études terminées, fut envoyé successivement aux Universités de Pise et de Bologne pour y apprendre le droit. A dix-neuf ans il recevait à Bologne le laurier (la laurea), c'est-à-dire le titre de Docteur. « Pellegrino Rossi, » raconte le duc Achille de Broglie, dans ses intéressants Mémoires récemment publiés par son fils, « élevé à Bologne, entré très jeune au barreau de cette ville, où siégeait une Cour impériale très éclairée, sous la domination, bénigne à tout prendre, du vice-roi d'Italie, M. Rossi, dis-je, avait donné, dès ses premières études, les preuves multipliées d'une très haute et très rare intelligence. Il m'a conté à cet égard une petite anecdote, qui se rapportait, j'ai lieu de le croire, à lui-même, bien que, par modestie, il l'attribuât à un anonyme :

« L'Empereur Napoléon, passant à Bologne et visitant l'Université, s'amusait à interroger les écoliers sur divers sujets et, en particulier, sur les sciences mathématiques et physiques. Le corps des professeurs lui présenta un jeune homme doué, disaient-ils, des facultés les plus rares et les plus précoces. L'Empereur le mit sur la sellette, le pressa de questions et fut charmé de ses réponses. Toutefois, durant le cours d'une démonstration épineuse et compliquée, un chiffre échappa au jeune adepte; l'Empereur, après l'avoir laissé continuer quelques instants, le voyant dans l'embarras, lui tira doucement l'oreille et, lui indiquant du bout du doigt l'omission, lui suggéra un expédient pour y parer. Il n'était pas toujours de si belle humeur. »

« Parvenu au premier rang parmi les avocats de Bologne, et devenu du même coup le chef du parti libéral dans cette ville, la plus libérale de l'Italie, le jeune Rossi, ajoute le duc de Broglie, ne put éviter, lors de la « sotte » expédition de Murat, en 1815, de seconder cette entreprise, dont l'issue ne se fit pas attendre. »

Les débuts de Rossi à Bologne furent remarquables

La première fois qu'il parut à la barre, il dut plaider contre un vieux professeur de droit dont il avait été l'élève favori, — et telle fut l'éloquence du jeune avocat, que l'excellent homme, à l'audience même, se jeta dans ses bras en pleurant de joie et comme ravi d'avoir perdu son procès. — Rossi racontait volontiers, comme exemple des lenteurs de la procédure italienne, qu'il avait commencé une de ses plaidoiries par cette phrase : « Messieurs, il y a vingt-trois ans, le jour même de ma naissance, l'assignation que je vais lire ouvrait le procès que vous allez juger aujourd'hui. »

Des grands avocats, Rossi possédait ces deux qualités maîtresses : la justesse d'esprit et la passion. « A ces dons » dit M. Maurice Sabatier, dans l'Éloge de Rossi prononcé le 7 décembre 1867, à la Conférence des avocats, « il joignait une grande élévation de vues et un art parfait. Pour lui il n'y avait pas de petites affaires. Quelque vulgaires, quelque arides qu'elles parussent, il savait toujours les élever et les embellir. L'avocat ne marchait en quelque sorte qu'accompagné du philosophe et de l'artiste. Une cause criminelle d'un grand retentissement et dans laquelle il arracha à l'échafaud une jeune bouquetière de Bologne acheva sa réputation naissante, et lui valut le surnom populaire d'*avvocatino pallido.* »

En 1807, le jeune avocat avait été nommé secrétaire du Parquet de la Cour Royale de Bologne ; il ne tarda pas toutefois à abandonner ces fonctions pour se faire inscrire au barreau de nouveau. Bien qu'il déployât comme avocat des facultés singulières d'éloquence et de précision, ses aptitudes l'entraînaient vers des travaux plus élevés, vers des études plus approfondies. Dès l'année 1812 [1] nous le voyons, fort jeune encore, professeur de droit romain et de droit criminel à l'Université de Bologne.

Avant la Révolution de 1789, les doctrines philosophiques, inspirées principalement de « *l'Encyclopédie* », comptaient déjà maints adeptes autorisés dans la péninsule italienne. A Milan, un groupe de savants, connus sous le nom de la *Société du Café*, publiait sous ce titre un journal où Beccaria [2] (1738-1794), Verri, Lonchi,

---

1. La ville de Bologne, chef-lieu du département du Reno, faisait partie en 1812 du royaume d'Italie. Napoléon, devenu empereur, avait, on le sait, dès 1805, désigné pour vice-roi d'Italie, et pour héritier présomptif de la couronne de fer, le prince de Beauharnais, fils de Joséphine et son propre fils adoptif.

Les États du prince Eugène, indépendants de l'empire français, du royaume de Naples et des États de l'Église, se composaient, en 1812, de 24 départements ainsi distribués : Agogna (chef-lieu Novare); Lario (Côme); Adda (Sondrio); Olona (Milan); Haut-Pô (Crémone); Serio (Bergame); Mella (Brescia); Mincio (Mantoue); Crostolo (Reggio); Ténaro (Modène); Bas-Pô (Ferrare); Reno (Bologne); Rubicon (Cesène); Haut-Adige (Trente); Metauro (Ancône); Musone (Macerata); Tronto (Fermo); La Piave (Bellune); Passariano (Udine); Tagliamento (Vicence); Adige (Vérone); La Brenta (Padoue). Les onze derniers départements ne furent annexés au royaume qu'en 1808 et en 1810, après les traités de Tilsitt et de Vienne.

2. César, marquis de Beccaria, né à Milan en 1738, mort en 1794. Élevé à Paris chez les Jésuites, le célèbre philosophe et économiste eut pour guide les Encyclopédistes, mais avant ceux-ci, Montesquieu. — Il raconte, dans une lettre confidentielle, qu'il était animé de trois sentiments très vifs : « l'amour de la réputation littéraire, l'amour de la liberté et la compassion pour le malheur des hommes esclaves de tant d'erreurs. » Aidé du comte de Firmiani, il fonda un recueil dans le genre du *Spectateur* anglais, intitulé le *Caffé*, avec le concours d'amis zélés et intelligents inspirés par les idées nouvelles. — Bientôt après (Milan 1764), il fit paraître le petit traité : *Des délits et des peines* qui

— 17 —

s'inquiétaient des grands problèmes économiques et juridiques. A Naples, Filanghieri (1752-1789) proposait un système d'organisation publique complètement emprunté aux idées françaises du dix-huitième siècle. Toutefois, les vieux abus persistaient, malgré les efforts des réformateurs ; mais, après 1789, les gouvernements italiens effrayés ou clairvoyants s'efforcèrent de conjurer le péril. On parla d'abolir officiellement la féodalité agonisante. On supprima certaines exceptions, telles que l'inégalité des droits successifs des enfants. On réduisit les droits de primogéniture et les fidéicommis. Des portions congrues et des apanages furent attribués aux cadets. Sur quelques points, l'excessive rigueur des peines reçut certains adoucissements. D'autres modifications allaient bientôt être introduites durant le gouvernement des

devait donner à son nom tant de popularité. Il s'élève avec force contre la torture « qui n'aurait jamais dû souiller les codes mêmes de la tyrannie » ; limite la faculté de punir, en ne laissant que la latitude nécessaire pour atteindre le crime et frapper le coupable. En proposant de donner aux juges, pour la procédure criminelle, des assesseurs choisis par la voie du sort, il eut le premier l'honneur de provoquer l'établissement du jury. « Si, en soutenant le droit des hommes et l'invincible vérité, disait-il dans son Introduction, je pouvais arracher à la tyrannie ou à l'ignorance quelqu'une de leurs victimes, les larmes et les bénédictions d'un seul innocent, dans les transports de sa joie, me consoleraient des mépris du genre humain. »

Le succès prodigieux du petit livre récompensa bientôt l'auteur. L'ouvrage fut traduit dans toutes les langues. Morellet, Rœderer, Diderot, Voltaire en furent les commentateurs. Les philosophes et les jurisconsultes libéraux proclamèrent Beccaria l'ami du genre humain. Ses compatriotes le goûtèrent moins, bien que, dès 1768, on eût créé pour lui une chaire d'économie politique à Milan. — Dans un célèbre Mémoire présenté en 1780 aux magistrats de sa ville sur la *Réduction et l'uniformité des mesures*, il indiqua le premier les bases du système décimal, qui fut, plus de dix ans après, établi en France. Afin d'éviter les persécutions, il se retira à la campagne d'où il écrivait à ses amis « qu'étant l'apôtre de l'humanité, il voulait éviter d'en être le martyr ».

Français, sous la République d'abord et surtout sous la Vice-Royauté du prince Eugène.

Secondé par des hommes d'État, courageux et capables, Melzi, Marescalchi, Aldini, Napoléon renouvelle le droit public et privé du Nord de la Péninsule. Pour diriger les Italiens encore inexpérimentés dans les travaux législatifs, l'Empereur dépêche à Milan Avrial, ancien ministre de la Justice en France, qui avait déjà rempli des missions analogues dans d'autres pays. L'instruction publique cesse de dépendre des autorités provinciales et passe en entier sous la main du gouvernement; enfin, d'éminents jurisconsultes préparent des statuts relatifs aux diverses branches du droit, jusqu'au jour où Napoléon impatient de ces lenteurs impose les codes français (décret du 6 décembre 1810), adoptés par le Sénat italien le 11 février 1811.

Tel était l'état de la science et des institutions juridiques en 1812, lorsque Rossi professait à Bologne.

La jeunesse studieuse et intelligente dont faisait partie Pellegrino Rossi avait accepté avec enthousiasme la domination française. Les idées de liberté, de patrie, d'affranchissement, de progrès se confondaient alors avec les noms de Bonaparte, de Beauharnais, de Murat.

La Révolution française, on ne saurait le dissimuler, avait creusé dans l'Italie de profonds sillons. Ce n'est pas en vain que la Péninsule avait subi l'influence des idées nouvelles. Des germes féconds étaient désormais enfouis dans le sol italien, et les principes d'égalité et de liberté civile s'étaient implantés partout.

Dès 1795, après la première descente de Bonaparte en Italie et ses premiers triomphes sur les armées autrichiennes, le général en chef avait adressé une proclamation où se trouvaient ces mots :

« Peuples d'Italie, l'armée française vient rompre vos chaînes: le peuple français est ami de tous les peuples : venez au-devant de lui. Vos propriétés, vos usages, votre religion seront respectés ; nous ferons la guerre en ennemis généreux et seulement aux tyrans qui vous tiennent asservis. »

Plus tard, après le traité de Campo Formio (17 octobre 1798), lorsqu'il fut entré en libérateur dans toutes les Capitales de la Péninsule, et qu'il eut fondé, pour peu de temps il est vrai, les républiques ligurienne, romaine, parthénopéenne, toscane, le jeune conquérant disait aux Cisalpins avant de les quitter : « La liberté vous a été donnée sans massacre, sans révolution ; sachez la conserver. Faites des lois sages et modérées, exécutez-les avec force et vigueur, remplissez vos légions de citoyens loyaux. Après tant d'années de tyrannie, vous n'auriez pu recouvrer seuls la liberté, mais bientôt vous pourrez la défendre par vous-mêmes. »

Créé Empereur des Français et sacré à Paris par le Pape Pie VII (1804), Napoléon 1er ne pouvait conserver une Italie « républicaine » : il songea à en faire une Italie « napoléonienne. »

Le 18 mai 1805, après les fêtes les plus brillantes données à la société italienne, et au milieu de la cour la plus fastueuse, Napoléon 1er ceignait lui-même, au dôme de

Milan, la vieille couronne des rois lombards. Mais, par une exception généreuse, lui seul devait réunir les deux couronnes de France et d'Italie. Après sa mort, le royaume d'Italie séparé devait appartenir à un de ses héritiers naturels ou d'adoption, pourvu qu'il fût Français ou Italien. Le prince Eugène de Beauharnais fut désigné comme Vice-Roi [1]. La suzeraineté de l'Empire français sur le royaume

1. Eugène de Beauharnais, fils du général vicomte de Beauharnais, député de la noblesse de Blois, guillotiné le 23 juillet 1794, et de Joséphine Tascher de la Pagerie, naquit à Paris en 1781 et mourut à Munich en 1824.
Lors du désarmement de Paris ordonné par la Convention, le jeune homme osa aller réclamer, auprès du général Bonaparte, l'épée de son père. Touché de cette piété filiale, Bonaparte voulut voir la veuve du général de Beauharnais, qu'il épousait le 8 mars 1796. De ce jour commença la fortune d'Eugène de Beauharnais. A quinze ans, il fut nommé sous-lieutenant dans les guides, et fit éclater sa bravoure dans l'expédition d'Égypte. — Après la bataille de Marengo (1800), le beau-fils du général Bonaparte devint général de brigade. En 1804, lors du couronnement, grand-officier de l'Empire, Prince, Grand Chancelier d'État, grand-croix de la Légion d'Honneur, enfin Vice-Roi d'Italie en 1805. Ce royaume, formé, comme nous l'avons dit, de provinces étrangères les unes aux autres et réunies par les conquêtes, manquait de direction politique, d'unité nationale, d'importance militaire.
En moins de neuf ans, le Prince Eugène en fit un État riche, puissant, où prospérèrent toutes les branches des services publics, et où le trésor s'accrut chaque année de 12 à 14 millions de réserve. En 1806, le roi de Bavière, Maximilien-Joseph, avait donné en mariage au Vice-Roi d'Italie sa fille Augusta-Amélie. Napoléon, on le sait, avait déclaré Eugène de Beauharnais son fils adoptif et héritier présomptif de la couronne d'Italie. Lors de la campagne de 1809 avec l'Autriche, le Vice-Roi attaqué et battu à Sacile par des forces très supérieures, reprit sa revanche à La Piave, continua ses succès dans les plaines d'Autriche, pénétra en Hongrie, où il remporta la victoire de Raab, et prit une part des plus glorieuses à la journée de Wagram.
Ce fut surtout pendant la désastreuse campagne de Russie de 1812, que le Vice-Roi révéla ses hautes facultés de sang-froid et de courage, en commandant le quatrième corps, formé de 50,000 hommes. A la bataille de la Moskowa, il enlève la redoute de Borodino, mouvement le plus périlleux et le plus décisif de la journée... Durant la retraite, il fut admirable, depuis Poznan jusqu'à Leipzig. Il employa pendant 50 jours toutes les ressources de la stratégie et se montra l'égal des plus grands capitaines.
En 1814, il tint les alliés en échec, et la noblesse de son âme, la dignité de

d'Italie n'était donc que temporaire. Cette pensée hantait tellement Napoléon, que nous trouvons dans ses Mémoires cette phrase caractéristique : « Depuis la première fois que j'ai paru dans ces contrées, j'ai toujours eu l'idée de créer *indépendante* et *libre*, la nation italienne. Les réunions à l'Empire des diverses parties de la Péninsule n'étaient que temporaires, elles n'avaient pour but que de rompre les barrières qui séparaient les peuples et d'accélérer leur éducation pour opérer ensuite leur fusion. J'aurais rendu l'indépendance et l'unité à l'Italie presque entière. »

Introduit à Naples comme roi italien, Joachim Murat, beau-frère de Napoléon Ier, continua la tradition napoléonienne-italienne. Aussi n'était-ce pas à un étranger, à un souverain de nationalité étrangère que l'Italie libérale confiait ses destinées en 1815, lorsqu'elle cherchait à reconquérir avec Joachim Murat, l'*Italique*, son unité et son indépendance.

Les événements de 1815 et la chute du colosse impérial causèrent en Italie une profonde commotion. Murat, roi de Naples de par consécration napoléonienne, voulut résister. Au moment du retour de l'île d'Elbe, il pénétrait, en effet, dans le nord de l'Italie à la tête de son

son caractère se révélèrent au milieu des perfidies, des trahisons et des vils calculs de l'égoïsme. Les souverains alliés offrirent de lui garantir la couronne d'Italie, s'il consentait à séparer sa cause de celle de Napoléon. Il refusa, et après la chute de l'empereur, en 1815, se retira auprès de son beau-père, en Bavière, où on lui accorda la Principauté d'Eichstœdt et la pairie. Il mourut en 1824.

armée, et entrait dans Bologne appelant l'Italie à la liberté, à l'indépendance.

Pellegrino Rossi fut au nombre des jeunes Italiens fanatiques qui se rangèrent sous sa bannière. Un Mémoire écrit par lui plus tard à Genève donne une explication très nette de sa conduite. Ce n'était point le soldat et le beau-frère de Napoléon souverain à Naples que servait et acclamait le jeune avocat : « Murat à nos yeux, disait-il, représentait pour l'Italie ce qu'elle avait sans cesse rêvé : l'indépendance nationale, tant vis-à-vis de l'Autriche, que Murat avait toujours combattue, que vis-à-vis de Napoléon qu'il avait abandonné en 1815, et dont le nom n'était pas même prononcé dans ses proclamations. »

« En 1814, dit Mignet, Rossi avait acquis une position élevée, une réputation étendue et il commençait une fortune considérable dans ce beau royaume d'Italie, qui s'administrait avec sagesse et se développait avec félicité sous la tutelle française. — Rossi appréciait l'opportunité de cette domination libérale, qui tout en étant étrangère donnait à son pays l'ordre administratif, précurseur du droit politique ; le conduisait peu à peu à l'unité territoriale, moyen futur de l'indépendance, et lui communiquait la force militaire, seule garantie de la nationalité des États. Pour lui la France était l'*institutrice civile* de l'Italie ; elle lui avait apporté ses nobles principes, ses équitables lois, son organisation perfectionnée et prêté le concours de sa puissance jusqu'à ce qu'elle fût capable de s'en passer. Aussi, en 1814, Rossi regrettat-il amèrement la chute d'une aussi utile domination, et, avec tous les amis des idées françaises, il tourna les yeux vers le Roi de Naples. Lorsque Joachim Murat, revenant un peu tard, en 1815, à la cause qu'il avait abandonnée si tôt en 1814, entreprit dans la Péninsule, où il remonta avec son armée, ce que Napoléon, débarqué à Cannes, exécutait en France avec douze cents hommes, et fit entendre ces séduisantes paroles : *L'Italie veut être libre et elle le sera !* il émut et gagna les cœurs italiens. M. Rossi s'associa à cette généreuse témérité. »

Ce mouvement national, dont la grandeur et la nouveauté étaient un peu confuses, avait tenté l'imagination enthousiaste de Rossi. La sincérité et l'ardeur avec lesquelles il avait embrassé cette politique, ses qualités et l'estime universelle dont il était entouré, le désignèrent à Murat comme un de ses auxiliaires les plus utiles. Il fut, malgré sa jeunesse, nommé *Commissaire Civil pour les provinces conquises*. Nous avons retrouvé, signée de lui, une proclamation des plus curieuses, vraiment éloquente et empreinte d'un grand souffle patriotique :

Le Commissaire Général Civil de sa Majesté le Roi Joachim.

« ITALIENS :

» Les temps de l'inaction, des lamentations et des désespoirs silencieux ne sont plus ! Le héros, vers lequel étaient fixés les regards des Italiens, a exaucé leurs ardents désirs. Entouré d'une légion de preux, il a volé au milieu de nous. Il a fait entendre le cri de l'indépendance nationale : d'esclaves il veut faire des hommes libres, des Italiens !

» Pourrions-nous refuser d'accourir à la voix de celui qui rêve notre salut, de celui dont le bras invincible veut enlever cette tache qui, depuis tant de siècles, nous a déshonorés ! Lequel parmi nous ne frémissait — pour peu qu'en lui demeurât quelque flamme du feu sacré de la patrie — à voir les orgueilleux étrangers, pleins d'arrogance, de mépris, parcourir nos belles contrées, s'évertuant à nous humilier, à nous opprimer, à nous jeter l'insulte comme si nous étions de vils esclaves, nés pour être esclaves et incapables de ne point l'être ? Nos palais sont envahis ! nos villes dévastées, nos trésors perdus, nos parents et amis arrachés de nos bras ! Et nous-mêmes, dépouillés, opprimés, n'étions-nous pas, pour comble de misère, un objet de dédain et d'humiliations !

» A nous, Italiens, lorsqu'il arrive de visiter les contrées étrangères, nous Italiens, nés sur le sol des anciens dominateurs du monde, nous, maîtres dans les sciences et les beaux-arts, il nous faut rougir en prononçant le nom de notre patrie, car ce beau nom excite non point le respect, mais une insultante commisération !

» Vous n'êtes bons, vous, Italiens, dit en souriant l'Étranger, qu'à exercer des arts frivoles ; quant aux mots de courage et de patrie, vous n'y comprenez rien ! Divisés, ennemis les uns des autres, vous êtes la proie du premier à qui survient la fantaisie de devenir votre maître. Votre pays est un jardin que vous cultivez en serfs de la glèbe, et qui semble créé pour délasser de leurs fatigues les Vaillants descendus pour vous dominer.

» Ah ! Italiens, une fois enfin, faisons taire ces injurieux discours ! Développez cette énergie et cette vigueur qui hantent vos cœurs ; accourez, alertes, soyez pleins de volonté, ardents à l'appel du grand capitaine qui est habitué à conduire ses soldats à la victoire ! Voulez-vous qu'à l'infamie de vingt siècles de servage s'ajoute cette tache nouvelle et indélébile d'être restés sourds à la voix de votre libérateur? Voulez-vous que l'Europe entière décide que nous sommes indignes d'être affranchis?

» Non, vous ne le voulez pas!

» Le cri de l'Indépendance a retenti bien haut. Ce cri vibre dans les pays voisins et ne tardera pas à se répandre partout. Notre patrie est la même; que notre valeur, que notre énergie le soient aussi!

» Et vous, Jeunes Italiens, espérance de la patrie, accourez! Cette cause n'est-elle pas la vôtre avant tout? Quelle carrière s'ouvre devant vous!

» Désormais l'Étranger ne viendra plus usurper les honneurs, les récompenses dus à votre génie, à votre valeur.

» Respectés et forts par vous-mêmes, vous laisserez à ceux qui viendront après vous l'héritage le plus beau, le meilleur : *l'Unité de la patrie!*

» Volez donc aux armes! Réunissez-vous sous la bannière de l'Auguste monarque qui a entrepris la grande œuvre, de ce héros vraiment le père du peuple et l'ami du soldat!

» Voyez ces valeureux Italiens couverts de blessures et de gloire, brûlant de l'amour sacré de la patrie. Ils aspirent à vous voir combattre auprès d'eux, vous jusqu'ici restés oubliés au fond des campagnes.

» Vétérans, volez! formez-vous en bataillons épais. Soldats, courez rejoindre vos capitaines, et que les jeunes qui n'ont pas encore manié les armes, instruits, animés par votre exemple et vos paroles, viennent grossir vos rangs! Sur les champs de bataille, vous leur servirez de pères; ainsi vous aurez doublement mérité de la patrie. Elle vous prépare les couronnes dues aux libérateurs. De retour dans vos foyers, vous y mènerez une vieillesse heureuse et honorée, sinon vous la traînerez misérable et avilie.

» Et vous, Mères, Épouses, Jeunes filles, vous la plus respectable, la plus belle, la plus chère partie de la nation, soyez aussi enflammées de l'amour du bien public. La patrie vous contemple, elle attend beaucoup de vous.

» Que tous vos sentiments, toutes vos paroles respirent le courage et l'énergie. Et que voyez-vous plus beau que le courage !

» Enfin, je m'adresse à vous, Magistrats, Prêtres et Ministres des cultes, Notables, Citoyens. C'est de vous que la nation attend ses destinées; c'est sur vous que repose notre salut. Que votre voix autorisée se fasse entendre; que par vous avant tous autres soit prononcé le cri irrésistible : Patrie et Indépendance Italienne.

» L'indifférence, la tiédeur, l'égoïsme dans cette suprême lutte sont coupables. Si d'autres châtiments vous étaient épargnés, vous subiriez le pire de tous : l'infamie.

» Mais loin de nous de telles pensées ! Ne sommes-nous pas tous Italiens. Jadis, nous avons pu avoir des aspirations, des opinions diverses. Aujourd'hui une seule pensée doit nous réunir : la volonté d'être tous Italiens !

» Debout donc, ne formons qu'un faisceau ! suivons les grands et glorieux exemples que les peuples de Naples nous ont donnés. Cœurs généreux, ils formaient déjà un royaume, ils possédaient, eux, une nationalité propre ! Les voilà, de l'extrémité de l'Italie, où ils étaient paisibles maîtres de leur destinée, qui courent vers nous, jurant de ne s'arrêter que le jour où le drapeau de l'Indépendance italienne sera planté sur les Alpes !

» Et nous, qui avons dépensé tant de sang, tant de trésors pour des luttes étrangères et à seule fin de river nos propres chaînes, resterions-nous froids à l'appel de ces généreux frères, de ces Italiens vraiment nôtres qui ont tout abandonné pour voler au combat, en vue de notre Indépendance !

» Serons-nous assez fous, assez inertes, pour méconnaître à ce point notre temps !

» Enrôlons-nous donc avec nos frères de Naples ! courons au-devant des braves qui nous enseignent de si nobles exemples. Confondons nos cœurs dans un embrassement et une reconnaissance fraternelle. Unité, combat, victoire !

» Qui oserait douter du triomphe lorsque nous avons à notre tête ce monarque, ce capitaine, dont les gestes héroïques ont rempli l'Europe et dont l'habitude est de vaincre !

» Que chacun mette sa gloire à le seconder ; que partout et longtemps retentisse bien haut ce cri irrésistible :

» Vive l'Italie, vive l'Indépendance italienne, Vive le Roi Joachim l'*Italique !*

» LE CHEVALIER ROSSI.

» Bologne, le 5 avril 1815. »

Au moment où le chevalier Rossi entraînait ses compatriotes à la suite du Roi italianissime Joachim Murat [1],

---

[1]. Joachim Murat, né à la Bastide-Fortunière en 1771, fils d'un aubergiste, avait étudié pour entrer dans les ordres, s'enrôla comme soldat, se montra fort exalté au moment de la Révolution et perdit comme terroriste le grade de colonel qu'il avait obtenu à l'armée des Pyrénées occidentales. Réintégré en 1795, il devint l'aide de camp du général Bonaparte et l'accompagna en Italie et en Égypte, où sa valeur fougueuse devait se manifester à chaque action. Blessé à la prise d'Alexandrie et aux Pyramides, il fait comme général de division l'expédition de Syrie et se couvre de gloire à la bataille d'Aboukir. Au 18 brumaire c'est lui qui commande les grenadiers qui dispersent les Cinq-Cents. Peu de temps après il est nommé commandant de la garde consulaire et reçoit la main de Caroline Bonaparte, sœur du Premier Consul.

Les années suivantes on signale sur tous les champs de bataille sa merveilleuse intrépidité : — Gouverneur, un instant, de la République Cisalpine il devint bientôt, avec l'Empire (1804), Maréchal de France, Prince et Grand-Aigle. Un des héros d'Austerlitz, où il commanda la cavalerie, il est créé Grand-Duc de Clèves et de Berg. Iéna, Eylau, Friedland le voient tour à tour couvert de gloire. Envoyé en 1808 en Espagne, il y reste jusqu'au moment où Joseph Bonaparte prend possession du trône.

Proclamé Roi des Deux-Siciles le 1er août 1808, il s'attache à ses sujets par des améliorations nombreuses et cherche même à se soustraire à la tutelle impériale de son beau-frère. Il reprend cependant en 1812, pendant la campagne de Russie, le commandement de la cavalerie de la Grande Armée, puis retourne

Napoléon venait d'accomplir son merveilleux retour de l'île d'Elbe (Les Cent jours, du 20 mars au 8 juillet 1815). L'Empereur, est-il besoin de le dire, avait généreusement pardonné à son beau-frère Murat sa défection de 1814. Ce dernier, fort de l'appui, des sympathies et des vœux de la France libérale, se crut appelé à régénérer l'Italie et à la soulever tout entière au nom de son indépendance. Le rêve fut de courte durée : Murat l'*Italique* triomphant d'abord à Ancône, à Florence, à Parme, à Bologne, à Modène, fut repoussé à Occhio-Bello dans la Haute-Italie, contraint de revenir sur ses pas, enfin poursuivi par les Autrichiens, qui le battirent à Tolentino et à Macerata le 2 mai. Parti le 16 mars 1815 de sa capitale en libérateur, il y rentra le 19 mai vaincu, pour en sortir, le 20, fugitif.

---

précipitamment à Naples, qu'il quitta peu de temps après en 1813, pour revenir faire la campagne d'Allemagne, Dresde, Wachau, Leipzig.

Mais là s'arrêta son dévouement à l'Empereur Napoléon. Il se crut, fut-ce un tort? délivré de tous liens de reconnaissance et désormais engagé seulement par ses devoirs de Roi italien vis-à-vis de ses peuples. Sa seule préoccupation fut de sauver sa couronne. Il signa en janvier 1814 un traité avec les alliés et marcha en Italie contre l'armée du Prince Eugène, à laquelle peut-être son intérêt lui ordonnait de se joindre. Les alliés, en effet, ne tardèrent pas à oublier leurs promesses et Murat aurait dû penser que la maison de Bourbon s'empresserait de réclamer le trône de Naples. Le traité de Vienne le déclara déchu (3 octobre 1814). Le 1er mars 1815, Napoléon, quittant l'île d'Elbe, débarqua au golfe Juan. Murat, pardonné par Napoléon, appela alors l'Italie à l'indépendance et attaqua l'armée autrichienne. Cette précipitation, a-t-on dit justement, compromit tout en France comme en Italie. Joachim perdit, avec un royaume, l'occasion d'une diversion qui eût été fort utile à Napoléon deux mois plus tard. Battu le 2 mai à Tolentino, il fut fusillé le 13 octobre 1815 (voir le texte). Son erreur fut de pas comprendre que la cause de Napoléon était la sienne propre, et que sans l'appui de la France il ne pourrait demeurer roi, système qui avait pourtant réussi à Bernadotte dont la portée politique était supérieure à celle de Murat.

En France, la puissance de l'Empereur Napoléon dura cent jours. Celle du Roi Joachim en Italie en dura soixante-cinq. Chassé de Naples, c'est de Corse que Murat prépara son expédition désespérée, dans le but de reconquérir son trône éphémère. Embarqué le 28 septembre avec 250 partisans fidèles, il aborda presque seul au Pizzo, en Calabre, le 8 octobre. Saisi et condamné à mort par une commission militaire, il fut fusillé le 13 octobre 1815, et mourut avec la noblesse et le courage d'un Roi.

Cette pensée de l'Italie régénérée par les Napoléon et leur race, n'avait point, il faut le dire, germé seulement dans le cerveau du Roi Joachim. A plusieurs reprises, comme nous l'avons vu, l'Empereur Napoléon, Italien d'origine, de tempérament, d'aspirations et de goûts, avait porté ses vues vers l'Italie et rêvé pour elle de grandes destinées.

Il est intéressant de reproduire les paroles presque prophétiques prononcées par Napoléon au mois d'octobre 1814 à Porto-Ferrajo. Répondant à une députation d'Italiens qui le pressaient de descendre sur les côtes de la Péninsule en lui promettant un soulèvement général, le souverain de l'île d'Elbe s'exprimait en ces termes :

« J'ai été grand sur le trône de France principalement par la force des armes et par mon influence sur l'Europe entière, mais le caractère distinctif de mon règne était toujours la gloire des conquêtes. A Rome, ce sera une autre gloire aussi éclatante que la première et plus durable et plus utile... Je ferai des *peuples épars de l'Italie une seule nation*, je leur donnerai l'unité des mœurs qui leur manque, et ce sera l'entreprise la plus difficile que j'aie tentée jusqu'ici. J'ouvrirai des routes et des canaux, je multiplierai les communications; de nouveaux et vastes débouchés s'ouvriront aux industries renaissantes, tandis que l'agriculture montrera la précieuse fécondité du sol italien... Naples, Venise, La Spezzia deviendront d'immenses chantiers de construction navale, et dans peu d'années l'Italie aura une marine imposante. Je ferai de Rome un port de mer; dans vingt ans l'Italie aura une population de trente millions d'habitants et sera la plus puissante nation de l'Europe. Plus de guerre, plus de conquête : j'aurai néanmoins une armée brave et nombreuse sur le drapeau de laquelle j'écrirai la devise : *Malheur à qui le touche!* et personne n'osera. Après avoir été César en France, je serai Camille à Rome : l'étranger cessera de fouler sous son pied le Capitole et n'y retournera plus. Sous mon règne la majesté antique du peuple-roi s'unira à la civilisation de mon premier Empire, et Rome égalera Paris, en conservant intacte la grandeur de ses souvenirs. »

Il ne faut pas oublier, à ce propos, que les Italiens revendiquent hautement et non sans raison comme leur appartenant la race des Bonaparte. Dans un palais de Milan, je me souviens d'avoir vu un plafond allégorique peint par Appiani. Le sujet représente l'empyrée au milieu duquel trônent en cénacle tous les grands hommes italiens. Auprès de Raphaël, de Léonard de Vinci, de

Machiavel et de Dante, Napoléon Ier apparaît, le sceptre en main, la couronne sur la tête.

« Napoléon Bonaparte, enseigne-t-on dans les écoles de Turin et de Rome, est un Italien de génie que l'Italie généreuse a prêté à la France. » — L'affranchissement du Piémont en 1859 et l'unité de l'Italie, accomplis grâce au concours de Napoléon III, ne sont pas seulement un acte de reconnaissance; n'est-ce pas en quelque sorte l'œuvre « d'un prince de race italienne » dévoué à la grandeur et à l'unité de la première patrie de ses ancêtres?

Après la défaite, l'arrestation et le supplice du Roi Joachim Murat, les souverains légitimes rentrèrent dans leurs États. Ferdinand IV, sous le titre de Ferdinand Ier, reprenant le titre de Roi des Deux-Siciles, succéda à la dynastie franco-italienne de Murat, dont le règne avait duré de 1808 à 1815.

Le Pape Pie VII rentra en possession du domaine pontifical. L'ancien prisonnier de Savone et de Fontainebleau, que l'Empereur excommunié avait fait arrêter le 5 juillet 1809, et que la chute de ce dernier, en 1814, avait, pour quelques mois seulement, réintégré à Rome, fut définitivement réinstallé au Vatican. Ses ministres exilèrent les plus compromis parmi les chefs qui avaient suivi la cause de *Joachim l'Italique :* Pellegrino Rossi fut de ce nombre. Contraint d'abandonner Bologne, il se jeta d'abord dans les Calabres, et parvint non sans difficultés et sans dangers à Naples, C'est de là qu'il s'embarqua, pour demander à la Suisse un asile hospitalier.

Dans un Mémoire, daté de Genthod (Suisse), le 14 juillet 1815, le jeune exilé répondant à ses ennemis et à ses juges, se peint tout entier, avec cette hauteur dédaigneuse et cette ironie qui le caractérisent :

« Si c'est un crime, dit-il, d'aimer son pays, de désirer qu'il redevienne grand et heureux, je dispense mes accusateurs de chercher des preuves contre moi ; je m'avoue coupable et je tiendrais pour une injure d'être déclaré innocent... J'ai appris de bonne heure à distinguer le libéralisme des idées, de la subversion de toute règle de droit et de morale ; la liberté civile qui peut être obtenue par diverses formes de gouvernement et plus sûrement peut-être dans une bonne monarchie, de la licence qui est trop souvent le cortège des fauteurs des systèmes républicains ; l'instruction du peuple, des prétentions anormales et violentes ; la superstition, de la religion ; enfin, le citoyen éclairé, du démagogue... Il faut se souvenir que notre règne a été court, tellement court, que tous ceux qui ont été offensés de la vue de notre élévation pourraient nous pardonner l'impertinence que nous avons eue de nous laisser mettre au-dessus d'eux, en faveur de la brièveté de l'insulte... Si ceux qui nous jugent, moi et les compagnons de mon infortune, d'après l'issue des événements rentraient, pour un instant en eux-mêmes, ils conviendraient de bonne foi que, si l'armée napolitaine eût passé le Taro, de fous et de misérables, nous devenions pour eux des hommes assez sages ; si elle eût passé le Pô, nous étions des hommes de quelque valeur ; si elle eût passé l'Adige, nous devenions de grands hommes ; si enfin l'Italie tout entière s'était mise en mouvement, et si on eût touché les Alpes, nous étions des héros, par ce simple accident que Bologne étant plus près du Rubicon que de la Dora, nous aurions été les premiers magistrats choisis?... »

LIVRE SECOND

GENÈVE
1815-1833

En 1815, au moment où la disparition du colosse impérial vint suspendre en France, en Italie, on peut dire dans toute l'Europe, le cours des idées « libérales », selon les uns, « révolutionnaires », d'après les autres, le jeune Rossi, exilé par le gouvernement pontifical, n'hésita point à se réfugier sur le territoire de la Confédération suisse. Toutefois, avant de se fixer à Genève, il séjourna quelques mois à Londres. Eut-il le temps d'étudier à fond les hommes et les mœurs de l'Angleterre, cette autre terre du libéralisme ? Nous serions embarrassés de le dire. Il existe, en effet, peu de trace de ce voyage et du séjour de Rossi à Londres.

Nous le retrouvons presque aussitôt à Genève, au printemps de 1816. Genève était alors l'asile de tous les grands esprits, un des centres les plus intelligents de l'Europe. A Genève, que Mme de Staël appelait « l'hôpital des blessés de tous les pays », l'influence de Coppet se faisait sentir, même après la mort et la dispersion de ses hôtes illustres [1].

Le jeune Italien s'installa dans une modeste maison, aux portes de la ville. Ses premières années se passèrent dans la retraite et le recueillement. L'exilé, accueilli avec intérêt par tous, l'était avec une bienveillance particulière par le bon et estimable Bonstetten [2]. On le voyait là, dit M. Huber Saladin, aux mardis qui réunissaient toute la société intellectuelle genevoise et étrangère, pâle, triste, animé du seul feu de son regard, modestement dissimulé dans une embrasure de fenêtre, s'exprimant de préférence en italien, ne voulant pas, disait-il,

---

1. Une année à peine après l'arrivée de Rossi à Genève, la baronne de Staël-Holstein (Louise-Germaine Necker) mourait, quittant ce monde qu'elle avait rempli de sa célébrité un peu bruyante, de sa gloire littéraire et de ses infortunes (1766-1817). Le château de Coppet, où elle voulut mourir, devait longtemps encore, imprégné de ses souvenirs, conserver les traces de ces deux femmes intelligentes qui l'ont rendu à jamais célèbre, Mme Necker et Mme de Staël. L'arrière-petit-fils de l'auteur de *Corinne*, le comte Othenin d'Haussonville, dans un charmant ouvrage, *le Salon de Mme Necker, d'après les documents tirés des archives de Coppet*, a élevé un monument précieux à son illustre aïeule et à la pléiade de ses amis. Pourquoi n'achèverait-il pas l'œuvre si bien commencée en écrivant l'histoire de Coppet depuis la mort de Mme Necker jusqu'à nos jours ?

2. Bonstetten, né en 1745 à Berne, mort en 1832 à Genève, littérateur des plus distingués, était le disciple du célèbre philosophe et naturaliste genevois Charles Bonnet, mort en 1793. — Sans parler de la colonie étrangère, qui comptait d'illustres exilés, l'élément genevois était représenté par des hommes de haute valeur et de notoriété, tels que Dumont, l'ami de Mirabeau, commentateur de Bentham, d'Ivernois, de Sismondi, de Candolle, Pictet-Diodati, membre du Corps législatif, Pierre Prévost, de la Rive, le savant professeur Bellot et d'autres noms moins connus hors du territoire de Genève, Lallin de Chateauvieux, Pictet de Rochemont.

« briser les perles de la langue française avant de savoir les enfiler. »

M. Louis Reybaud, parlant de Rossi, écrivait ceci : « Nulle part ailleurs plus qu'à Genève, un esprit de quelque étendue ne pouvait se créer des relations d'un ordre plus élevé et se trouver en contact avec des hommes plus éminents. » Non loin de Genève le château de Coppet gardait le souvenir qu'y avait laissé la glorieuse châtelaine et conservait encore pour hôtes, quelques mois de l'année, MM. de Broglie, Auguste de Staël et leurs amis. Ainsi cette hospitalière vallée du Léman, où s'étaient abrités, au jour de leur disgrâce, Voltaire, J.-J. Rousseau et l'auteur de *l'Allemagne*, pouvait s'enorgueillir encore d'une famille de penseurs, de savants italiens.

Un aimable octogénaire genevois, contemporain et ami de Rossi, le conseiller d'État Pictet de Sergy, un des derniers représentants de l'ancien régime à Genève, a bien voulu nous communiquer de précieux souvenirs pleins de saveur sur Pellegrino Rossi et sur la société genevoise sous la Restauration.

« La première fois que j'ai vu M. Pellegrino Rossi, nous écrit-il, c'est au mois d'août 1815, dans le salon du baron Crud, à Genthod.

» J'avais appris précédemment que M. Crud, appelé à gérer de grandes terres dans la Romagne, s'était trouvé impliqué dans de graves procès pour lesquels il avait recouru à un jeune avocat de Bologne, assez distingué pour qu'il eût fini par lui promettre sa fille en mariage. Mais ledit avocat, s'étant engagé dans une conspiration contre l'autorité papale, avait été condamné à mort par contumace et était accouru à Genève annoncer à M. le baron Crud qu'il ne croyait plus pouvoir aspirer à la main de sa fille.

» M. Rossi ne s'en établit pas moins à Genève. Sa qualité d'adversaire de la Papauté était un titre dans la cité de Calvin; mais sa position de *carbonaro* le recommandait moins à la portion conservatrice ou aristocratique de la société genevoise. Un rare bonheur, ou plutôt un rare savoir-faire de sa part ne lui assura pas moins, dès le début, l'intimité et en fait la protection de la famille Calandrini, la plus illustre des familles italiennes réfugiées à Genève pour la foi réformée et encore brillante à l'époque dont je parle (elle s'est éteinte depuis). C'était un appui *à droite*.

» En même temps, M. Rossi se trouva plus naturellement mis en rapport avec les hommes les plus marquants du parti libéral modéré, sagement progressif, destiné à procurer à Genève ressuscitée vingt-cinq ans d'une honorable prospérité. Parmi eux, le savant et judicieux Bellot, professeur de droit. Il se lia également avec MM. de Bonstetten, Étienne Dumont, Sismondi et autres.

» A cette époque (1820 à 1830), une vieille et modeste maison, à l'angle de la place du Bourg-de-Four, rassemblait sous son toit ce qui restait de plus piquant et de plus nourri comme éléments de conversation, depuis que le salon de Mme de Staël était fermé. Trois ménages, que reliaient entre eux des sentiments d'étroite sympathie, s'y trouvaient réunis.

« Le marquis Benigno Bossi, Milanais, épave de la conspiration de 1821 contre la domination autrichienne, avait pu se soustraire aux châtiments qui avaient atteint la plupart de ses illustres complices, Silvio Pellico et les autres, et avait trouvé à Genève non seulement un asile sûr, mais dans la personne de Mlle Bertrand Satoris une compagne énergique, dévouée et douée en même temps du plus brillant esprit. A côté d'eux logeait M. le pasteur Munier, un des chefs les plus considérés de l'Église de Genève, aussi distingué par ses séduisantes qualités d'homme du monde que par son talent de prédicateur. Son épouse, née Amélie Romilly, l'élève favorite du peintre de portraits Massot, joignait à de grands talents artistiques l'esprit le plus original. Le troisième ménage du groupe était celui de l'historien Sismondi. La réputation de M. de Sismondi était faite, non seulement comme savant et écrivain, mais également comme aimable causeur et épistolier. Sa douce et gracieuse compagne, d'une famille de quakers anglais particulièrement estimée, les Allen, était loin de déparer cette guirlande intellectuelle.

» Ces trois ménages, déjà si riches par eux-mêmes en mérites divers, formaient comme un foyer qui attirait les esprits de même nature. On rencontrait dans ces modestes réunions, où le luxe n'entrait absolument pour rien, l'illustre botaniste Pyramus de Candolle, l'éminent oculiste professeur Maunoir, M. Étienne Dumont, Pictet et bien d'autres.

» La place de M. Rossi était toute marquée dans cette

— 38 —

pléiade, qui tenait à l'Italie par Sismondi et le marquis Rossi. Néanmoins, il fallait vivre... Le premier soin de M. Rossi fut de fonder un cours public d'histoire de la Suisse. Ce cours piqua fort la curiosité et obtint un grand succès. Le sujet, en lui-même, était fort digne d'intérêt, mais la mise en scène et l'étrangeté du professeur captivèrent surtout l'attention. Sa figure sombre, plus ou moins bistrée, son apparence froide, fatiguée et même quelque peu dédaigneuse, laissait cependant, sous ce masque d'insouciance, deviner une grande énergie de volonté. Cette physionomie attirait, qu'on le voulût ou non, par une sorte de fascination magnétique, mais sa manière de s'exprimer produisait une impression plus profonde encore. M. Rossi avait un accent italien très prononcé; son organe était voilé et en quelque sorte caverneux; il parlait lentement, par phrases incisives, puis il s'arrêtait..., tenant son auditoire suspendu à ses lèvres, silences calculés qui rehaussaient encore l'effet de ses discours. Dans son cours d'histoire de Suisse, il passa rapidement sur l'épisode du serment de Grütli, qu'il ne songea point à contester. En revanche, arrivé à la légende de Guillaume Tell, il s'exprima ainsi : « Quant à l'his-
» toire de Guillaume Tell, dit-il de sa voix la plus mor-
» dante, il y a bien des gens qui croient que ce n'est pas
» vrai..., *ma*, quant à moi, j'y croirai tant qu'on ne m'en
» aura pas donné une plus jolie, et je vous engage à en
» faire autant. » Le succès de ce cours contribua fort à élargir et à consolider la position de M. Rossi à Genève. Il fut admis comme citoyen genevois et nommé bientôt

après professeur de droit. Il épousa une jeune personne fort honorable de la bourgeoisie genevoise, et dut à ce mariage de passer quelques années dans une très gracieuse résidence, à Sécheron, sur les bords du lac Léman, propriété achetée depuis lors et embellie par M. François Bartholony. Il fonda avec MM. Bellot, Dumont, Sismondi, une savante revue mensuelle intitulée : *Archives de législation,* qui, pendant deux ans, publia des travaux d'un vif intérêt. Enfin, élu membre du Conseil législatif (dit représentatif) du canton de Genève, il joua un rôle important dans le groupe libéral modéré. »

A peine installé à Genève, Rossi s'appliqua à se perfectionner dans la langue anglaise et la langue allemande. Il vivait alors fort retiré, travaillant sans relâche. En 1817, il fit imprimer en italien *le Giaour,* imitation plutôt que traduction de Byron. « Cette œuvre, dit un de ses compatriotes italiens, dans laquelle on a voulu trouver réunies les mâles beautés de l'original, la concision de Dante et la noblesse d'Alfieri, contient, on ne saurait le nier, de beaux vers dans un langage robuste ! Mais on y entrevoit, plutôt qu'un écrivain classique, un génie vigoureux aigri par le malheur qui a retrouvé, dans la terrible poésie de Byron, un prétexte à soulager et à adoucir sa propre tristesse. »

La poésie, à vrai dire, n'était point à Genève le terrain le meilleur à exploiter ; d'autres études et un but plus utile et plus pratique devaient tenter l'exilé. Au mois de janvier 1819, les journaux de Genève annonçaient l'ouverture d'un cours public de jurisprudence appliquée au droit romain. C'était le professeur de Bologne qui tentait sur une terre libre et dans une langue étrangère de continuer l'enseignement qu'il avait jadis si brillamment développé dans son pays natal. Le succès fut complet, et bientôt après, en mars 1820, le droit de la bourgeoisie de Genève fut accordé gratuitement à Rossi. Cinq mois après avoir été naturalisé genevois il était élu à une grande majorité, député au Conseil représentatif[1].

Les Genevois, gens positifs, d'esprit solide autant qu'élevé, utilisèrent les aptitudes et les talents de leur nouveau citoyen. Rossi prit une large part aux travaux du Conseil représentatif, entre autres aux lois sur la liberté de la presse, la publicité des hypothèques, les règles du contentieux administratif, la distinction du mariage civil et du mariage religieux. Une publication périodique, les

---

1. Il n'est pas certain, d'après des documents nouveaux, que Rossi ait été admis gratuitement à la qualité de citoyen genevois, comme on l'a prétendu. Si on lui eût octroyé cette faveur, le *Recueil des lois* du canton de Genève en ferait mention. On trouve simplement dans ce recueil que Pellegrino-Louis-Alderano Rossi a été admis le 6 mars 1820 à la qualité de citoyen du canton de Genève. Il le fut donc sur sa demande et en suivant les formes ordinaires.

Au mois d'août de la même année 1820, — il n'était citoyen que depuis six mois, — il fut élu membre du Conseil représentatif (Corps législatif du canton de Genève). Il y joua un rôle actif. Mais, les séances se tenant à huis clos, et aucune publication du procès-verbal des séances n'existant, on ne retrouve point trace de ses discours. On sait seulement qu'il s'opposa vivement à l'établissement de l'assurance mutuelle obligatoire des habitants. Il jugeait ce principe *anti-économique;* de nos jours, il aurait dit socialiste, mais ce mot n'était pas encore en usage. L'assurance obligatoire fut néanmoins décrétée, malgré son opposition. Ce principe a été aboli en 1883 sur une proposition faite et soutenue par M. Alphonse de Candolle, qui, à cette occasion, rappela l'opinion émise trente ans auparavant par Pellegrino Rossi et s'appuya sur son autorité.

Annales de législation et d'économie politique (1819-1821), reflétait en même temps l'éclat de son enseignement et résumait ses travaux.

Dix années se passèrent ainsi et, sauf quelques rares voyages en France, le professeur ne quitta point le territoire de la Confédération.

Voici encore quelques appréciations d'un Genevois fort érudit, qui en raison de son âge n'a pu être en rapport avec Rossi, mais dont la jeunesse s'est écoulée dans le monde fréquenté par le célèbre professeur.

« Rossi fut un charmeur. Il fascinait tous ceux qui l'approchaient. Au bout de très peu de temps, après son arrivée à Genève, il avait conquis l'amitié des membres des Conseils et des professeurs de l'Académie. Dans les premières années du régime de la Restauration, on avait en horreur à Genève les révolutionnaires. Or, bien que Rossi fût tant soit peu classé comme révolutionnaire à cette époque, il avait tellement gagné autour de lui tous les cœurs qu'on ne fit aucune difficulté pour lui conférer la qualité de citoyen genevois.

» Rossi a laissé de véritables amitiés à Genève; mais en dehors du cercle de ses intimes on ne l'aimait pas. Antoine Cherbuliez dit qu'il était « dédaigneux ». Il était plus que cela : à l'occasion, il était impertinent. Il savait être d'une amabilité charmante, mais il ne l'était qu'avec ceux qu'il estimait en valoir la peine. Il méprisait les médiocrités et le leur faisait sentir. Quelquefois il les écrasait d'un sarcasme, de façon à les rendre ridicules à tout jamais. Il voulait du bien à ceux de ses étudiants qui montraient du talent, mais il était impitoyable pour les autres [1].

» Ses cours étaient remarquables. Bien qu'ils fussent préparés et médités d'avance, c'était dans l'inspiration du moment que se trouvait leur principal intérêt. Habituellement, lorsqu'il avait pris place dans sa chaire, Rossi commençait par bâiller, par étendre les bras ou par manifester d'une manière quelconque combien il était ennuyé d'avoir à professer ce jour-là. Quelquefois, il interpellait un de ses étudiants : « Monsieur un tel, lui » disait-il, où en suis-je resté à la dernière séance ? Lisez-» moi la fin de votre extrait. » Lorsqu'il était ainsi renseigné, il commençait à parler, mais lentement, sans entrain, exposant son sujet sèchement, quelquefois d'une manière banale. Cependant, au bout d'un quart d'heure, il s'animait ; sa phrase devenait alerte, spirituelle, et il terminait toujours d'une manière éloquente. De temps en temps, il négligeait de faire son cours, sans même avoir averti qu'il ne viendrait pas. Il aimait la chasse, et lorsqu'il y avait un passage de gibier, on ne le voyait pas pendant plusieurs jours. Je suppose qu'à Paris il se gênait davantage vis-à-vis de ses étudiants. »

---

1. Un jour, il devait examiner la thèse d'un candidat à la licence. Lorsque le malheureux fut sur la sellette, il l'apostropha ainsi : « Monsieur, j'ignore si vous savez ce que c'est qu'un galimatias. Je distingue deux espèces de galimatias, le galimatias simple et le galimatias composé. Dans le galimatias simple, l'auteur comprend ce qu'il veut dire, mais ne sait pas le faire comprendre aux autres. Dans le galimatias composé, l'auteur ne comprend pas ce dont il parle, et ne peut, par conséquent, l'expliquer à autrui. Je range votre thèse parmi les galimatias composés et ne me donnerai pas la peine de la discuter. »

Pour compléter les détails relatifs au séjour de Rossi à Genève, nous empruntons à un remarquable article de M. Antoine Cherbuliez [1] les extraits suivants sur Pellegrino Rossi. Ils font admirablement connaître l'homme privé et l'homme public.

« Lorsque Rossi vint à Genève, en 1817, il y attira bientôt, quoique peu connu, l'attention du public éclairé. Ses traits si caractérisés, son visage si expressif, son front

---

1. Antoine Cherbuliez, oncle de M. Victor Cherbuliez, membre de l'Académie française, et aujourd'hui naturalisé français, est né à Genève en 1797 et mort à Zurich en 1869. Élève et successeur de Rossi, dans sa chaire à l'Académie de Genève, ce fut un homme d'une haute valeur. « Ses cours, nous disait un de ses compatriotes, qui fut un de ses élèves, étaient très substantiels, très spirituels et semés d'idées originales. S'il n'a pas eu les succès de Rossi, cela tient aux causes suivantes : Cherbuliez n'avait pas un organe agréable, il se posait mal en chaire et, lorsqu'il parlait debout, son geste était disgracieux. Cependant, il se faisait toujours écouter. Rossi cherchait à plaire et était insinuant ; Cherbuliez, au contraire, était cassant. Dans les conseils, il attaquait ses adversaires de front, sans s'inquiéter si cela était utile ou non. Un mot qu'il prononça une fois dans le Grand Conseil de Genève le caractérise. Quelqu'un venait de parler d'une manière générale des hommes impopulaires, mais en faisant une allusion transparente à Cherbuliez. Celui-ci demanda la parole et ne répondit que ces fières paroles : « Si on me disait » que je suis populaire, je me demanderais quelle bassesse j'ai pu commettre » ou à quelle lâcheté j'ai pu me laisser aller. »
Cherbuliez avait des idées absolues en politique, en économie politique et sur toutes les questions sociales. Il était du parti qu'on a appelé conservateur libéral et antisocialiste, et partout il proclamait ses principes sans aucune restriction. Le triomphe du radicalisme en Suisse l'a conduit au pessimisme. Il a écrit en 1845 un livre de circonstance très curieux intitulé : *De la Démocratie en Suisse*. Sans le dire, il répond à *la Démocratie en Amérique* de Tocqueville. C'est un livre traçant d'une manière un peu sombre l'avenir réservé à la Suisse. Ses prévisions ne se sont point réalisées, tout au moins pas jusqu'à présent.
Après la révolution sanglante qui eut lieu à Genève en 1846, les opinions conservatrices de Cherbuliez lui firent supprimer sa chaire de professeur. Il alla à Paris, entra d'abord dans le journalisme, puis, en février 1848, il avait obtenu de M. Guizot de faire au Collège de France des conférences sur les questions sociales. S'il avait pu les ouvrir, il aurait certainement eu du

si intelligent, ses yeux qui lançaient des éclairs, ses allures originales, son langage sentencieux, mais plein de nerf et riche d'idées, attestaient une de ces natures privilégiées dont la supériorité se fait connaître sans efforts et sans contestation partout où il leur arrive de se produire. La curiosité, une fois excitée par de tels dehors, s'enquit des antécédents de ce jeune Italien et y trouva de quoi confirmer pleinement l'idée qu'on s'était faite de lui. On disait que, devenu avocat et professeur de droit criminel à Bologne dès l'âge de dix-neuf ans, il s'y était fait la réputation d'un incomparable orateur et que, plus tard, appelé dans les conseils du roi Murat, au moment où celui-ci tenta de soulever le peuple de la Péninsule contre la Sainte-Alliance en réalisant le rêve de l'unité italienne, il avait fait preuve des plus hautes capacités comme organisateur et comme administrateur. Le rôle qu'il avait joué dans cette audacieuse tentative lui avait valu le titre de proscrit, si propre, comme chacun sait, à exciter les sympathies des âmes généreuses, et il avait acquis ce titre non point par des menées ténébreuses, mais en tra-

---

succès, car il savait traiter ces questions, alors à l'ordre du jour, d'une manière palpitante. Mais la révolution du 24 Février survint, et il ne pouvait plus songer à obtenir, des gouvernements qui surgirent, la faveur que lui avait promise M. Guizot.

Peu après, il obtint la chaire d'économie politique au Polytechnicum de Zurich, où il est mort. De temps en temps, il revenait à Genève, où il donnait de remarquables conférences, qui étaient très suivies par un public d'élite.

Outre ses principaux ouvrages, *Théorie des garanties constitutionnelles* et *De la démocratie en Suisse*, il a publié un certain nombre d'écrits de vulgarisation et a été l'actif collaborateur de la Bibliothèque universelle de Genève et de divers recueils économiques et littéraires.

vaillant au grand jour pour l'indépendance de son pays, sans faire aucun acte qui pût le rendre suspect à aucun parti ou le compromettre auprès d'aucun gouvernement. Aussi l'impatience était-elle grande chez le public genevois de voir et d'entendre à l'œuvre celui que les bouquetières de Bologne, auxquelles il était cher, pour avoir tiré l'une d'elles d'entre les mains de la justice, avaient surnommé l'*Avvocatino pallido*.

« La première « exhibition » *(sic)* publique de ses talents d'orateur eut lieu, si je ne me trompe, dans un cours qu'il donna sur l'histoire et les institutions de la république romaine, et qui obtint un succès prodigieux. L'auditoire, composé autant de femmes que d'hommes, fut d'un bout à l'autre captivé, charmé, ravi de cet enseignement où tout était neuf, inattendu, saisissant, la forme aussi bien que le fond. Que ceux qui ont connu Rossi se le figurent à trente ans, le visage déjà pâli et creusé par l'étude et la méditation, mais animé encore de tout le feu de la jeunesse, qu'on se rappelle cette physionomie mobile, où se peignaient fidèlement tous les mouvements de l'âme et de la pensée et qu'accompagnait un geste si expressif, cette voix grave, que l'émotion rendait vibrante, et qui avait des intonations variées pour chaque forme de discours, cette parole lente, mais fortement accentuée, toujours en possession du mot et de la forme qui convenaient le mieux à l'idée, enfin cette dignité un peu dédaigneuse qui respirait dans le maintien, sur la figure et dans les mouvements de l'orateur, alors même qu'il semblait le moins se posséder. Qu'on se représente tout cela et l'on n'aura pas de peine à concevoir l'enthousiasme d'un public appartenant à l'élite de la société genevoise, par conséquent très instruit, très impressionnable, très sensible à toutes les jouissances intellectuelles, mais ne connaissant guère, en fait d'éloquence, que celle de ses prédicateurs.

» Il est difficile de se représenter, à moins d'avoir assisté à ses cours, ce qu'un tel professeur savait répandre de charme sur les matières les plus arides ou les plus abstraites, par exemple sur le droit romain, grâce aux formes sans cesse variées de sa dialectique et au point de vue toujours élevé, toujours philosophique, auquel il envisageait les questions que son sujet l'appelait à traiter.

» Mais c'était surtout dans l'enseignement du droit pénal et de la procédure criminelle qu'il déployait sa puissance de développement et d'argumentation. Ses belles leçons sur le jury seront éternellement présentes au souvenir de ceux qui les ont entendues...

» On conçoit aisément quelle influence dut exercer un tel homme sur la législation et sur la vie politique du petit État qui l'avait d'abord adopté comme citoyen, puis appelé dans son Conseil suprême. Cette influence était devenue si grande, qu'elle avait fini par peser à certaines gens comme un joug contre lequel leur amour-propre et leur sentiment de nationalité se révoltaient.

» Pour Rossi, qui n'aspirait certes pas au gouvernement de notre petite cité, et qui, pour me servir de ses propres expressions, se souciait fort peu du retentissement « *d'une* » *renommée municipale* », l'exercice des fonctions de législateur n'était qu'une corvée gratuite, intéressante seulement à cause de la sphère d'action qu'elle ouvrait à ses éminentes qualités, et des moyens qu'elle lui offrait de répandre et d'appliquer ses idées. Si l'on voulait apprécier à leur juste valeur les services qu'il nous a rendus, il faudrait rassembler toutes les idées vraies et salutaires qu'il a mises en circulation parmi nous, et dont on retrouve de si nombreuses traces, non seulement dans les lois à la discussion desquelles il a pris part, mais encore dans la vie intellectuelle et dans l'action politique des hommes qui furent ses collègues et ses disciples...

» Sans Rossi, Bellot[1] eût été à Genève l'homme politique le plus influent, l'orateur le plus écouté, le plus habile jurisconsulte et le plus savant professeur de droit. Rossi lui enleva toutes ces palmes : Rossi était son concurrent pour tout et en tout. Eh bien ! Rossi n'eut pas d'admirateur plus naïf, de prôneur plus zélé, de défenseur plus persévérant, de collègue plus loyal et plus indulgent que Bellot. C'est que Bellot s'aimait moins qu'il n'aimait sa

---

[1]. Pierre-François Bellot, né à Genève en 1776, mort dans la même ville en 1836, jurisconsulte éminent, prit une part active aux affaires de son pays lorsque Genève, après la chute de l'Empire, recouvra son indépendance. Comme membre du Conseil représentatif, dont il fit partie jusqu'à sa mort, il combattit le projet de constitution présenté en 1814 par le gouvernement provisoire de la République. Plus tard, cette constitution ayant reçu les améliorations qu'il avait désiré y introduire, il en devint l'un des plus fermes défenseurs. En 1819, nommé professeur de droit civil et de droit commercial, il réunissait à des connaissances profondes la philosophie du droit et l'habitude des affaires, ayant rempli, dans sa jeunesse, les professions d'avocat et d'avoué. Il a élaboré un Code de procédure civile qui fut adopté par le canton de Genève, et qu'on dit fort remarquable. Ce Code fut adopté plus tard par les principautés formant aujourd'hui la Roumanie. Nous ne savons s'il y est encore en vigueur. Sa vie était irréprochable, ses manières pleines de dignité, et la ville de Genève le revendique justement comme un de ses grands citoyens.

patrie et qu'il ressentait, comme fait à lui-même, tout le bien que Rossi faisait à Genève. Vous doutez ? — Il y a là un parfum d'âge d'or qui vous semble suspect ? Je vous l'avais bien dit. Voici pourtant une preuve sans réplique : c'est une lettre que je reçus de Rossi après la mort de Bellot, et dont je transcris ce fragment d'autant plus volontiers qu'il honore celui qui l'a écrit, en prouvant que son cœur était digne d'un tel attachement et capable de le comprendre :

« ... Hélas, c'est une terrible nouvelle que vous m'avez apprise ! La lettre m'est tombée des mains. Je n'en croyais pas mes yeux. C'est ainsi que tout s'évanouit : hommes, liaisons, projets ; c'en était un bien cher pour moi que celui d'une visite que je me proposais de lui faire. Notre amitié était si intime et si vive ! Pendant vingt ans, elle n'a pas été troublée d'un nuage. Nous en étions au point que je lui parlais comme je me serais parlé tout haut à moi-même dans un bois écarté. Je n'ai jamais connu un caractère plus noble et un commerce plus sûr. Je ne puis me faire à l'idée de ne plus le revoir. Ce « jamais » brusquement jeté par la mort entre lui et moi, est une idée funeste avec laquelle je ne puis me familiariser. Il était devenu une partie habituelle de ma pensée. — Qu'en dira Bellot ? J'en écrirai à Bellot. Que fait Bellot maintenant ? était un monologue intérieur de tous les jours à chaque événement un peu saillant, à chaque projet de quelque importance, au coin de mon feu, avec ma famille. Et tout à coup, pour toute réponse, un tombeau ! Dieu, que sommes-nous ! »

» Dire que Rossi était écouté dans le Conseil, c'est désigner très imparfaitement l'espèce de culte dont son éloquence, sinon sa personne, y était l'objet [1]. Dès qu'il demandait la parole, chacun devenait attentif, les conversations cessaient, les membres qui se trouvaient dans la Chambre de la Reine (notre salle des conférences) rentraient en hâte pour reprendre leurs places. Les sourds se plaçaient sous la bouche de l'orateur, les durs d'oreilles se faisaient le cornet de leurs deux mains, tout le monde criait : chut ! chut ! et tous les visages étaient tournés vers cette pâle figure dont l'expression valait déjà un discours !

» Alors il commençait d'une voix d'abord faible, en laissant tomber ses paroles lentement, une à une, puis s'animant par degré, à mesure qu'il pénétrait plus avant dans son sujet, jusqu'au moment où, arrivé au cœur, au point capital de son argumentation, il déployait tous ses moyens, et chacune de ses phrases devenait un clou acéré que ses regards et ses gestes, comme autant de coups de marteau, implantaient au fond de la tête et du cœur de ceux qui l'écoutaient.

» Il savait prendre tous les tons avec une égale facilité, choisissant toujours celui qui convenait le mieux à son but et à la circonstance et se montrant avec le même succès grave ou badin, démonstratif ou véhément, pathétique ou froidement dédaigneux. Jamais on ne mania mieux que lui l'ironie et le sarcasme. Malheur à l'im-

---

[1]. « On trouverait difficilement ailleurs, dit M. Huber Saladin, une position semblable à celle que M. Rossi se fit à Genève ; il y tenait la première place comme orateur, jurisconsulte, législateur, homme d'État, et personne ne songeait à lui disputer cette supériorité incontestée dans un pays qui n'avait cependant jamais compté autant d'hommes supérieurs qu'à cette époque. »

prudent adversaire qui se permettait de l'attaquer directement ou indirectement, car Rossi, comme tous les vrais orateurs, n'était jamais plus puissant et plus en verve qu'à la réplique. Il débutait par quelques paroles pleines de noblesse et d'élévation, qui captivaient au plus haut degré l'attention et la bienveillance de ses auditeurs, puis, une fois sûr de son terrain, il procédait à l'analyse ou plutôt à la dissection du discours auquel il avait à répondre. Était-ce sa faute alors si la pointe du scalpel de son impitoyable dialectique atteignait en passant l'épiderme de son adversaire, si chacune des incisions qu'il y faisait se trouvait saupoudrée de ridicule et si, au milieu d'une hilarité générale et de bruyants éclats de rire, sa malheureuse victime se voyait tatouée de stigmates ineffaçables?

Du reste, Rossi était trop supérieur et trop essentiellement bon pour se laisser entraîner au delà de certaines bornes, même pour se défendre d'une attaque injuste. Il ne poussait jamais l'ironie jusqu'à la personnalité, ni le sarcasme jusqu'à l'insulte. Son amertume, son dédain habituel s'adressaient aux choses plutôt qu'aux personnes, à des types, à des classes, à des espèces plutôt qu'à des individus. Comment ne pas être dédaigneux quand on voit de haut cette cohue qui se nomme le monde et qu'on en connaît les masques pour ce qu'ils sont? Rossi n'avait-il pas le droit d'être difficile en hommes et pouvait-on exiger que cette tête, absorbée par tant de nobles et utiles préoccupations, se mît au service du premier badaud qui voulût le faire causer? »

Avant de continuer ces intéressants extraits, ne nous est-il pas permis de faire remarquer avec quelle rare sincérité d'admiration et de sympathie M. Cherbuliez s'exprime au sujet de Rossi? Bientôt cependant, l'hôte si choyé, si admiré de Genève, va abandonner sa patrie d'adoption. En le voyant s'éloigner pour toujours, M. Cherbuliez ne put dissimuler ses regrets, empreints, j'oserais presque le dire, d'une certaine mélancolie.

« Si, contrairement à ses penchants naturels, Rossi aima mieux être le second à Rome que le premier dans un village, ce fut la faute du village. En quittant Genève pour s'établir et se faire naturaliser en France, Rossi consulta bien plus ses intérêts que ses penchants innés. J'ose affirmer, de plus, qu'il regretta souvent d'avoir pris ce parti, quoiqu'il ne s'en soit ouvert ni à moi ni à personne que je sache. . . . .

» Comme publiciste, comme orateur, comme jurisconsulte, comme homme d'État, Rossi occupait sans contestation à Genève la première place, et il l'eût occupée toute sa vie s'il y était resté. En France, du moins aux yeux de l'opinion publique, il était au niveau, sinon au-dessous de vingt, peut-être de cinquante célébrités déjà connues, éprouvées, en possession de la vogue et jalouses de cette possession.

» Une supériorité comme celle de Rossi, essentiellement fondée sur des dons naturels de l'esprit et sur une organisation privilégiée, se conserve sans efforts, et il était certes, plus que personne, disposé à goûter cet avantage. La chasse et le *dolce farniente* avaient pour lui tant d'attraits que je suis encore à comprendre qu'il ait pu supporter une existence dont ces deux choses n'absorbaient pas la moitié. Le repos de Rossi était celui d'un penseur, sans doute, mais son esprit capable, sous l'action d'un mobile puissant, de se livrer à une longue et intense application, craignait le joug des occupations régulières et reculait devant l'accomplissement de toute tâche imposée : il aimait, comme tout ce qui est vigoureux, la liberté et la spontanéité. Après un semestre académique, dont il avait su réduire la durée à quatre mois et demi, ses cours particuliers qu'il donnait pendant le même temps, et la session d'hiver du Conseil, il s'échappait, joyeux comme un écolier en vacances, pour aller passer toute la belle saison dans son petit domaine de Genthod, au pied du Jura. Il avait du loisir en abondance, et il en prenait encore, au besoin, sur la durée même de ses fonctions et de ses cours, sans que sa position dans l'État, dans la société ou dans l'enseignement public fût le moins du monde compromise ou menacée. Rossi, échangeant cette position contre celle qu'on lui offrait en France, me rappelle un peu ce cheval de la fable qui aspire à l'honneur d'être monté, ou mieux encore, la conversation du loup avec le chien de bonne maison.

» Adieu cette sécurité d'amour-propre et d'ambition qui avait fait de ses vacances légitimes ou usurpées des intervalles de repos complet pour l'âme aussi bien que pour l'intelligence !

» .... Nous avions fait plus que de l'accepter. Nous ne l'aurions pas voulu autrement qu'il était ; ses étrangetés nous plaisaient; nous aimions ses fautes de langage et de prononciation. Toute sa personnalité extérieure nous paraissait en harmonie avec sa tournure d'esprit et ses idées. Si l'on avait métamorphosé Rossi en un Genevois pur sang, on nous l'aurait gâté, il aurait perdu pour nous la moitié de son mérite et de son prestige. C'est aussi une liberté, et la plus précieuse de toutes, que celle d'être entièrement soi et de n'être que soi, une liberté dont on jouit à tous les moments, que l'on peut garder quand les autres manquent et dont la privation empoisonne et rend illusoires celles-ci.

» Chez une grande nation qui est et surtout *qui se croit riche en hommes supérieurs*, l'étranger admis au droit de cité est censé, au contraire, recevoir infiniment plus qu'il ne donne. Quels que soient les mérites et les services qu'il est capable de rendre, ils ne peuvent être mis en balance avec la faveur insigne qui lui est faite. On ne devient français de droit que sous la condition de le devenir aussi de fait. L'assimilation est de rigueur. C'est une clause qui, pour être sous-entendue, n'en est pas moins obligatoire. Mais Rossi avait passé l'âge où l'on change de peau. Ce n'est pas à quarante-sept ans que l'on change ses habitudes et que l'on transforme un naturel qui s'est développé jusqu'alors en toute liberté.

» Aussi, je ne crains pas de le dire, quoiqu'il ait été accepté avec empressement par l'élite de la société française, il ne le fut jamais par le gros de la nation. Il était visiblement et devait se sentir dépaysé partout ailleurs que dans le cercle des amis et des appréciateurs qui avaient provoqué sa naturalisation.

» .... A tout prendre, dit en terminant M. Cherbuliez, Rossi était un des hommes les plus utiles que notre siècle ait mis en œuvre, et c'est à mon sens un éloge auprès duquel tous les autres pâlissent. Ses éminentes facultés étaient au service de toutes les idées vraiment libérales, de tous les grands intérêts de l'humanité, de toutes les bonnes causes, et jamais on ne le vit, comme tant d'autres, prostituer, dans la poursuite d'une popularité de mauvais aloi ou d'une grandeur imméritée, cette puissance de pensée et de parole qui s'adapte, hélas! à tant d'usages divers, et que le bon Ésope signalait déjà comme la meilleure et la pire des choses de ce monde. En même temps, la pénétration et la souplesse de son esprit lui avaient fait acquérir la connaissance des hommes, l'art de les manier, en un mot, le savoir-faire, si rarement uni au savoir, et l'avaient rendu homme pratique autant qu'il était homme de théorie et de discussion. »

Pour résumer, à notre tour, le rôle et la mission de Rossi comme professeur à Genève, il avait entrepris ce que les Royer-Collard, les Villemain, les Guizot avaient inauguré en France : la restauration de la science par l'esprit historique et philosophique et l'affermissement du régime constitutionnel par une théorie qu'on appelait déjà *la doctrine*. C'est ainsi que les grands doctrinaires de cette époque, les Guizot, les Broglie, tous les amis de Coppet, en un mot, reconnaissaient dans Rossi leur disciple, leur émule, une vraie parenté d'esprit et de principes. La Revue qu'il avait fondée avec Sismondi et Bellot

Dumont, en 1821, avait pour but de propager ces idées alors nouvelles. C'est là, en effet, qu'il développa sa théorie des *principes dirigeants* pour l'interprétation des lois, théorie qu'il définit ainsi :

« Les principes dirigeants sont aux jurisconsultes ce que les principes philosophiques doivent être aux législateurs : Les uns servent à faire les lois, les autres servent à les appliquer. »

Ce fut en France, en 1828, que Rossi publia le traité du droit pénal, qui établit si généralement sa réputation de grand criminaliste. Dans ce livre célèbre, il adoptait le principe spiritualiste de droit pur auquel l'avait ramené son ami le duc de Broglie; d'autre part il empruntait à Bentham le principe matérialiste et humain de l'utilité sociale.

Le 20 juin 1832, Rossi fut nommé député à la Diète fédérale où devait être exécutée la revision du pacte fédéral. Le premier député de Genève était le syndic Rigaud : mais, sur la question de la revision du pacte, il céda la parole à Rossi, qui fut nommé membre de la commission pour l'élaboration du nouveau projet de pacte, et chargé de présenter le rapport de la commission.

Le projet du nouveau pacte fédéral fut rédigé en *cent vingt articles*, ayant pour but de réformer les vieilles institutions aristocratiques et cantonales, et de donner plus de régularité, plus de force, plus de cohésion au gouvernement central.

« Au lieu d'une Diète impuissante, dit M. Mignet, à

faire les lois communes et à prévenir les ligues particulières ; d'une justice incapable de terminer les différends qui se vidaient ordinairement par les armes; d'un gouvernement débile, tiré d'un seul Canton et que dirigeaient tour à tour l'avoyer de Berne, le bourgmestre de Zurich, le *Landammann* de Lucerne ; d'une société imparfaite, hérissée d'inégalités, coupée de douanes intérieures, usant partout de monnaies, de mesures, de poids différents, et ne souffrant pas, en bien des lieux, que le Suisse d'un canton s'établît et commerçât dans un autre, voici ce que consacrait le nouveau pacte de Rossi : La Diète recevait son mandat des Cantons; mais elle leur imposait ses lois, y levait des impôts, y organisait des troupes, y empêchait ou réprimait des troubles, y interdisait les alliances. Seule, elle faisait les traités au dehors, comme elle réglait seule l'ordre en dedans, et elle possédait tous les pouvoirs nécessaires à la direction et à la sûreté commune. Une cour fédérale avait la mission et le moyen de substituer, dans les conflits entre les Cantons, les décisions de la justice aux violences de la guerre. L'exercice de l'autorité fédérale était confié à un *Landammann* élu pour quatre ans et pouvant l'être pour huit, assisté d'un Conseil, et disposant de forces capables de faire respecter les décrets de la Diète et la sentence de la justice. — La Diète, le Landammann, la Cour de justice, la Chancellerie venaient, de plus, tous les trois ans d'un pays dans un autre. Ils avaient à jamais leur siège au centre même de la Suisse, dans la ville fédérale de Lucerne. »

« Le *pacte Rossi*, dit à son tour M. J. Garnier, était la constitution d'une République logiquement organisée. Son auteur déploya pour le faire adopter, non seulement son habileté accoutumée, mais encore une activité qui pouvait surprendre de sa part. La Diète vota unanimement le pacte ; mais les Cantons ligués à Sarnen et les communes rurales de Lucerne, obéissant au parti *jésuitique et arriéré*, le rejetèrent, aidés par une portion du *parti radical* qui ne s'y trouvait pas assez favorisé. Quinze ans plus tard, ce qui avait été refusé par les coalisés de Sarnen a été subi par les vaincus du Sonderbund [1], et formulé dans la constitution de 1848, œuvre du parti radical qui a beaucoup plus annihilé l'influence des petits Cantons arriérés que ne voulait le faire le pacte des modérés de 1833. Tout porte à croire que l'adoption de ce dernier pacte, du *pacte Rossi*, eût évité la désastreuse formation du Sonderbund et des corps francs, et toutes les cruelles agitations par lesquelles la Suisse a passé depuis. »

Un homme d'État suisse nous disait récemment, à propos du pacte fédéral, que l'essai tenté en 1832 de modifier le pacte qui unissait les vingt-deux cantons suisses n'avait aucune chance d'aboutir. Pour les moindres décrets de la Diète, il fallait, paraît-il, réunir les voix de

---

[1]. Le *Sonderbund*, c'est-à-dire ligue séparative, fut la ligue, l'association formée, en 1846, par sept cantons catholiques de la Suisse (Fribourg, Lucerne, Schwytz, Unterwald, Uri, Valais, Zug) pour résister à la Diète fédérale, qui avait prescrit l'expulsion des Jésuites, des Liguoriens et autres congrégations religieuses. Le général Dufour réussit, presque sans effusion de sang, à dissoudre cette ligue.

douze cantons, et, en raison de certaines circonstances trop longues à retracer ici, cette majorité était très difficile à obtenir. Mais, lorsqu'il s'agissait de changer une constitution, c'était bien autre chose. Rien n'avait été prévu en 1815 lorsque la Suisse s'était reconstituée. Il semblait qu'on eût conclu le pacte, péniblement élaboré alors, en vue de le faire durer à perpétuité. Or, en 1833, ceux qui étaient opposés au nouveau projet de pacte prétendaient que, pour modifier l'ancien, le consentement unanime des cantons était nécessaire.

Cependant, la révolution française de 1830 avait eu un contre-coup en Suisse en surexcitant les esprits. La guerre civile avait éclaté dans le canton de Bâle; plusieurs gouvernements cantonaux avaient été violemment renversés; la discorde était partout, et on sentait que, pour y porter remède, il fallait établir un lien fédéral plus fort que par le passé. On était, du reste, d'accord sur le but à poursuivre. C'est ce qui amena la diète constituante de 1832. Une commission, comme nous l'avons dit, avait été nommée pour élaborer un nouveau projet. Rossi fit partie de cette commission et y obtint immédiatement une influence prépondérante, si bien que le projet peut être considéré comme son œuvre. Ce fut lui aussi qui, en qualité de rapporteur de la commission, eut à défendre le projet devant la Diète. Son exposé des motifs est une œuvre remarquable. Aussi le projet de pacte de 1832, bien que Rossi n'en fût pas le seul rédacteur, a-t-il reçu le nom de *pacte Rossi*, et ce travail, resté à l'état de simple projet, a pris place dans l'histoire constitutionnelle de la Suisse.

Si le pacte Rossi eût été adopté, il aurait épargné à ce pays quinze années de luttes, de révolutions et de guerre civile. Mais le moment n'était pas venu pour une reconstitution de la Suisse. Rossi arrivait trop tôt. L'œuvre d'unification qu'il avait voulu entreprendre, tout en conservant aux Cantons leur autonomie, aurait été un changement trop brusque alors. Chacun en sentait la nécessité, mais chacun aussi la voulait différemment. Les uns trouvaient le projet trop radical : ils y voyaient la centralisation et les idées de nivellement prônées par la Révolution française. Les autres voulaient des modifications plus profondes et un gouvernement central beaucoup plus fort, permettant de sabrer d'anciennes institutions et d'en finir du coup avec des errements surannés. C'est ainsi que, pour le malheur de la Suisse, le projet du *pacte Rossi* fut repoussé par les partis extrêmes.

Les républicains suisses, en défiance contre les idées françaises et ne doutant point que le nouveau système gouvernemental n'ait été inspiré par l'exemple des pays voisins, infligèrent cet échec au député de Genève.

N'y aurait-il pas, ici, un intéressant rapprochement à faire ? Ces idées de centralisation fédérale, dont le député genevois Rossi recherchait en 1832 la réalisation au profit de la Confédération helvétique, n'avaient-elles point une analogie singulière, ne contenaient-elles pas en germe le système fédératif que le comte Rossi, ministre du Pape Pie IX, rêva d'établir en 1848 pour l'Italie entière, au moment où il fut assassiné par les républicains [1] !

La Diète fédérale, après avoir refusé de voter le *pacte Rossi*, envoya cependant la même année l'auteur du projet à Paris pour négocier auprès du roi Louis-Philippe, au sujet de l'émigration polonaise.

Ce fut le dernier service que Rossi devait rendre à sa première patrie d'adoption. Quelques mois plus tard, le citoyen genevois allait changer de nationalité et devenir sujet français.

Avant de laisser partir notre héros en France, il est intéressant d'examiner en quels termes, à son tour, le jeune duc Albert de Broglie, peu de temps après la mort de Rossi, apprécia l'intervention de Rossi dans les discussions du pacte fédéral.

« Le rôle de Rossi dans la Diète constituante de Suisse, en 1833, fut un des faits capitaux de sa vie politique. M. Rossi arrivait à Lucerne en 1833, pour y représenter, au nom du Canton de Genève, une opinion mitoyenne entre les tendances rétrogrades et superstitieuses des

---

1. Rossi trouva, en 1848, l'Italie dans une position presque analogue à celle de la Suisse en 1832, et le projet de reconstitution rêvé par lui pour ce dernier pays, il voulut l'appliquer à sa patrie d'origine. Depuis quelques années, germaient en Italie des aspirations vers l'unité, comme celles qui s'étaient fait jour en Suisse depuis 1830. Rossi tenta de les faire triompher sans détruire l'autonomie des différents États. Mais devant lui se dressaient les mêmes difficultés et les mêmes obstacles qu'en Suisse. Une particularité singulière se rencontrait même dans les deux pays. De même qu'en Suisse, un Canton, celui de Neufchâtel, relevait d'une couronne étrangère, en Italie, la Lombardie était soumise à la couronne impériale d'Autriche. Rossi, que les obstacles n'avaient pas arrêté en Suisse, espérait peut-être les surmonter avec tant d'autres en Italie. Mais, là aussi, il avait contre lui deux partis extrêmes, également hostiles, et il succomba.

petits Cantons catholiques et l'exaltation radicale des Cantons révolutionnaires. Dès cette époque, de bons esprits prévoyaient qu'une collision finirait par éclater dans ce petit pays où la Providence s'était plu à resserrer tout ce qui divise et anime les hommes, différences de mœurs, de religions et de principes, comme pour se donner, dans un bassin resserré, le spectacle de leurs orages. Pour prévenir cette lutte, le but des hommes modérés était de constituer, dès lors, à la place du pouvoir fédéral incertain, tiraillé, impuissant, qui sortait du pacte de 1815, une autorité centrale véritable, fidèle expression de la majorité de la Suisse, et en mesure de faire respecter à son tour la volonté commune aux minorités turbulentes, et le droit des faibles aux majorités excessives. D'un commun aveu, le pacte rédigé par M. Rossi avait trouvé l'art de concilier l'indépendance cantonale avec la force de l'autorité fédérale. La Suisse entière le regrette aujourd'hui ; elle le méconnut alors. Le sacrifice de quelques privilèges ne put le faire agréer des esprits obstinés des paysans catholiques. Le respect d'un droit quelconque fut insupportable aux révolutionnaires. Au lieu d'un devoir qui eût pesé sur tout le monde, les uns aimèrent mieux conserver des prérogatives sans réalité, les autres une force sans entraves. On a vu ce qu'il en est résulté. »

Ces pages écrites en 1848 par le duc, alors prince Albert de Broglie, n'auraient probablement pas été désavouées par Rossi. Le prince de Broglie, secrétaire de l'ambassade de France à Rome, sous le comte Rossi, avait subi l'influence et adopté les idées de son illustre chef.

On a prétendu que Rossi avait quitté la Suisse sous l'empire d'un sentiment de dépit, parce que son projet de pacte n'avait pas été adopté. Nous croyons savoir qu'il n'en est rien. Depuis un an ou deux, il devait avoir reçu des ouvertures pour se fixer en France; et des circonstances de famille le poussaient à écouter ces ouvertures. Il voulut cependant remplir son devoir jusqu'au bout et laisser à sa patrie d'adoption une œuvre qui aurait pu lui assurer pour longtemps un avenir calme et prospère. Mais ses efforts dans ce but n'ayant pas réussi, il n'hésita plus à se rendre là où l'appelait la destinée, et où une carrière digne de son génie s'ouvrait devant lui [1].

1. En 1832, un journal conservateur, intitulé *le Fédéral*, fut créé à Genève. Rossi y collabora activement. On y trouve une série d'articles remarquables, dans lesquels il s'efforce de secouer de sa torpeur la jeunesse genevoise, endormie dans le bien-être, après les grandes épreuves subies par la République, de 1792 à 1815. Genève avait traversé sans secousse l'époque révolutionnaire de 1830, et le régime qui dominait alors semblait être assuré d'un long avenir. Tel n'était point l'avis de Rossi :

« Reconnaissons-le, dit-il, la Suisse se modifie. Sous la vieille couche, il est une couche nouvelle qui se laisse apercevoir. Espérons que le renouvellement s'opérera peu à peu, sans déchirements, sans commotions violentes. Mais ne trompons pas nos enfants, en préparant l'avenir comme si, parvenus à l'âge mûr, ils devaient se retrouver dans la Suisse d'autrefois, suivant paisiblement la routine de leurs pères, obéissant aux oracles de quelques hommes vieillis, comme on dit, dans les affaires, et ne connaissant d'autres délibérations fédérales que les misères qui se traînent d'année en année dans les lourds protocoles d'une diète de quelques jours. »

Les pages écrites par Rossi, pendant qu'il se considérait comme devant rester et mourir citoyen suisse, sont assez rares, et la façon dont le député fédéral gourmande et excite ses nouveaux compatriotes les rend fort curieuses. — « Sans doute, écrivait-il dans *le Fédéral* en 1832, les conseils de la République ne représentent ni le Parlement de Londres, ni l'Assemblée constituante. Mais aussi les hommes qui, à la rigueur, peuvent, avec quelque droit, trouver trop petites pour eux les affaires publiques de leur patrie sont, en

Rossi partait attristé du sort de la Suisse. Il la voyait incapable de se reconstituer et prête à se tordre indéfiniment au milieu des factions les plus opposées. Quinze années de déchirements et de luttes stériles devaient lui donner raison. Cherbuliez, son successeur dans la chaire de droit public à Genève, disait un jour : « La réforme

tout temps, bien peu nombreux. Il en est bien peu qui puissent, sans vanité, répondre à l'appel de la patrie : « Je ne saurais accepter, j'ai autre chose à faire. » — Rousseau ne cesse de s'occuper de Genève, Saussure a servi son pays. Travaillez pour la science comme Saussure, écrivez une page de Rousseau, et nous vous permettrons ensuite de terminer votre vie dans la mollesse et le repos ! ». . . . .
. . . .
« Nos craintes ne sont peut-être que des chimères. Fasse le ciel qu'il en soit ainsi ! Nul ne le désire plus que nous. Indépendamment des raisons essentielles, nous avons une petite raison d'amour-propre et de jouissance personnelle pour le désirer. Une bonne partie de la jeunesse genevoise a reçu de nous quelque instruction. Qu'il nous serait doux de voir ces jeunes gens paraître, avec vigueur, avec éclat, en hommes, sur le théâtre du monde !... »
« C'est dans le développement de l'esprit humain, dans la continuation de l'œuvre de ses pères, que sont le renom, la vie, le rang de Genève : là ou nulle part. Il ne manque pas en Europe de petites villes opulentes, industrielles, riches de riches particuliers. Qui en sait le nom? qui s'en soucie, si ce n'est, de temps à autre, ceux qui trouvent commode de les dépouiller et de les appauvrir?.....
Les souvenirs de Genève sont très honorables : ils ne sont point effacés de la mémoire de l'Europe. Les faits aussi étaient, jadis, ce qu'ils devaient être, vu les circonstances générales et les exigences du temps. Mais aujourd'hui !... »
« Par un effet nécessaire, d'une jeunesse monotone, sans passion, sans ardeur, passée dans l'état de ceux que le Dante ne savait où placer, et sur le compte desquels il s'écriait : *Non ragionar di lor, ma guarda e passa !* on arrivera insensiblement à une vie toute matérielle, à l'insouciance de la chose publique, à l'incapacité pour les affaires, surtout si jamais ils se renouvelaient, ces temps de crise et d'orage, ces événements aussi graves qu'imprévus, qui, au milieu des malheurs de toute espèce, firent cependant briller d'un vif éclat les vertus civiques des vieux Genevois ! — Belle époque que celle où Genève, riche d'hommes capables, en avait pour elle, pour l'Amérique, pour l'Angleterre, pour la France ! »
Rossi termine ce dernier article en demandant la création, à Genève, d'une grande Université, afin d'y stimuler énergiquement l'élan scientifique et littéraire.

du pacte fédéral est indispensable et cependant la Suisse ne pourra jamais s'entendre pour cette réforme...., à moins d'une pression venant de l'extérieur. Espérons toutefois que cette pression ne se fera jamais sentir. »

Cherbuliez, esprit chagrin, voyait sans cesse devant lui des impasses dont on ne pouvait sortir. Rossi, au contraire, estimait que tous les obstacles pouvaient être surmontés. Aussi, lorsqu'on lui parlait de la Suisse, entre 1835 et 1848, il disait toujours : « Pays atteint d'un mal guérissable. »

Il survient périodiquement dans la vie des nations des événements que les politiques les plus clairvoyants ne sauraient prévoir. Le 1er mars 1848 éclatèrent à Neufchâtel, sous l'influence de la révolution de Paris, des incidents qui enlevèrent ce Canton à la maison de Hohenzollern. La question de Neufchâtel s'ouvrit et présageait des malheurs incalculables pour la Suisse. Elle fut heureusement close par la bienveillante intervention de Napoléon III, qui n'oublia jamais l'hospitalité qu'il avait reçue en Suisse. Neufchâtel, cessant d'être une principauté sous la suprématie d'un prince étranger, cessa aussi d'être un obstacle à la reconstitution de la Suisse.

Quelques mois auparavant, une grave scission, se présentant sous la forme d'une guerre religieuse entre Cantons, avait amené ce que considéraient comme impossible Rossi et Cherbuliez, l'adoption d'un nouveau pacte. Et cependant le pacte élaboré à la fin de 1847 et au commencement de 1848 par la diète fédérale, pacte qui prit avec raison le titre de *Constitution fédérale*, risquait encore d'être refusé lorsque, le 24 février 1848, éclata la révolution de Paris. Ce coup de foudre semblait présager un embrasement général de l'Europe. Alors tous les partis désarmèrent en Suisse et, en présence des événements qui se préparaient, jugèrent prudents d'être très unis. Le projet de Constitution fut rapidement achevé et adopté sans difficulté par la plus grande partie de la Confédération. Ce ne fut donc pas une pression, comme le prévoyait Cherbuliez, mais une légitime terreur de l'intervention étrangère qui reconstitua la Suisse.

La constitution de 1848 a complètement pacifié la République helvétique. Rossi n'a pu juger de ses effets. Il ne lui a pas été accordé de voir le couronnement ou plutôt la réalisation de son œuvre, commencée en 1832. L'œuvre fédérale de 1848 va beaucoup plus loin dans le sens de la centralisation que le *pacte Rossi ;* mais elle arrivait quinze ans plus tard et répondait à de nouveaux besoins survenus dans l'intervalle. Quoi qu'il en soit, le nom de Pellegrino Rossi restera à jamais respecté et populaire en Suisse et surtout à Genève, parmi les patriotes intelligents, les libéraux sincères et les lettrés.

LIVRE TROISIÈME

PARIS
1833-1845

Pendant leurs fréquents séjours à Coppet, le duc de Broglie et M. Guizot avaient été à même d'apprécier le mérite du brillant professeur, devenu l'homme d'État de Genève. Aussi, ce fut sur les conseils, sur les instances de ces deux grands esprits devenus ses amis, que Pellegrino Rossi se décida à abandonner la Suisse.

« J'étais las, disait-il, de ces tempêtes dans un verre d'eau, de ces batailles qui ne terminaient rien, de ces agitations sur place. » Toutefois, un dernier motif décida peut-être le savant professeur, en dehors même des sollicitations qui lui venaient des hôtes de Coppet, à abandonner sa patrie d'adoption. Jean-Baptiste Say venait de mourir et laissait vacante, au Collège de France, la chaire d'économie politique. Rossi songea à se mettre sur les rangs pour lui succéder et, vers les premiers mois de 1833, il se rendait à Paris. Ses amis, du reste, avaient déjà préparé sa candidature; les choix, on le sait, se font sur la double présentation de l'Institut et du Collège de France. Le Collège de France désigna M. Rossi; l'Académie des sciences morales et politiques désigna M. Charles Comte, son secrétaire perpétuel. Le ministre se rallia au premier de ces suffrages et M. Rossi fut nommé, en octobre 1833, professeur au Collège de France.

L'année suivante, le 24 août 1834, le roi Louis-Philippe rendait une ordonnance créant, à la Faculté de droit de Paris, une chaire de droit constitutionnel dont M. Pellegrino Rossi, sur la proposition de M. Guizot, ministre de l'instruction publique, devenait titulaire. Des lettres de grande naturalisation (13 août 1834) lui avaient été précédemment concédées.

Sur ce nouveau théâtre, dans la « Ville-Lumière », Rossi ne tarda point à se retrouver sur son véritable terrain. Ses débuts cependant ne laissèrent point que d'exciter l'envie.

1. « Les leçons de M. Rossi au Collège de France, écrivait le Prince de Broglie en 1848, après la révolution de février, seraient plus que jamais de mise aujourd'hui. Quelle lumière ne jette pas, en effet, sur tous les débats dont nous sommes témoins la distinction profonde et nouvelle dont M. Rossi fut l'inventeur entre la science et l'art dans l'économie politique ! La science, suivant lui, observe, décrit les faits, trace les lois de la richesse telles qu'elles sortent de la nature des choses et du simple jeu de la liberté humaine. L'art peut enseigner aux gouvernements à modifier ces faits, à substituer, s'ils en reconnaissent le droit et le pouvoir, leurs lois à celles de la nature. L'art peut corriger la science, mais la science est nécessaire à l'art. Grâce à cette distinction fondamentale, dégagée dans sa marche, l'économie politique peut s'avancer d'un pas plus ferme et avec la vigueur des sciences exactes, dans l'étude des ressorts naturels de la société et prêter plus tard au gouvernement les lumières qu'une anatomie bien faite apporte à l'art de guérir. »

M. Guizot, qui fut l'instigateur de la création de cette chaire de droit constitutionnel, s'exprimait ainsi dans le rapport présenté pour obtenir la sanction royale : « L'objet et la forme de l'enseignement du droit constitutionnel sont déterminés par son titre même; c'est l'exposition de la Charte et des garanties individuelles comme des institutions politiques qu'elle consacre. Ce n'est plus là, pour nous, un simple système philosophique livré aux disputes des hommes, c'est une loi écrite, reconnue, qui peut et doit être expliquée, commentée aussi bien que la loi civile ou toute autre partie de notre législation. Un tel enseignement à la fois vaste et précis, fondé sur le droit public national et sur les leçons de l'histoire, susceptible de s'étendre par les comparaisons et les analogies étrangères, doit substituer aux erreurs de l'ignorance et à la témérité des notions superficielles des connaissances fortes et positives. »

Dans une fort intéressante notice de M. Colmet-Daage, doyen honoraire de la Faculté de droit, intitulée : *M. Rossi à l'École de droit*, nous trouvons ces curieux détails sur la réception de M. Rossi comme professeur.

« Le 28 août 1834, la Faculté se réunit en robe rouge dans la grande salle de ses délibérations pour l'installation du nouveau professeur. Le récipiendaire reste seul dans une salle voisine jusqu'à ce qu'on l'appelle, et ordinairement c'est après quelques minutes qu'il est introduit devant la Faculté qui a pris séance. Mais, ce jour-là, M. Rossi dut s'armer de patience, car son introduction fut précédée de longues discussions. On remit sur le tapis les questions qui avaient été agitées dans la séance du 25. On en souleva même de nouvelles. Un membre demandait qu'on discutât, avant tout, la question, qu'il appelait fondamentale, de savoir si le Gouvernement pouvait légalement nommer, sans concours, à une chaire même de création nouvelle. Mais il y avait trop de précédents semblables pour que cette proposition fût même appuyée. En 1828, M. de Gérando qui n'était pas même docteur, et en 1829, M. Poncelet, suppléant, et M. Royer-Collard, docteur en droit, avaient été nommés sans concours aux chaires nouvellement créées de droit administratif, d'histoire du droit et de droit de gens; et ces nominations n'avaient soulevé aucune opposition.

» Enfin, après d'assez longs débats, le Doyen mit aux voix la proposition suivante : « Sera-t-il député à M. Rossi
» deux membres de la Faculté pour lui demander s'il est
» porteur d'un acte de naturalisation et d'un diplôme de
» docteur en droit délivré dans une École de France? »
La majorité se prononça pour la négative. Aussitôt cinq professeurs se levèrent et déposèrent sur le bureau une protestation motivée en droit et en fait. En droit, ils soutenaient la nécessité des qualités de Français et de docteur en droit. Et en fait : « Attendu que le sieur Rossi,
» nommé professeur de la Faculté de droit de Paris, par
» arrêté du Grand Maître de l'université, en date du 23
» août 1834, ne justifie pas de sa qualité de Français et ne
» présente point le diplôme de docteur... les soussignés
» protestent contre la violation de la loi et se retirent
» pour n'y point participer. »

» Cette protestation était signée par cinq des plus anciens professeurs : MM. de Portets, Duranton, Demante, du Caurroy et Bugnet. Après leur départ, la Faculté décida que M. Rossi serait invité à s'expliquer sur la question de naturalisation.

» M. Rossi fut enfin introduit et déclara qu'il avait été naturalisé par une ordonnance du 13 août courant. Alors, suivant l'usage, le Doyen assis et couvert lut la formule du serment. M. Rossi, debout et découvert, répondit : « Je » le jure. » Le Doyen lui donna acte de son serment et le déclara installé comme professeur. Quant à la protestation des cinq professeurs, elle fut rejetée par le Conseil royal de l'Instruction publique et par le Conseil d'État.

» L'accueil que trouva le nouveau professeur dans la Faculté fut peu bienveillant et il n'y eut jamais entre lui et ses collègues ces relations d'intimité et de familiarité qui unissaient entre eux les autres professeurs. Mais après quelques mois ses rapports avec ses collègues étaient devenus fort courtois, même avec les signataires de la protestation, un seul excepté, M. Bugnet. Ce farouche Bisontin se passionnait facilement pour ou contre les individus et dissimulait rarement sa façon de penser. Après être resté sept ans sans adresser la parole à son collègue, il devint l'un de ses meilleurs amis, et, à l'époque des examens, Rossi, alors Doyen de l'École, déjeunait régulièrement chez son ancien ennemi et, devenu ambassadeur à Rome donnait au palais Colonna l'hospitalité à Mme et à Mlle Bugnet. »

Rossi, en acceptant la chaire de droit constitutionnel,

avait reçu, comme nous l'avons vu, un programme officiel et bien nettement délimité. Expliquer la Charte de 1830, les libertés politiques reconnues par le Gouvernement de la branche cadette et obtenir pour elles de la jeunesse des Écoles un respect intelligent. L'éminent professeur ne pouvait, en conséquence, adopter cette méthode si haute et si large de son *Traité du droit pénal* [1] ou de son enseignement au Collège de France, nous voulons dire rechercher, abstraction faite de toute loi positive, la raison première des garanties constitutionnelles pour le droit éternel dans la nature des sociétés humaines et pour les exigences de la civilisation contemporaine. On

---

1. « Ceux qui ont connu Rossi dans la politique, écrivait M. le prince de Broglie, en décembre 1848, le retrouvent tout entier dans ses ouvrages. Dans son *Traité du droit pénal*, dans son *Cours d'économie politique*, c'est la même vigueur de principes, c'est la même mesure habile dans l'application. Une démonstration profonde de l'origine philosophique du droit de punir dans les sociétés élève le premier de ces deux ouvrages au-dessus de ce scepticisme moral et de cette philanthropie un peu molle qui déparent trop souvent les plus beaux ouvrages de la législation du siècle dernier. L'autorité des lois pénales nécessaires à la vie des peuples ressort de sa discussion, aussi intacte, aussi puissante, aussi acérée, pour ainsi dire, que des théories de la rude école de MM. de Maistre et de Bonald. Mais tout ce que l'humanité des temps modernes a pu suggérer de précautions pour protéger l'innocence ou excuser la passion y est admis, développé avec complaisance, présenté souvent avec une heureuse hardiesse d'innovation. Une telle lecture trop peu répandue dans nos Écoles de droit, enseignerait souvent utilement à nos jeunes magistrats à fortifier leurs principes en modérant quelquefois leur pratique... »

La première édition du *Traité du droit pénal*, de Rossi, a paru en 1829 à Genève et à Paris. Elle se compose de 3 volumes in-8°. Une seconde édition en 2 volumes in-8° a été publiée à Paris par la librairie Guillaumin, avec une très belle introduction d'un des premiers criminalistes de notre époque, M. Faustin Hélie, vice-président du Conseil d'État. Cette seconde édition a été, de la part de M. Odilon Barrot, l'objet d'un long et intéressant rapport à l'Académie des sciences morales et politiques. Voir Bulletin de l'Académie des sciences morales et politiques, tomes 35, 36, 37 et 38.

peut donc regretter que M. Guizot, en créant la chaire de droit constitutionnel de Paris, ait été principalement inspiré par des idées politiques. Rossi, dégagé de tout programme et maître de sa marche, eût certainement adopté ce point de vue philosophique et abstrait qu'il aimait tant. Son cours aurait pu être lu partout et toujours comme les grandes œuvres de Montesquieu, de Condillac, de Savigny ou de Delolme.

Le cours de droit constitutionnel de Rossi, bien qu'il soit exclusivement fait au point de vue du droit public de la France sous la monarchie de Juillet, constitue pourtant une œuvre encore très intéressante de nos jours. La Charte de 1830 n'est en effet, personne ne l'ignore, que la Charte de 1814, légèrement amendée dans le sens libéral. L'enseignement de Rossi s'applique donc à trente-trois années de notre histoire et, on peut le dire hardiment, aux trente-trois années de notre histoire durant lesquelles le régime parlementaire fonctionna le plus librement et le plus honnêtement. En outre Rossi rechercha généralement dans notre ancien régime, quelquefois dans l'antiquité grecque ou latine, les origines des institutions ou des libertés publiques qu'il étudie. L'admirable hauteur de vue du *Traité du droit pénal*, reparaît alors et rend certains passages de ce cours de droit constitutionnel comparables à l'*Histoire de la Civilisation en France*, ou à l'*Histoire des Origines du gouvernement représentatif* qui sont, à notre avis, les deux plus belles œuvres de Guizot. Ainsi, par exemple, sa septième leçon sur l'état de l'Empire romain au moment de l'invasion des Barbares et la puissance de l'idée chrétienne sur les conquérants ; sa dixième leçon sur l'affranchissement des communes, sa quarante-sixième leçon sur la liberté de conscience, sa soixante-deuxième leçon sur le droit de propriété, etc.

En résumé, Rossi devait préconiser d'un bout à l'autre de son cours le système de la Charte de 1830 et enseigner que le système représentatif « avec ses savants ressorts et ses mouvements complexes » est le chef-d'œuvre des gouvernements « car, en matière d'organisation politique, la simplicité ne produit que faiblesse ou tyrannie. »

Nous ajouterons pourtant que, malgré sa grande dette de reconnaissance envers le gouvernement de Juillet, Rossi soutient les théories constitutionnelles avec la plus parfaite modération, ainsi qu'on pourra s'en convaincre, par exemple, en lisant ses premières leçons consacrées à l'étude du pouvoir exécutif. Placé entre le mandat donné par M. Guizot et l'extrême susceptibilité des étudiants de 1830, Rossi sut avec une habileté parfaite, une dignité absolue, servir les intérêts du gouvernement et, sans froisser aucune conviction, ramener à la véritable interprétation des principes de 1789 bien de généreuses intelligences.

Ce résultat ne fut pas obtenu dès le premier jour. Les cours s'étaient ouverts un peu bruyamment le 29 novembre 1834.

Nous trouvons, dans le *Journal des Débats*, à la date du 30 novembre, ces lignes : « Aujourd'hui, le cours de M. Rossi a été l'occasion de quelques troubles à l'École de droit. Le professeur devait faire sa première leçon de droit constitutionnel, mais la salle ayant été envahie par une foule d'élèves qui n'avaient point reçu de cartes d'admission, l'ouverture a dû être ajournée. Cet empressement tumultueux de la jeunesse aux leçons de M. Rossi a des motifs bien différents. La renommée du professeur, l'intérêt qu'excite son enseignement nouveau ont attiré le plus grand nombre, — croyons-nous, — mais il y a aussi dans la jeunesse quelques esprits ardents qui s'imaginent qu'un cours de droit constitutionnel donnera lieu nécessairement à des questions irritantes et deviendra pour eux un sujet de troubles. A ceux-là nous devons un avertissement. Le cours de M. Rossi ne sera pas ce que l'on suppose, Dieu merci ! On s'attend peut-être à des généralités, à des théories vagues, à ces commentaires passionnés dont le but est de surprendre les convictions qui résistent à l'autorité de la science. On a tort.

» S'il était malheureusement vrai qu'un cours de droit constitutionnel ne pût se faire sans que le professeur entrât dans ces considérations générales qui deviennent des armes ou des offenses pour les partis, nous pourrions rassurer, dans cette circonstance, les esprits inquiets et diminuer l'espoir des agitateurs. On connaît la prudence et le sang-froid de M. Rossi. Il lui sera facile de ménager les passions, sans rien perdre de sa dignité.

» M. Rossi, l'an dernier, dans son cours d'économie politique au Collège de France, traita les questions les plus épineuses d'une manière grave qui persuadait toujours son auditoire. Si le caractère du professeur ne peut ramener quelques jeunes gens exaltés, il faudra croire que le nouvel enseignement n'est pas de leur goût. Chose étrange ! on professe le droit constitutionnel à Vienne et à Berlin, on ne pourrait le professer à Paris, »

Un témoin oculaire, M. Colmet-Daage, à son tour rend compte et s'exprime ainsi : « M. Rossi ouvrit son cours le 29 novembre 1834 ; il fut accueilli par les applaudissements d'une partie de ses auditeurs et par les sifflets et les huées des autres, on criait : « A la porte l'étranger. » Quand il commençait une phrase avec son accent italien, on l'interrompait en disant : « Parlez français ! » tandis que d'autres voix s'écriaient : « Laissez parler ! » M. Rossi ne put achever une phrase ; mais il resta dans sa chaire pendant l'heure que devait durer sa leçon, calme et digne devant ce désordre indescriptible.

» La seconde et la troisième leçon furent encore plus orageuses que la première et le cours dut être suspendu. M. Rossi ne remonta en chaire que l'année suivante. Et le cours de droit constitutionnel, destiné primitivement aux élèves de licence, ne dut plus s'adresser qu'aux aspirants au doctorat. L'autorité de sa parole, l'élévation de ses idées, la clarté de sa méthode lui eurent bientôt conquis son auditoire. D'ailleurs, les jeunes gens trouvaient un attrait dans cet enseignement qui leur ouvrait des horizons nouveaux et les transportait au milieu des luttes et des discussions politiques. Seulement il fallait entendre le professeur Rossi au moins pendant une leçon pour que l'oreille s'habituât à l'accent très prononcé dont il n'a jamais pu se défaire.

» Quelque grande, quelque élevée que fût la matière qu'il

traitait, M. Rossi ne restait jamais au-dessous de son sujet ; et quand l'importance des questions l'échauffait, il entraînait son auditoire par sa parole ardente et passionnée que son accent italien rendait plus vibrante et plus incisive. Il avait parfois des audaces de langage qui impressionnaient vivement ses jeunes auditeurs. Quand je devins plus tard son suppléant, je n'aurais jamais osé dire ce que j'ai entendu de sa bouche, par exemple cette phrase : « La liberté, messieurs, un peuple ne la reçoit pas, il la prend ! »

» L'art de M. Rossi consistait à partir de principes très libéraux pour arriver à démontrer que la Charte de 1830 contenait la consécration de ces principes.

» Quelquefois des circonstances politiques nécessitèrent l'interruption de ces leçons. Ainsi, après la condamnation de Barbès à la Cour des Pairs (1839), MM. Rossi et de Gérando, qui avaient siégé parmi les juges, durent suspendre leurs cours pendant trois semaines pour éviter les manifestations tumultueuses dont ils étaient menacés. »

Un demi-siècle s'est écoulé depuis l'ouverture du cours de Rossi. Il nous est bien permis, au nom de la vérité, de faire cet aveu, à savoir que les jeunes étudiants auraient certainement été plus indulgents, sans certaines provocations venues du dehors ; à ce sujet, un de nos graves contemporains, étudiant en droit à cette époque (1834), nous faisait dernièrement une curieuse confidence et nous apprenait que de très éminents professeurs de droit que nous nous garderons de nommer, mais que l'on devine, irrités de l'introduction dans leurs rangs de l'Italien-Genevois, avaient eux-mêmes organisé la manifestation en excitant traîtreusement contre leur nouveau collègue la gent écolière.

Ces scènes de désordre se renouvelèrent, comme nous l'avons vu, à plusieurs reprises. A ces clameurs, à ces interruptions acharnées, Rossi opposait un sang-froid admirable, une patience dédaigneuse et des paroles pleines de dignité. Ces troubles qui servaient d'aliments à l'esprit d'indiscipline et d'agitation qui animait alors la jeunesse du quartier Latin causèrent, dit-on, quelques alarmes au roi Louis-Philippe. On assure qu'il dit un jour à M. Guizot : « Êtes-vous bien sûr que votre Italien vaille l'embarras qu'il nous donne ? » — « Il vaut infiniment mieux, Sire, répondit le premier ministre, et Votre Majesté fera un jour de M. Rossi bien autre chose qu'un professeur de droit constitutionnel ! » — « S'il en est ainsi, vous avez raison, fit le Roi, soutenons-le avec énergie ». L'agitation, en effet, ne tarda point à se calmer. Rossi reprit son cours et quelques années après, le 18 novembre 1843, il devenait Doyen de l'École de droit [1].

---

[1] « M. Rossi remplissait sans enthousiasme son rôle d'examinateur ; il ne dissimulait pas toujours l'ennui qu'il lui causait. Il était peu redouté des candidats et sa bienveillance allait parfois jusqu'à l'extrême indulgence. Quand un candidat se présentait pour la seconde ou troisième fois au même examen, M. Rossi votait toujours pour sa réception ; et si on lui faisait remarquer que le candidat ne lui avait rien dit de bon, il répondait : « Je le reçois pour ne » plus voir cette figure-là. » Aux thèses de licence il déclarait qu'il ne refuserait jamais personne ; qu'un jeune homme arrivé à ce point de ses études finirait toujours par obtenir son diplôme. « Alors, disait-il, à quoi bon le faire reve- » nir deux fois ? » Quelquefois il interrogeait avec un sans-gêne qui étonnait l'auditoire. Ainsi, un jour, il avait posé une question à un candidat et, en attendant la réponse, il causait avec son voisin. Puis se retournant vers l'étu-

A propos de ces troubles, voici ce que dit M. Mignet :
« Maître de son esprit ainsi que de son visage dont les traits étaient réguliers et fins comme ceux d'un marbre antique, il promenait un regard pénétrant et assuré sur son auditoire tumultueux, qui finit par l'applaudir aussitôt qu'il consentit à l'entendre. Il transforma sans peine les désapprobateurs de sa nomination en admirateurs de ses leçons.

» Ce cours lui convenait merveilleusement et peu d'hommes étaient aussi bien préparés à donner la raison des institutions qui nous régissaient alors et à leur concilier un respect intelligent. M. Rossi considérait l'ordre civil fondé en France sur le principe de la justice et sur l'égalité de droit comme le plus grand progrès qu'eût encore fait la société humaine. Le système représentatif, avec ses savants ressorts et ses mouvements complexes, lui semblait être le chef-d'œuvre du gouvernement ; car en matière d'organisation politique, la simplicité ne produit que faiblesse ou tyrannie.

» En exposant le mécanisme pondéré de ce gouvernement qu'il croyait applicable aux pays démocratiques

---

diant : « Avez-vous bien compris ma question ? » lui dit-il. « Oui, monsieur. » — Alors vous êtes bien habile, car je ne l'ai pas comprise moi-même. » Heureusement, dans l'intérêt des bonnes études, les autres professeurs se montraient plus sérieux et plus sévères.

» Une autre fois, il interrogeait à un examen de doctorat le neveu d'un pair de France que l'oncle avait sans doute chaudement recommandé à son collègue du Luxembourg. Le candidat avait bien débuté. Pendant quelques minutes, ses réponses avaient été satisfaisantes, lorsque, sur une nouvelle question, il laissa échapper une monstrueuse balourdise. « Nous supposerons, monsieur, dans votre intérêt, lui dit M. Rossi, que votre examen s'est terminé avant cette question. » *(M. Rossi à l'École de droit*, par M. Colmet-Daage.)

aussi bien qu'aux pays aristocratiques, M. Rossi enseignait avec un grand art. Chacune de ses leçons avait un sujet déterminé et prenait l'intérêt d'un petit drame. Contre l'ordinaire, M. Rossi était un improvisateur concis et un démonstrateur élégant ; les lenteurs même de sa parole l'aidaient à resserrer sa pensée, à laquelle un reste marqué d'accent italien semblait donner encore plus de signification et qu'il avait pour ainsi dire le temps d'orner avant de la produire ».

Les deux illustres amitiés auxquelles Pellegrino Rossi devait la faveur royale ne lui firent jamais défaut, bien que des jalousies intéressées aient tenté plus d'une fois de désunir ces grands esprits. Le crédit ascendant de l'Italien, l'accueil qu'il recevait auprès du souverain, étaient habilement interprétés pour exciter les susceptibilités de M. Guizot. On allait jusqu'à dire malignement après la mort de M. le duc d'Orléans, en 1842, que le roi Louis-Philippe avait cru reconnaître dans cette main ferme et vigoureuse, dans cet esprit élevé et pénétrant, l'homme qui, au cas d'une régence, pourrait devenir le Mazarin du comte de Paris.

Le professeur Rossi accueilli à la Cour avec une bienveillance particulière fut bientôt très recherché par les salons politiques et le monde lettré. L'amitié du duc de Broglie et de M. Guizot avait été pour lui le plus précieux talisman. Il ne tarda pas, d'ailleurs, lui-même, à s'assimiler ce que l'esprit et le caractère français pouvaient avoir de plus subtil. On citait ses mots: Un homme d'esprit, quelque peu bohême, s'était avisé, sans trop le connaître, d'aller rendre visite au comte Rossi pour lui recommander la candidature à l'Académie des sciences morales d'un savant de ses amis. « M. Peysse, dit-il, est seulement connu par deux ou trois remarquables articles publiés dans la *Revue des Deux-Mondes*. C'est une intelligence rare, tout à fait supérieure, ajouta M. Guichardet: mais peut-être entendrez-vous dire de Peysse qu'il est paresseux ? » — « Paresseux, s'écria le comte Rossi, il a donc tous les titres ! Les paresseux sont la réserve de la France. »

Une ordonnance royale du 7 novembre 1839 avait nommé le professeur Rossi Pair de France, en même temps que M. Daunou. Son nouveau collègue ne devait pas siéger longtemps à la Chambre Haute. En effet, le 27 juin 1840, dans la séance publique de l'*Académie des sciences morales et politiques,* dont il faisait partie depuis l'année 1836, Rossi prononçait l'éloge de son confrère. Sans entrer dans les détails de la vie si agitée et si pleine de Daunou, l'orateur définissait de la façon la plus heureuse le rôle de l'Académie des sciences morales et politiques fondée par Daunou lui-même.

« L'Académie n'aurait pu, sans méconnaître sa mission, fermer les yeux sur ces grandes questions morales et politiques qui sont l'expression sincère de notre époque, qui résument le génie de notre temps, l'état de notre société. Il est au fond de toute question une doctrine, une théorie ; de là le droit de la science et la légitimité de son intervention dans ces grandes et belles controverses qui animent notre temps et partagent les esprits.

» Le passage de la théorie à la pratique, de l'idée spéculative au fait rencontre deux ordres d'obstacles : peut-être ne les a-t-on pas assez distingués. — Les uns, d'une nature générale, tiennent à l'imperfection des choses humaines. Dans une certaine mesure les obstacles se trouvent en même temps et partout. Ils sont un fait général, nécessaire, comme les frottements et les résistances qui modifient l'action des forces mécaniques. — Les autres, bien que de même nature et dérivant de la faiblesse de l'homme, sont néanmoins particuliers à chaque époque, à chaque pays. Ils s'ajoutent aux premiers; ils sont mobiles, accidentels, variables. Énormes aujourd'hui, ils disparaissent tout à coup et reparaissent sous une autre forme. Un homme, un événement, un revers, un succès, un incident quelconque dans le mouvement général des affaires les diminue ou les grandit, les multiplie ou les fait momentanément disparaître.

» L'Académie trouve dans cette distinction la marque qui sépare ses travaux de l'action de la puissance publique. Là, se trouve l'extrême limite des attributions d'un corps savant. Une question franchit-elle cette limite pour entrer dans le tourbillon des affaires, pour s'exposer aux incertitudes et aux luttes de la politique du jour, la science sait que le combat appartient aux hommes de Gouvernement et qu'elle doit se borner à l'éclairer de la vive et pure lueur de ses principes ».

Rossi, écrivain et orateur, est jugé en ces termes par M. Louis Reybaud : « Après quelques années de séjour à Genève, la langue française n'eut bientôt plus de secrets pour lui. Il en pénétra les délicatesses, en devina les ressources et acquit peu à peu ce style ferme et correct, élégant et précis qui distingue ses ouvrages. Il est rare qu'un étranger puisse prétendre à des résultats si complets et, parmi les Français, les très bons écrivains seuls y arrivent. Cependant une autre difficulté subsistait encore, difficulté purement mécanique : celle de l'accent et de la prononciation.

» Malgré tous ses soins, M. Rossi ne put en triompher entièrement. Aujourd'hui encore, il sacrifie parfois à la prosodie et à la mélopée italiennes, et porte à la tribune et dans sa chaire ce témoignage de sa première nationalité. Cela surprend d'abord, mais facilement on s'y habitue. Ce débit a quelque chose de musical qui en relève la singularité, et la parole est d'ailleurs si choisie, si transparente, en un mot si française, qu'on oublie sans peine l'accent qu'elle emprunte ».

L'originalité de Rossi, dans ses cours, consiste dans la façon dont il expose et compare les théories des maîtres, en sachant faire la part de l'erreur et celle de la vérité, en ajoutant à leurs idées ce qui peut les mettre en relief, en éclairant ce qu'elles ont de trop vague ou de trop obscur. — Une science a beaucoup à gagner dans cette étude comparée traitée de haut et sous la double autorité de la position et du talent. Elle est heureuse d'avoir à son service une de ces plumes qui laissent un sillon partout où elles passent et communiquent à ce qu'elles touchent de la lumière, de la sève, de la vie. Son style fait passer dans les abstractions même la transparence qui le distingue; rien de plus serré que la trame de sa composition, de plus nerveux que sa polémique.

Toujours clair et précis, le style de Rossi est animé, souvent pittoresque. C'est ainsi que, défendant la liberté des transactions, le libre-échange, il parle de son ancienne patrie d'adoption, de la Confédération helvétique, qui n'a pu ni voulu défendre l'activité locale au moyen d'un cordon de douanes, ce luxe des grands empires. Il démontre éloquemment que ces pays n'en sont pas plus mal partagés; que les populations n'en sont pas plus chétives, les races plus dégradées, et qu'enfin ce régime libéral ne saurait être la source d'une infériorité et mettre de tels peuples en dessous de ceux qui assurent à leur propre production le privilège des débouchés intérieurs.

« La production suisse, dit-il dans un de ses cours, n'a pas cessé de s'accroître. L'industrie agricole et l'industrie manufacturière y ont également prospéré. Sur le penchant des Alpes, à côté de la fumée pastorale des chalets, on voit s'élever les noirs et épais tourbillons de l'usine qui carde, qui file, qui tisse à la vapeur. L'Anglais, le Français, le Belge, le Saxon, rencontrent sur plus d'un marché l'industrieux Helvétien qui, par le seul effet de son travail intelligent et son esprit d'ordre et d'économie, parvient à lutter avec les producteurs que le privilège favorise. »

Sans vouloir pénétrer profondément dans les doctrines du savant professeur, il nous paraît utile de faire connaître succinctement les principes de Rossi comme criminaliste et économiste.

Les leçons réunies sous le titre de *Cours d'économie politique* furent professées au Collège de France de l'année 1833 à l'année 1837. Les 36 premières ont été écrites par Rossi lui-même et publiées pour la première fois en 1840. Toutes celles qui suivent ont été rédigées sur des notes sténographiques par M. Porée, et publiées en 1851 et 1854 par le soin des deux fils de l'auteur.

Les années durant lesquelles Rossi fit son cours au Collège de France marquent dans l'histoire de l'économie politique comme les plus agitées et aussi les moins fertiles. Le goût des utopies faisait alors de grands ravages. De tout côté on voyait surgir des écoles qui traitaient la science économique en instrument de propagande politique et, suivant la belle expression de Lamartine, « s'empressaient de donner comme un secret ce qui n'était encore qu'un problème ». Il ne s'agissait plus de définir la richesse, mais de la répandre à flot et sur tous; il ne s'agissait plus d'expliquer les ressorts des diverses forces sociales, l'action combinée du capital et du travail, mais d'en briser les éléments afin de les soumettre au creuset d'une transformation complète. Saint-Simonien, Fouriéristes, Socialistes, de nuance infinie, tous prétendaient avoir trouvé la pierre philosophale, tous lançaient aux foules agitées des formules cabalistiques et prédisaient la venue prochaine d'un Messie économique.

Ce sera l'honneur éternel de Rossi d'être demeuré impassible au milieu d'un tel désordre dans les esprits, d'avoir gardé intacte la tradition économique parmi un tel débordement de charlatanisme ou de folie. Ni le tapage ni les injures ne le troublèrent dans la sérénité de son enseignement. Avec le calme de Goethe écrivant au bruit du canon, il reprit l'étude des problèmes économiques au point où ses devanciers l'avaient laissée, discutant avec une liberté respectueuse l'œuvre par eux accomplie et s'efforçant de préparer ces progrès lents mais sûrs qui sont seuls possibles dans les sciences sociales.

« Le *cours d'économie politique*, dit M. Mignet, qu'il continua jusqu'en 1840, époque où il se démit de sa chaire en entrant dans le Conseil de l'instruction publique, a paru en deux volumes.

» Ce livre, malheureusement inachevé, est une belle exposition des principes les plus élevés, une discussion approfondie des points les plus délicats de la science économique. Rossi en trace brièvement l'histoire en montrant les tâtonnements dans la succession des systèmes et les erreurs par la diversité des affirmations. Il la sépare soigneusement des autres sciences qui s'occupent de l'organisation et de la conduite des sociétés humaines, et il distingue « l'économie politique appliquée », c'est-à-dire la théorie du savant de l'art de l'homme d'État, en ce qui concerne la connaissance et l'administration des intérêts matériels. — Il observe ensuite, d'une manière fine et judicieuse, les phénomènes de la richesse, dont il saisit les causes, suit la marche, montre les effets, déduit les lois.

» Continuateur des économistes les plus célèbres, qu'il juge avec respect et avec une complète indépendance, il traite de la théorie de la valeur après Adam Smith, de la théorie du fermage après Ricardo, de la théorie de la population après Malthus, de la théorie des débouchés après J.-B. Say, de la théorie du capital après tous les grands maîtres qui l'ont précédé. — Il n'y porte pas le génie de la découverte, mais la puissance de la démonstration et sa méthode le conduit presque à l'originalité. — Elle le mène, en effet, à rectifier, dans ses inventifs devanciers, ce qui est inexact, à achever ce qui est incomplet, à éclaircir ce qui reste obscur, et à embrasser, dans des formules plus incontestables, une science plus vive dont nul n'est plus près que lui d'être le régularisateur. »

En raison sans doute des circonstances au milieu desquelles il fut professé, le cours d'économie politique de Rossi n'est point d'une originalité marquante. Un de ses admirateurs les plus sincères, Joseph Garnier, le déclare lui-même : « Rossi n'aura attaché son nom à aucune grande découverte de la science. En revanche, l'enseignement économique de Rossi se distingue par une merveilleuse netteté, une clarté de style qui ne sera jamais dépassée. Dans un temps où la science de l'utile était profondément altérée, les vérités économiques obscurcies, l'esprit toujours si net et si subtil du grand Italien se surpasse encore, trouve des formules d'une clarté lumineuse, résout avec une précision rigoureuse les problèmes les plus obscurs, en un mot fait le premier de la science qu'il expose une science exacte. » C'est surtout à ce point de vue que Rossi marquera dans l'histoire des progrès de l'économie politique. Son prédécesseur au Collège de France, J.-B. Say, avait déjà fait beaucoup pour la vulgarisation des études économiques. Rossi, par la netteté de son enseignement, aura fait peut-être davantage encore. « Pour mon compte, ajoute Joseph Garnier, dont la méthode était également si claire, je dois dire qu'ayant voulu me formuler un résumé de l'économie politique, c'est avec le livre de M. Rossi seulement que je suis parvenu à coordonner dans mon esprit et d'une manière satisfaisante les acquisitions que j'avais faites en étudiant les écrits des maîtres de la science. »

C'est un éloge considérable et mérité. Rossi transmit donc intact et amendé à M. Michel Chevalier le dépôt des vérités économiques que ce maître devait défendre avec tant de dignité jusqu'au jour où les doctrines démagogiques, un instant triomphantes, vinrent supprimer la chaire d'économie politique du Collège de France, qui reçut de ce fait un lustre nouveau (décret du 7 avril 1848).

Depuis longtemps, Rossi avait été préoccupé des graves problèmes du droit criminel. Dans les *Annales de législation et de jurisprudence*, qu'il fonda à Genève en 1820 avec Sismondi, Bellot, Étienne Dumont, et dont il fut le principal rédacteur, nous trouvons une magistrale étude de lui sur l'*Exécution des jugements prononcés par les tribunaux étrangers*. Chose vraiment curieuse, ce travail est inspiré par une loi libérale du gouvernement pontifical en cette matière, et le futur ministre de Pie IX est heureux d'exalter l'administration romaine qui donne au monde civilisé un noble exemple d'assurance mutuelle contre le crime.

« C'est un fait digne d'être remarqué, écrit-il en terminant son étude, que, l'année 1820, à Rome, au nom et par ordre du Saint-Père, persuadé que cela est de l'intérêt commun de tous les gouvernements, il a été publié un décret en vertu duquel une sentence rendue à Genève, par des juges protestants, contre un sujet de Sa Sainteté, sera immédiatement, sans nouvel examen, mise à exécution dans les États de l'Église. La religion et la bonne politique, les intérêts spirituels et une sage administration civile, la garde de ses ouailles et le bien de son peuple ne sont donc pas des choses incompatibles. On peut donc se conformer aux lumières et aux besoins de son siècle et donner au règne de César, aux choses de ce monde, l'appui solide de l'opinion publique sans porter atteinte pour cela à l'édifice religieux. »

Ces publications détachées n'étaient pour Rossi que des études préparatoires aux deux grandes œuvres de législation criminelle qu'il comptait édifier plus tard, savoir: un *Traité du droit pénal* et un *Traité d'Instruction criminelle*. Le premier de ces deux travaux fut seul exécuté par le savant professeur. Les événements de 1830 vinrent l'entraîner dans la politique au moment où il se disposait à entreprendre le second.

Un principe depuis bien longtemps discuté domine toutes les questions de législation criminelle : nous voulons parler du fondement du droit de punir. C'est aussi ce principe dont les conclusions sagement éclectiques, expliquées par Rossi, inspirèrent et éclairèrent tous les chapitres du droit pénal.

Les théories émises sur le droit de punir sont nombreuses et variées; nous n'avons pas la prétention de les exposer ici, même sommairement. Nous dirons seulement qu'elles peuvent toutes se ranger en deux grandes classes, l'une mystique et l'autre politique. Les théories de l'École mystique prennent leur fondement dans la loi morale, considèrent la législation positive comme une émanation partielle de cette loi divine qu'elle a pour mission unique de sanctionner. « *Omnis pœna si justa est peccati pœna est* », dit saint Augustin. Kant dans ses *Principes métaphysiques du droit*, de Maistre, dans ses *Soirées de Saint-Pétersbourg*, etc., considèrent aussi, avec des divergences plus ou moins grandes, la loi pénale « comme un droit mystique directement émané du ciel ou une délégation de la divinité », ainsi que dit excellemment M. Ad. Franck dans sa *Philosophie du droit pénal*.

Les théories de l'École politique renferment au contraire la loi positive dans un cercle exclusivement humain, ne lui assignent pour base et pour but que la conservation des intérêts sociaux et la prévention des délits. On châtie les coupables, disait Sénèque, « *ut sublatis malis securiores cæteri vivant* ». « Tout malfaiteur, écrivait J.-J. Rousseau, attaquant le droit social devient par ses forfaits rebelle et traître à la patrie, il cesse d'en être membre en violant ses lois et même il lui fait la guerre. Alors la conservation de l'État est incompatible avec la sienne ; il faut qu'un des deux périsse, et quand on fait mourir le coupable, c'est moins comme citoyen que comme criminel ».

Ce fut dans les premières années de la Restauration seulement que la France commença à prendre part à cette grande controverse entre l'École mystique et l'École politique. On sait avec quelle vivacité se réveilla à cette époque l'esprit de recherche. Cousin, Guizot, Charles Lucas, de Broglie, attaquèrent résolument, avant Rossi, l'étude du grave problème social du droit de punir, et, fidèles à l'esprit de composition, de transaction qui régnait en ces années pacifiques, s'efforcèrent, chacun avec une grande ingéniosité, de concilier les systèmes adverses, le droit positif absolu et l'idée théocratique pure.

Rossi devait, à notre avis, atteindre mieux que tout autre ce but difficile. Sous la plume de l'auteur italien, les compromis jusque-là proposés prirent une forme plus scientifique, plus vigoureuse et devinrent, en un mot, ce que l'on nomme encore dans les écoles la *théorie Rossi*.

Dans cette théorie, comme nous l'avons dit plus haut, sont heureusement conciliés le principe spiritualiste de la justice morale et le principe matérialiste de l'utilité. Voici comment est résolue cette tâche délicate :

L'homme est un être moral, il a des devoirs à remplir, il a des facultés que suppose la notion du devoir, il a la raison et la liberté. Donc il est responsable de ses actions, il en a le mérite quand elles sont bonnes, il en a la honte quand elles sont mauvaises.

« L'homme n'est pas seulement un être moral, il est aussi un être social. L'homme est social, dit Rossi, comme il est libre, intelligent, sensitif ; le considérer, abstraction faite de la sociabilité, c'est complètement dénaturer l'objet qu'on veut examiner ; c'est nous parler de la nature des poissons comme vivant hors de l'eau...

» Or, un des principes fondamentaux, une des lois les plus absolues de l'ordre moral comme de l'ordre social, c'est que le bien doit être rétribué par le bien, le mal par le mal, c'est-à-dire que le bien doit être récompensé et le mal doit être puni ;

l'application de ce principe faite à l'homme, être moral et social tout ensemble, devra donc être considérée sous un double point de vue : au point de vue de l'ordre moral tout seul et de la justice absolue, au point de vue de l'ordre social ou de la justice relative. Le droit de punir devient ainsi une prérogative nécessaire à tout gouvernement dont la justice absolue est le principe et l'utilité sociale la mesure. »

Telle est l'ingénieuse combinaison de la théorie mystique et de la théorie matérialiste proposée par Rossi, qui, après l'avoir formulée, pose du reste des conclusions empreintes d'un ardent spiritualisme. « Le bien-être, l'utilité résultent de la justice ; ils n'en sont ni la justification, ni la cause première... Émanation de l'ordre moral, c'est à l'ordre moral qu'elle tend, c'est pour leur rappeler les principes de l'ordre moral qu'elle se manifeste aux hommes et pour leur fournir les moyens de s'élever eux-mêmes à la source céleste dont elle émane. »

Des hauteurs où il a ainsi placé la science du droit pénal, Rossi descend avec sûreté à ses applications diverses. Il se montre dans le détail aussi pénétrant qu'il s'est montré élevé dans le principe. Nous ne le suivrons pas avec Huguet, Franck, Odilon Barrot ou Faustin Hélie dans ses belles analyses de la tentative, de la complicité, des causes d'ignorance et d'excuse, etc. Nous dirons seulement que, de l'avis de tous les publicistes compétents, ce *Traité du droit pénal* est le plus beau fleuron de la couronne scientifique de Rossi et qu'il unit pour toujours son nom à celui de Beccaria[1], son illustre compatriote.

1. Voir la note sur Beccaria, livre premier, page 16.

Une des dernières fois que la parole de Rossi retentit en France, ce fut à l'École de droit à l'occasion de la distribution des prix, le jeudi 8 août 1844. Jamais le grand orateur ne s'éleva plus haut, et dans les courts passages que nous avons recueillis se trouve résumée toute la doctrine de ce vaillant esprit, « l'alliance de la science et de la liberté. » C'était en même temps les adieux qu'il faisait à cette généreuse jeunesse, qui après l'avoir accueilli avec méfiance, avait fini par l'apprécier, comme il le méritait. Au moment en effet où le Doyen de l'École de droit prononçait ce discours, le roi Louis-Philippe et M. Guizot avaient décidé sa mission à Rome. Il partit pour l'Italie dans le courant de l'automne 1844, mais ses lettres de créance ne lui furent remises qu'au commencement de l'année 1845.

« ...... Messieurs les élèves [1] de nos écoles ne sont plus des adolescents. A leur âge, c'est désormais une vérité comprise que le travail c'est la vie ; non seulement la vie matérielle, mais cette noble vie qui nous distingue si profondément de la matière, la vie de l'intelligence. On sait à leur âge, que tous les jours enlevés au travail, à l'action réfléchie, à la pensée, sont enlevés à l'existence et que l'homme qui laisse engourdir dans l'oisiveté les facultés de son âme ne vit point : il végète. Plante stérile sans parfums et sans fruits, elle appauvrit le sol de la patrie qu'elle aurait dû enrichir.....

» La science est nécessaire au pays libre.

1. Discours prononcé le jeudi 8 août 1844 à la distribution des prix de l'École de Droit, par M. Rossi, Pair de France, membre du Conseil royal de l'Instruction publique, membre de l'Institut, Doyen de la Faculté de droit de Paris.

» La liberté sans mesure et sans frein n'est que désordre. Est-il un frein plus légitime et plus honorable que celui de la science, de la science qui montre à la fois dans l'ordre des idées, ce qui est juste et beau et dans l'ordre des faits ce qui est possible ? Heureuse et noble alliance, que celle du savoir et de la liberté ! La liberté se fortifie, se contient se consolide par la science. La science s'anime, se vivifie sous les inspirations de la liberté ! La liberté sans la science est un aveugle qui tâtonne et s'égare. Hélas ! qu'est la science sans la liberté ?

» Oh ! mes jeunes amis, remerciez tous les jours la Providence de vous avoir fait naître dans un pays de liberté et de vous avoir ainsi épargné un grand supplice : celui de la pensée qui ne peut ni se réaliser, ni se faire jour. . . . .

. . . .

» Qu'elle n'oublie jamais, cette jeunesse française, que la forte et virile éducation fait seule les générations puissantes et glorieuses comme les labours réitérés et profonds préparent les plus riches moissons. Le travail, un travail opiniâtre, n'est pas seulement l'accomplissement d'un devoir, il est l'instrument légitime d'une haute ambition, de l'ambition des grandes choses, de cette noble passion que vous, mes jeunes amis, j'en suis certain, vous ne confondrez jamais avec un vif penchant, avec l'orgueil des petites choses, car vous penserez toujours à votre dignité d'homme, à l'honneur de votre pays. »

Le droit constitutionnel a été professé par Rossi, à la Faculté de droit de Paris, durant dix années : du mois de novembre 1835 au mois de mars 1845, époque à laquelle le grand Italien quitta l'École pour aller à Rome remplir les fonctions d'ambassadeur.

En 1846, le nouvel ambassadeur étant venu passer

quelques jours à Paris, la Société des Économistes lui offrit, le 28 novembre, un banquet.

M. Dunoyer, un des présidents, porta la santé de Rossi en ces termes :

« Je suis sûr d'entrer dans vos sentiments en vous proposant de ne pas laisser repartir notre collègue sans lui exprimer les regrets que son éloignement vous inspire.

» S'il faut vous féliciter d'avoir auprès du chef éminent et éclairé de la Chrétienté catholique un aussi habile interprète des besoins religieux de notre pays, il est certainement regrettable, d'un autre côté, que nous soyons privés du concours de l'économiste distingué qui prenait naguère à nos travaux une part si utile et si glorieuse.

» Au moins si M. Rossi, dans sa nouvelle position ne peut plus nous aider de sa plume ni de sa parole, espérons que ses vœux seront pour nous et pour le triomphe d'une cause qui a toujours été la sienne. Diplomate au service d'un gouvernement dont l'un des principes les plus sains et les mieux établis de politique extérieure est de travailler à affermir de plus en plus le règne de la paix, il n'a pu puiser dans les hautes fonctions qu'il exerce que des motifs nouveaux d'aimer et de désirer cette universelle liberté des échanges qui, en mêlant sans confondre les nationalités, les intérêts de tous les peuples, en croisant et en entrelaçant ces intérêts de mille façons, en les unissant dans un immense et inextricable réseau, est destinée à devenir un des gages de la paix la plus forte et la plus désirable.

» A la santé donc du comte Rossi !..

Le diplomate économiste répondit à son tour :

« Messieurs, je ne trouve pas de termes suffisants pour vous exprimer la profonde gratitude dont m'ont pénétré les marques de sympathie et de bienveillance que vous me prodiguez et l'accueil si amical que reçoit au milieu de vous votre ancien collègue. . . . .
» J'ai remarqué avec satisfaction que vous mettez un soin tout particulier à retenir la question de la liberté commerciale dans ses vraies limites. Elle est une question de science et de richesse nationale, rien de plus, rien de moins. En ne l'associant point à des questions d'une tout autre nature vous restez sagement, Messieurs, sur un terrain où les hommes éclairés de toutes les opinions peuvent se rallier à vos doctrines et seconder vos efforts pour la prospérité nationale. . . . . »

Malgré les hautes fonctions qui le tenaient éloigné de France, Rossi[1] ne cessa jamais de s'intéresser aux graves questions d'économie politique et de science sociale pour lesquelles il avait une prédilection particulière.

---

1. Pellegrino Rossi avait été élu en 1836 membre de l'Institut (Académie des Sciences morales et politiques), à l'unanimité moins une voix, en remplacement de Sieyes (1748-1836).

LIVRE QUATRIÈME

ROME
1845-1846

A son avènement au trône, en 1830, le roi Louis-Philippe avait solennellement promis la liberté d'enseignement. Cette promesse était même insérée dans la Charte. « La liberté de l'enseignement, dit M. Guizot, est l'établissement libre et la libre concurrence des Écoles, des maîtres et des méthodes. Elle exclut tout monopole et tout privilège, avoué ou déguisé. Si des garanties préalables sont exigées des hommes qui se vouent à l'enseignement, ainsi que cela se pratique pour ceux qui se vouent au barreau ou à la médecine, elles doivent être les mêmes pour tous[1]. »

---

1. M. Jules Simon disait à Bruxelles, en 1858, dans une de ses éloquentes leçons : « Le droit de penser, le droit de prier, le droit d'enseigner constituent toute la liberté de conscience. Si j'y ajoute encore le droit de jouir, malgré sa croyance, des droits de l'homme et du citoyen, je ne le fais pas sans rougir pour mon siècle. Mais vous savez que j'y suis contraint. Vous savez qu'à l'heure où je vous parle, il est des peuples où une croyance honnête, d'ailleurs, sincère et

L'application de ces principes était difficile et délicate, et les règlements sujets à de nombreuses controverses et discussions. En 1833, par la loi du 28 juin, la liberté d'enseignement fut fondée pour l'instruction primaire. En 1836, M. Guizot, et en 1841 et 1844, M. Villemain, proposèrent en vain pour l'instruction secondaire des projets plus ou moins compliqués qui ne purent résoudre pleinement la question.

Ces droits de l'État, droits de surveillance sur les établissements et les maîtres voués à l'enseignement, ne sont pas discutables, sans doute ; mais ces droits d'inspection, dans l'intérêt de l'ordre et de la moralité, étaient difficiles à limiter et surtout à exercer.

Deux idées dominaient ces graves questions, et elles furent nettement exprimées par M. Guizot le 31 janvier 1845. M. Guizot, alors ministre des Affaires étrangères et premier ministre, apportait, quoique appartenant à la religion protestante, une rare impartialité dans ces discussions si délicates, et jamais son admirable talent de logicien et d'orateur ne s'éleva plus haut.

« En matière d'instruction publique, disait-il à la Chambre, tous les droits n'appartiennent pas à l'État. Il y en a qui sont, je ne veux pas dire supérieurs, mais antérieurs aux siens, et qui coexistent avec les siens. Ce sont d'abord les droits de la famille. Les enfants appar-

respectueuse pour les lois du pays constitue une incapacité légale. En vérité, on a peine à le comprendre. Il faut faire effort pour se plier à cette pensée. »
En 1858, l'allusion de M. Jules Simon ne s'appliquait pas à la France. Mais aujourd'hui, malheureusement, ces mêmes paroles trouveraient sous le gouvernement républicain une application flagrante.

tiennent à la famille avant d'appartenir à l'État. L'État a le droit de distribuer l'enseignement, de le diriger dans ses propres établissements et de le surveiller partout ; il n'a pas le droit de l'imposer arbitrairement aux familles sans leur consentement et peut-être contre leur vœu. Le régime de l'Université impériale n'admettait pas ce droit primitif et inviolable des familles. Il n'admettait pas non plus, du moins à un degré suffisant, un autre ordre de droits, les droits des croyances religieuses. Napoléon a très bien compris la grandeur et la puissance de la religion ; il n'a pas également bien compris sa dignité et sa liberté. Il a souvent méconnu le droit qu'ont les hommes chargés du dépôt des croyances religieuses de les maintenir et de les transmettre, de génération en génération, par l'éducation et l'enseignement. Ce n'est pas là un privilège de la religion catholique ; ce droit s'applique à toutes les croyances et à toutes les sociétés religieuses : catholiques ou protestants, chrétiens ou non chrétiens, c'est le droit des parents de faire élever leurs enfants dans leur foi, par les ministres de leur foi. Napoléon, dans l'organisation de l'Université, ne tint pas compte du droit des familles, ni du droit des croyances religieuses. Le principe de la liberté d'enseignement, seule garantie efficace de ces droits, était étranger au régime universitaire. »

Profondément religieux et respectueux des croyances et des cultes, M. Guizot, que les catholiques pourraient presque revendiquer, comprenait l'importance de l'éducation religieuse, et nous trouvons dans ses Mémoires le passage suivant :

« La religion chrétienne est évidemment en butte à une nouvelle crise de guerre, guerre philosophique, guerre historique, guerre politique, toutes poursuivies au milieu d'un public plein à la fois d'indifférence et de curiosité. L'attaque est libre autant qu'ardente. La défense doit être libre aussi : qui s'étonnera qu'elle soit prévoyante ? Qui blâmera les chrétiens, catholiques ou protestants, de leurs efforts pour mettre les générations naissantes à l'abri des coups dirigés contre la foi chrétienne ? Elles rencontreront, elles ressentiront assez tôt ces coups dans le monde et dans la vie; qu'elles soient du moins un peu armées d'avance pour leur résister; qu'elles aient reçu ces impressions puissantes, ces traductions faciles, ces notions intimes que les troubles mêmes de l'esprit n'effacent pas du fond de l'âme et qui préparent les retours quand elles n'ont pas empêché les entraînements. Rien donc de plus naturel ni de plus légitime que l'ardeur de l'Église et de ses fidèles pour la liberté d'enseignement; c'était leur devoir de la réclamer, aussi bien que leur droit de l'obtenir. »

Malheureusement la lutte entre l'Université et l'Église ne tarda pas à s'accentuer, et les passions des hommes en changèrent bientôt le caractère. Les libres penseurs crurent y voir un antagonisme entre l'État et l'Église, et bientôt l'Ordre des Jésuites, ces admirables instituteurs de la jeunesse, devant lesquels tous les grands et généreux esprits s'inclinaient, furent dénoncés et devinrent le bouc émissaire de l'opposition.

M. Guizot, dans ses Mémoires, laisse échapper un aveu

intéressant sur l'excitation des esprits, sur ces polémiques ardentes qui des journaux passèrent bientôt dans le Parlement.

« Dans les Chambres comme dans le public, écrit-il, et parmi les amis du cabinet comme dans l'opposition, les esprits n'étaient pas si calmes ni si équitables; ils étaient plus inquiets que moi de la puissance des Jésuites[1], et moins confiants dans celle de la société et de la liberté.

1. La *Société* ou *Compagnie de Jésus*, fondée en 1534 par Ignace de Loyola, fut approuvée le 27 septembre 1540 par le Pape Paul III. De Paris, où il avait pris naissance, le nouvel Institut transporta son centre d'action à Rome où il se propagea avec tant de rapidité qu'en 1556, à la mort de son fondateur, il avait déjà douze provinces en Europe, sans compter celles établies en Afrique, aux grandes Indes et dans le Nouveau-Monde.

La puissante organisation des Jésuites les fit triompher des résistances qu'ils éprouvèrent surtout en France, où, admis seulement en 1561, malgré l'Université et le Parlement de Paris, ils furent frappés d'un arrêt de bannissement, en 1594, après l'attentat de Barrière sur Henri IV. Rappelés en 1603, ils reprirent bientôt une immense influence. A la fin du XVIIe siècle, qui fut son époque la plus prospère, la Compagnie entière possédait vingt-quatre maisons de profès, cent quatre-vingts collèges, cent quatre-vingt-dix séminaires, cent soixante résidences et autant de missions avec un personnel de vingt et un mille membres renfermant les hommes les plus éminents par l'intelligence, le savoir et le zèle. De là, les jalousies et les haines violentes contre cet ordre, dont le génie actif, persévérant et ambitieux, alarmait assez justement leurs adversaires. La protection de Louis XIV soutint l'Ordre contre ses ennemis et en particulier contre les Jansénistes que la bulle *unigenitus* condamna une dernière fois en 1713. Bientôt une réaction presque générale, dirigée par les philosophes et les Jansénistes, éclata contre les Jésuites. Bannis deux fois d'Angleterre en 1581 et en 1601, ils le furent également de Russie en 1719, du Portugal en 1759, de la France, par Louis XV, en 1762, et de l'Espagne en 1767.

L'Ordre fut tout à fait aboli en 1773, par le Pape Clément XIV, dans l'espoir de rendre la paix à l'Église. Avant d'en venir là, on avait essayé de déterminer le père Ricci, alors général de l'ordre, à en modifier les statuts. On connaît sa ferme réponse : *Sint ut sunt, aut non sint*. Ils continuèrent cependant à exister en Prusse et en Pologne. Rétablie par le Pape Pie VII, en 1801 pour la Russie, en 1804 pour le royaume de Naples et en 1814 pour tout le monde catholique, la Société de Jésus reparut partout où elle avait été bannie. En France, le ministère Martignac fit fermer leurs maisons en 1828. Depuis, les Jésuites ont continué à vivre en France, sans y former une congrégation légalement reconnue.

On énumérait les Maisons que les Jésuites possédaient déjà en France, les Oratoires qu'ils desservaient, les propriétés qu'ils acquéraient, les enfants et les jeunes gens qu'ils élevaient, les croyants qui se groupaient autour d'eux. On réclamait contre eux l'exécution des lois dont, sous l'ancien régime, sous l'Empire et même sous la Restauration, les congrégations religieuses non autorisées avaient été l'objet. Ces lois étaient incontestablement en vigueur, et on peut, sans témérité, affirmer que, si la question avait été portée devant eux, les tribunaux n'auraient pas hésité à les appliquer. Je ne croyais de telles poursuites ni nécessaires, ni opportunes, ni efficaces. Les luttes du pouvoir civil contre les influences religieuses prennent aisément l'apparence et aboutissent souvent à la réalité de la persécution. L'histoire de nos anciens Parlements en offre de frappants exemples. Nous aurions surtout couru ce risque si nous avions engagé une lutte semblable précisément à propos d'une question de liberté, de cette liberté d'enseignement promise par la Charte et réclamée, non pas seulement par une congrégation religieuse, mais pour l'Église elle même. C'était, pour l'État comme pour l'Église, le malheur de la situation que les Jésuites fussent, dans cette occasion, l'avant-garde, et, dans une certaine mesure, les représentants de l'Église catholique tout entière. Les poursuites et les condamnations qui les auraient frappés auraient gravement envenimé une querelle bien plus grande que la leur propre, et une partie considérable du clergé français en aurait ressenti une vive irritation. Bien souvent d'ailleurs et dans bien des États, on a poursuivi et condamné les Jésuites sans les détruire; ils se sont toujours relevés; leur existence a eu des racines plus profondes que les coups qu'on leur a portés; et ce n'est pas aux lois et aux arrêts, c'est à l'état général de la société et des esprits qu'il appartient de combattre et de réduire dans de justes limites leur action. Je proposai au Roi et au Conseil, non pas d'abandonner les lois en vigueur contre les congrégations religieuses non autorisées, mais d'en ajourner l'emploi, et de porter la question de la dissolution en France de la Société de Jésus, devant son chef suprême et incontesté, le Pape lui-même. Le pouvoir civil français ne renonçait point ainsi aux armes légales dont il était pourvu; mais, dans l'intérêt de la paix religieuse comme de la liberté et de l'influence religieuse en France, il invitait le pouvoir spirituel de l'Église à le dispenser de s'en servir. Le Roi et le Conseil adoptèrent ma proposition. »

On ne saurait nier que le moyen proposé par le premier ministre du roi Louis-Philippe ne fût des plus corrects, des plus habiles. De la part de M. Guizot, il y eut là une conception d'une singulière profondeur que n'eût pas désavouée un politique italien. Aussi, pour exécuter ce plan, fit-il choix d'un Italien.

Voici en quels termes M. Guizot juge l'homme désigné pour remplir auprès du Pape Grégoire XVI cette mission, qui exigeait de la part de celui qui devait la remplir tant de délicatesse, de tact et de dextérité. Le portrait est magistral :

« L'ambassadeur que nous avions alors auprès du Pape Grégoire XVI, dit M. Guizot, le comte Septime de Latour-Maubourg, était un homme parfaitement honorable, mais malade, inactif, et qui avait à Rome plus de considération que d'influence. Il nous fallait là un homme nouveau, bien connu pourtant du public européen, et dont le nom seul fût un éclatant symptôme du caractère et de l'importance de sa mission. Je donnai à M. de Latour-Maubourg le congé qu'il demandait à raison de sa santé, et le Roi, sur ma proposition, nomma M. Rossi son envoyé extraordinaire et ministre plénipotentiaire à Rome par *intérim*. Ce qu'un tel choix avait d'un peu étrange était, à mes yeux, son premier avantage. »

« Italien hautement libéral, réfugié hors d'Italie à cause de ses opinions libérales, l'envoi de M. Rossi ne pouvait manquer de frapper, je dirai plus, d'inquiéter la Cour de Rome; mais il y a des inquiétudes salutaires, et je savais M. Rossi très propre à calmer celles qu'il devait inspirer, en même temps qu'à en profiter pour le succès de sa mission. Ses convictions libérales étaient profondes, mais larges et étrangères à tout esprit de système ou de parti. Il avait la pensée très libre, quoique non flottante, et nul ne savait mieux que lui voir les choses et les personnes telles qu'elles étaient réellement, et contenir son action de chaque jour dans les limites du possible, sans cesser de poursuivre constamment son dessein. Hardi avec mesure, aussi patient que persévérant, et insinuant sans complaisance, il avait l'art de ménager et de plaire tout en donnant, à ceux avec qui il traitait, l'idée qu'il finirait par réussir dans ses entreprises et par obtenir ce qu'on lui contestait. Dans la vie politique et diplomatique, il était de ceux qui n'emportent pas d'assaut et par un coup de force les places qu'ils assiègent, mais qui les cernent et les pressent si bien qu'ils les amènent à se rendre sans trop de colère et comme par une nécessité acceptée. »

M. Rossi partit pour Rome vers la fin de l'année 1844 et, avant de s'y établir officiellement, visita plusieurs parties de l'Italie, où il avait à cœur de s'entretenir avec d'anciens amis.

Le 2 mars 1845, il recevait du ministre des Affaires Étrangères des instructions très nettes sur le but de sa mission. Il était, en l'absence de M. de Latour-Maubourg, chargé de gérer l'ambassade en sa qualité d'envoyé extraordinaire et ministre plénipotentiaire.

Le 11 avril, le nouvel envoyé français présenta ses lettres de créance au Souverain Pontife Grégoire XVI qui avait alors quatre-vingt-deux ans[1]. Le vieillard l'accueillit

---

1. Grégoire XVI (Mauro-Capellari), né à Belluno en 1765, mort à Rome, le 1er juin 1846. Moine camaldule, il fut désigné par ses vertus austères, ses talents d'érudit, de théologien, et appelé au cardinalat, et nommé préfet de la Propagande par Léon XII en 1826. Il succède à Pie VIII en 1831. Son pontificat fut troublé par des insurrections révolutionnaires en 1831, 1843, 1844 et 1845. Ce fut à la première de ces conspirations que prirent une part active les deux fils de Louis Bonaparte, dont le plus jeune est devenu Napoléon III. L'intervention de l'Autriche à cette occasion amena de la part du gouvernement français l'occupation d'Ancône (1832-38).

Au cours de son pontificat, le Pape Grégoire condamna dans son encyclique du 15 août 1832, la doctrine de Lammenais sur la séparation totale de l'Église et de l'État et sur ses écrits révolutionnaires. Le czar Nicolas I étant venu à Rome en 1836, le Pape plaida noblement auprès de lui la cause de la Pologne catholique. Il donna des encouragements aux arts et aux travaux publics, et fit notamment faire à Tivoli une régularisation du cours de l'Anio.

avec une douce bonté et ne dissimula point le plaisir qu'il avait de s'entretenir en italien avec l'ambassadeur de France. Pendant deux mois Rossi se tint dans une attitude d'observation inactive, uniquement appliqué à bien connaître les hommes et les faits.

Le 27 avril il rendait compte confidentiellement à M. Guizot de ses observations, des motifs de son immobilité apparente et des résultats qu'il en attendait. Deux personnages alors occupaient exclusivement la confiance du Pape : le cardinal Lambruschini, secrétaire d'État, et Mgr Tosti, trésorier.

« Les choses sont toujours dans un état déplorable, disait Rossi, et il n'y a point en ce moment d'amélioration à espérer. Bien loin de songer à séculariser l'administration civile, le Pape ne veut employer aussi parmi les prélats que ceux qui se sont faits prêtres. A cela s'ajoute l'absence de tout apprentissage, et de toute carrière régulière. Un prélat est apte à tout... Quant aux finances, c'est une plaie dont personne ne se dissimule la gravité. On marche aujourd'hui à l'aide d'un expédient : le gouvernement a acheté l'apanage que le prince Eugène avait dans la Marche. Il l'a immédiatement revendu à une Compagnie européenne de princes romains et d'hommes d'affaires. Les acheteurs verseront le prix dans le Trésor pontifical en plusieurs payements longtemps avant l'époque où le gouvernement pontifical devra payer la Bavière. C'est là l'expédient. En définitif, c'est un emprunt fort cher.

» Cette situation se complique des Jésuites. Ils sont mêlés ici à tout ; ils ont des aboutissants dans tous les camps ; ils sont, pour tous, un sujet de craintes ou d'espérances. Les observateurs superficiels peuvent facilement s'y tromper, parce que la *Société de Jésus* présente trois classes d'hommes bien distinctes. Elle a des hommes purement occupés de lettres ou de sciences, qui devinent peut-être les menées de leur Compagnie, mais qui y sont étrangers et peuvent de bonne foi affirmer qu'ils n'en savent rien. La seconde classe se compose d'hommes pieux et quelque peu crédules, sincèrement convaincus de la parfaite innocence et abnégation de leur Ordre, et qui ne voient dans les attaques contre les Jésuites que d'affreuses calomnies. Les premiers attirent les gens d'esprit, les seconds les âmes pieuses. Sous ces deux couches se cache le jésuitisme proprement dit, plus que jamais actif, ardent, voulant ce que les Jésuites ont toujours voulu, la contre-révolution et la théocratie, et convaincus que dans peu d'années, ils seront les maîtres. Un de leurs partisans, et des plus habiles, me disait hier à moi-même : « Vous verrez, Monsieur, que dans quatre ou cinq ans il sera » établi, en France, que l'instruction de la jeunesse ne peut appar- » tenir qu'au clergé. » Il me disait cela sans provocation aucune de ma part, uniquement par l'exubérance de leurs sentiments dans ce moment. Ils croient que des millions seraient prêts à faire pour eux, en Europe, ce qu'ont fait les Lucernois en Suisse. C'est là un rêve. Il est vrai, au contraire, que l'opinion générale s'élève tous les jours plus redoutable contre eux, même en Italie ; mais il est également certain que leurs moyens sont considérables ; ils disposent de millions, et leurs fonds augmentent sans cesse ; leurs affiliés sont nombreux dans les hautes classes ; en Italie ils les ont trouvés particulièrement à Rome, à Modène et à Milan. A Milan, on tient des sommes énormes à leur disposition, pour le moment où ils pourront s'y établir et s'en servir. Je sais dans quelles mains elles se trouvent. Ici, ils sont maîtres absolus d'une partie de la haute noblesse qui leur a donné ses enfants.

» Ce qui est important pour nous, c'est qu'il est certain et en quelque sorte notoire que leurs efforts se dirigent en ce moment, d'une manière toute particulière, vers deux points : la France et le futur conclave. Au fond, ces deux points se confondent, car c'est surtout en vue de la France qu'ils voudraient un Pape qui leur fût plus inféodé que le Pape actuel.[1]

» Je suis convaincu que le Saint-Père ne se doute pas de toutes leurs menées et de tous leurs projets. Je vais plus loin ; je crois qu'il en est de même de leur propre général, le Père Roothan. Je ne le connais pas ; mais d'après tout ce qu'on m'en dit, il est comme le doge de Venise dans les derniers siècles ; le pouvoir et les grands secrets n'étaient pas à lui: ils n'appartenaient qu'au Conseil des Dix. »

. . . .

« Comme règle de conduite, il ne faut pas oublier que rien d'important ne se fait et ne s'obtient, ici, que par des in-

---

[1]. Après la mort de Léon XII, en 1829, au moment du Conclave, lorsque le vieux cardinal Castiglione, sous le nom de Pie VIII, fut élevé au Pontificat, M. de Chateaubriand, alors ambassadeur à Rome, avait déjà placé en première ligne le cardinal Capellari, qui devait être Grégoire XVI comme candidat *papabile*.

« Parmi les concurrents, quatre sont parfaitement désignés, écrivait de Rome, le 17 février 1829, l'illustre écrivain diplomate au comte Portalis, ministre par intérim des Affaires étrangères : le cardinal Capellari, chef de la Propagande, le cardinal Pacca, le cardinal de Gregorio et le cardinal Giustiniani.

» Le cardinal Capellari est un homme docte et capable. Il sera repoussé, dit-on, par les cardinaux comme trop jeune, étant né en 1765, comme moine et comme étranger aux affaires du monde. Il est autrichien et passe pour obstiné et ardent dans ses opinions religieuses. Cependant c'est lui qui, consulté par Léon XII, n'a rien vu dans les ordonnances du roi Charles X qui pût autoriser la réclamation de nos évêques. C'est encore lui qui a rédigé le Concordat de la Cour de Rome avec les Pays-Bas, et qui a été d'avis de donner l'institution canonique aux évêques des républiques espagnoles. Tout cela annonce un esprit raisonnable, conciliant et modéré. Je tiens ces détails du cardinal Bernetti, avec qui j'ai eu, vendredi 13, une des conversations que je vous ai annoncées dans ma dépêche numéro 15.

» Il importe au corps diplomatique et surtout à l'ambassadeur de France que le secrétaire d'État à Rome soit un homme de relations faciles et habitué aux affaires de l'Europe. Le cardinal Bernetti est le ministre qui nous convient sous tous les rapports. Il est compromis pour nous avec les Zelanti et les congrégations. Nous devons désirer qu'il soit repris par le Pape futur. Je lui ai demandé avec lequel des quatre cardinaux il aurait le plus de chances de revenir au pouvoir, il m'a répondu : « Avec Capellari. »

» Les cardinaux opposés aux Jésuites par diverses causes et diverses circonstances sont : Zurlo, de Gregorio, Bernetti, *Capellari* et Micara. »

fluences indirectes et variées. Ici, les opinions, les convictions, les déterminations ne descendent pas du haut vers le bas, mais remontent du bas vers le haut. Celui qui, par une raison ou par une autre, plaît aux subalternes ne tarde pas à plaire aux maîtres. Celui qui n'a plu qu'aux maîtres se trouve bientôt isolé et impuissant.

» Les influences subalternes et toutes-puissantes sont de trois espèces : le clergé, le barreau et les hommes d'affaires, ce qui comprend les hommes de finances et certains comptables, race particulière à Rome et qui exerce d'autant plus d'influence qu'elle seule connaît et fait les affaires de tout le monde. Qu'une vérité parvienne à s'établir dans les sacristies, dans les études et dans les *compusterie,* rien n'y résistera, et réciproquement.

» Votre Excellence voit dès lors quel est le travail à entreprendre ici si on veut réellement se mettre à même de faire les affaires du Roi et de la France sans violence, sans secousse, sans bruit. Je dois le dire avec franchise : ce travail n'a pas même été commencé. J'ai trouvé l'ambassade tout entière n'ayant absolument de rapports qu'avec les salons de la noblesse qui sont, comme j'ai eu l'honneur de vous l'écrire, complètement étrangers aux affaires et sans influence aucune. Je les fréquente aussi, et je vois clairement ce qui en est. Un salon politique n'existe pas à Rome.

» Cet état de choses me semble fâcheux et pourrait devenir un danger. Les amis de la France se demandent avec inquiétude quelle serait son influence, ici, si, par malheur, un Conclave venait à s'ouvrir. A la vérité, la santé du Saint-Père me paraît bonne; il a bien voulu m'en entretenir avec détail, et la gaieté même de l'entretien confirmait les paroles de Sa Sainteté. Il n'en est pas moins vrai qu'il y a ici des personnes alarmées ou qui feignent de l'être; elles vont disant que l'enflure des jambes augmente, que le courage moral soutient seul un physique délabré et qui peut tomber à chaque instant.

Encore une fois, ces alarmes me paraissent fausses ou prématurées. En parlant de ses jambes, le Pape m'a dit, lui-même, que, très bonnes encore pour marcher, elles étaient un peu raides pour les génuflexions, et que cela le fatiguait un peu. A son âge, rien de plus naturel, sans que cela annonce une fin prochaine.

» Quoi qu'il en soit, l'ouverture prochaine d'un Conclave n'est pas chose impossible et qu'on puisse perdre de vue. Dans l'état actuel, nous n'aurions pas même les moyens de savoir ce qui s'y passerait; notre influence serait nulle.

» C'est ainsi qu'avant de songer aux instructions particulières que Votre Excellence m'a données, je crois devoir m'appliquer avec le plus grand soin à modifier notre situation ici. Autrement, il serait impossible à qui que ce fût d'y servir utilement le Roi et la France. Mes antécédents, mes études, la connaissance de la langue et des mœurs me rendent cette tâche particulière moins difficile qu'à un autre; il n'est pas jusqu'aux clameurs de quelques fanatiques contre ma mission qui ne m'aient été utiles. Car, il faut bien le savoir, l'esprit des Romains est porté à la réaction; ils n'aiment pas qu'on leur impose des opinions toutes faites sur les hommes; on n'a réussi qu'à exciter la curiosité sur mon compte, et ce mouvement m'est favorable. Un des premiers curés de Rome disait hier en pleine sacristie : « *Di quei diavoli là vorrei che ne avessimo molti.* » Je voudrais que nous eussions beaucoup de ces diables-là ! »

L'attitude, la réserve et l'intelligence de M. Rossi ne tardèrent pas à porter leur fruits. L'état d'isolement dans lequel se trouvait l'ambassade cessa bientôt. La Curia (le barreau) vint se ranger autour de lui; le clergé, tenu à l'écart jadis, lui témoigne empressement et reconnaissance et les personnages les plus considérables fréquentent son cabinet et son salon.

. . . .

« Voilà quant aux personnes, continuait-il dans une autre dépêche. Quant aux choses, voici mon plan. Je fais tout juste le contraire de ce que tout le monde s'attendait à me voir faire. Tout le monde croyait que j'arrivais armé de toutes pièces pour exiger je ne sais combien de concessions et mettre l'épée dans les reins au gouvernement pontifical. Comme il est facile de le penser, on était cuirassé pour résister, et les ennemis de la France se réjouissaient, dans leurs conciliabules, des échecs que nous allions essuyer. Je n'ai rien demandé, je n'ai rien dit, je n'ai rien fait; je n'ai pas même cherché, dans mes entretiens avec les personnages officiels, à faire naître l'occasion d'aborder certaines matières. Ce silence, cette inaction apparente ont surpris d'abord et troublé ensuite. Il est arrivé ce qu'il était facile de prévoir. De simples ecclésiastiques, puis des prélats, puis des cardinaux sont venus vers moi, et ont cherché à pénétrer ma pensée, sans pouvoir me cacher leurs inquiétudes. Sous ce rapport, le débat de la Chambre des Pairs et les interpellations annoncées par M. Thiers à la Chambre des députés nous servent à merveille. Je réponds à tous très froidement, et d'un ton d'autant plus naturel que ma réponse est l'exacte vérité. Je dis que je ne vois, dans ce qui se passe et se prépare, rien de surprenant et d'inattendu; il arrive précisément ce que, au mois d'octobre dernier, dans mon court passage à Rome, je m'étais permis d'annoncer au Saint-Père et au cardinal Lambruschini. Il eût été facile de prévenir l'attaque qui paraît imminente; mais ce n'était pas ma faute si, au lieu de tenir compte des paroles d'un serviteur du Roi, qui doit connaître la France et qui n'avait aucun intérêt à tromper le Saint-Siège, on a préféré le conseil de quelques brouillons et de quelques fanatiques. Imposer les Jésuites à la France de 1789 et 1830 était une pensée si absurde qu'on était embarrassé pour la discuter sérieusement. Les Jésuites, fussent-ils des anges, il n'y avait pas de puissance qui pût les réhabiliter dans l'opinion publique en France; vrai ou faux, on n'ôterait de la tête de personne qu'ils étaient les ennemis de nos institutions. Après tout, le Jésuitisme n'est qu'une forme dont l'Église s'est passée pendant quinze siècles; et pour moi, humble laïque, il ne m'est pas donné de comprendre comment, par engouement pour une forme que l'opinion publique repousse, on ose compromettre les intérêts les plus substantiels de la religion et de l'Église. Je laissais à la conscience si éclairée du Saint-Père à juger s'il devait, par amour pour les Jésuites, provoquer une réaction qui, comme toutes les réactions, pouvait si aisément dépasser le but, et atteindre ce qui nous est, à tous, si cher et si sacré.

» Ces idées développées, tournées et retournées de mille façons, commencent à faire leur chemin et à monter de bas vers le haut. C'est la route qu'il faut suivre ici. L'alarme est dans les esprits, et je sais positivement qu'elle est arrivée jusqu'au Saint-Père. Mes paroles ont été d'autant plus efficaces qu'elles n'ont été accompagnées d'aucune démarche. Le Saint-Père déplore les préjugés de la France à l'égard des Jésuites; mais, jusqu'ici, il se borne à répéter ce que les chefs de la Compagnie de Jésus ont décidé tout récemment, après une longue délibération sur leurs affaires en France. Ils ont décidé qu'en aucun cas, ils ne devaient donner à leurs amis le chagrin et l'humiliation d'une retraite volontaire et que mieux valait pour eux être frappés que reculer. Je sais qu'ils ont porté cette résolution à la connaissance du Pape, et j'ai des raisons de croire que le cardinal Lambruschini ne l'a pas désapprouvée.

» Mais, d'un autre côté, l'opinion « qu'il est absurde de sacrifier aux Jésuites l'intérêt de Rome, dans un pays comme la France, » prend tous les jours plus de consistance dans les sacristies, dans la prélature, dans le Sacré Collège. Je sais en particulier de trois cardinaux, dont deux sont des hommes influents et ayant plus que tous autres leur franc parler avec le Saint-Père, je sais, dis-je, qu'ils ne ménagent point leurs paroles à ce sujet, et qu'ils accusent sans détour le gouvernement pontifical d'impéritie.

» J'ai demandé une audience au Saint-Père. Ce n'est pas dans le but de prendre l'initiative près de lui. Je veux seulement qu'il ne puisse pas dire que, dans un moment qu'il regarde comme critique, il ne m'a pas vu. S'il n'aborde pas lui-même la question, je laisserai, au flot de l'opinion que nous avons créée et développée, le temps de monter davantage encore et de devenir plus pressant. Les débats de la Chambre des Députés viendront peut-être nous aider. Ce qu'il nous faut, ce me semble, c'est que le gouvernement pontifical vienne à nous au lieu de nous recevoir, nous, en suppliants. C'est là le but du plan que j'ai cru devoir suivre. C'est aussi la pensée qui commence à se répandre ici. Hier soir, dans une société nombreuse et choisie d'ecclésiastiques, on disait hautement: « Nous ne savons rien » de la France, nous ne comprenons pas le jeu de cette machine; » on ne peut faire ici que des fautes. Pourquoi ne pas consulter » le ministre du Roi? M. Rossi connaît la France et Rome ; il » est Pair de France et membre actif de l'une des Chambres. » Nous pouvons nous expliquer avec lui; Sa Sainteté n'a pas » besoin, avec lui, d'interprète. »

« Hélas! ils disaient plus vrai qu'ils ne le croyaient peut-être, car Votre Excellence ajouterait probablement peu de foi à mes paroles, si je lui disais à quel degré d'ignorance on est, ici, sur ce qui concerne la France et le jeu de nos institutions. Votre Excellence ne croira pas que des hommes considérables ont pris les interpellations annoncées par M. Thiers[1] pour un projet de

---

1. Dans son *Histoire de la Compagnie de Jésus*, M. Crétineau Joly donne de l'hostilité de M. Thiers une explication claire et vraie : « Ce n'était ni à l'Episcopat ni à la Compagnie de Jésus que M. Thiers prétendait être hostile, mais

— 114 —

loi que la Chambre des Députés a peut-être voté, à l'heure qu'il est, contre les Jésuites, et ils me demandaient gravement quel serait, à mon avis, le partage des votes au scrutin, et si la Chambre des Pairs adopterait ce projet ? Dissiper peu à peu toutes ces erreurs et faire enfin comprendre la France n'est pas une des moins importantes parmi les tâches que doivent s'imposer les représentants du Roi à Rome. »

A ces informations si précieuses, M. Guizot répondait à son agent, approuvant sa réserve patiente et son habileté : « Je ne vous presse point, prenez le temps dont vous aurez besoin et le chemin qui vous convient. Je veux seulement vous avertir qu'ici la question s'échauffe ; qu'autour de vous on soit bien convaincu qu'elle est sérieuse. Quand on est Gouvernement, on ne dort pas tant qu'on veut, ni quand on veut. »

M. Thiers, en effet, le 2 mai 1845, interpellait le Gou-

à M. Guizot. Le publiciste protestant, plus magistral, plus digne dans ses mœurs, dans son langage et dans ses croyances, se regardait tenu, par le seul fait de la différence des cultes, à de justes égards envers les Pontifes de l'Église catholique. Religieux par instinct et par raison, ne cherchant pas la célébrité, comme M. Thiers, sur chaque borne de la rue, il répugnait à l'idée de mêler son nom aux excès que le scepticisme moqueur de son rival allait inspirer. M. Guizot aimant le pouvoir pour le pouvoir lui-même, le prenait au sérieux ; M. Thiers n'y voyait qu'un moyen et jamais un but. L'un désapprouvait cette croisade sans motif qui ne devait aboutir qu'à des résultats sans portée ; l'autre s'y jetait, poussé par son insatiable besoin de mouvement. »

« MM. Michelet, Libri, Quinet ameutaient la jeunesse universitaire, tandis que le Père de Ravignan obtenait, à Notre-Dame, en 1843, d'éclatants triomphes. C'est alors que M. Villemain et M. Thiers présentèrent leur projet de loi de l'enseignement. Harcelé par les clameurs de l'opposition, M. Guizot résolut de sacrifier les Jésuites qu'il avait jusqu'alors refusé d'immoler, au nom de la liberté religieuse, à d'absurdes préjugés. Il était légalement, constitutionnellement impossible de forcer les disciples de la Congrégation derrière le rempart de la liberté individuelle. On crut que Rome obtiendrait cette immolation. »

vernement sur la question des Jésuites, très persuadé que l'échec de la mission Rossi qu'il espérait, amènerait la chute du Ministère. Le 19 mai, M. Guizot écrivait à M. Rossi pour l'encourager et le presser en même temps.

« Le nonce Ferrari est arrivé à Neuilly, hier soir, lui écrivait-il, évidemment crêté à ce dessein, faisant le brave et le grognon, se plaignant du débat des Chambres, de l'attitude du Gouvernement, s'étonnant qu'on eût accepté ce qu'il appelait une défaite, et donnant à entendre que le Pape ne consentirait pas à en prendre sa part. Le Roi l'a reçu très vertement. »

— « Vous appelez cela une défaite! a dit sa Majesté. En effet, dans d'autres temps, c'en eût été une peut-être. Aujourd'hui, c'est un succès, grâce aux fautes du clergé et de votre Cour. Nous sommes heureux de nous en être tirés à si bon marché. Savez-vous ce qui arrivera si vous continuez de laisser marcher et de marcher vous-mêmes dans la voie où l'on est? Vous vous rappelez Saint-Germain-l'Auxerrois, l'archevêché saccagé, l'église fermée pendant plusieurs années. Vous reverrez cela pour plus d'un archevêché et plus d'une église! »

Il était temps d'agir et impossible de reculer devant la conclusion de cette grave affaire. Le 2 juin 1845, M. Rossi remit au cardinal Lambruschini un *Mémorandum*. Ce document conçu avec une rare habileté contenait tous les arguments propres à persuader la Cour de Rome de la nécessité d'intervenir dans la question pendante entre le gouvernement et la Société de Jésus.

Après avoir énuméré les griefs, le diplomate français appelait fort habilement l'attention du cardinal sur les services rendus à l'Église par le roi Louis-Philippe.

Il est certain, en effet, y disait-il en substance, que les choses de la religion avaient pris en France une vigueur nouvelle. Le Roi et son gouvernement trouvaient dans ce progrès une heureuse récompense de leurs efforts pour la prospérité et l'éclat de l'Église de France. Les esprits s'humiliaient, devant les autels[1], à la parole de Dieu, comme ils se pliaient, dans le monde, à la discipline de la loi et au respect des institutions nationales. L'ordre et la paix, ces incomparables bienfaits dus à la haute sagesse du Roi, secondaient en même temps le développement progressif des libertés publiques et celui des sentiments religieux. La religion, à son tour, par sa légitime influence, raffermissait l'ordre et tous les principes tutélaires des sociétés civiles. Rien ne troublait alors cette bonne harmonie entre l'Église et l'État.

« Il est également notoire, disait en terminant M. Rossi, que

1. Nous trouvons dans le très remarquable ouvrage de M. Thureau-Dangin, *Histoire de la Monarchie de Juillet* (1886), les lignes suivantes qui donnent de cette heureuse transformation religieuse des explications aussi probantes qu'élevées : « De ce retour vers le christianisme, il y avait d'autres causes plus profondes, plus efficaces. La raison humaine, un moment exaltée de sa propre victoire, en devenait chaque jour plus embarrassée. Chaque jour, elle était plus effrayée du vide qu'avaient fait ces destructions, plus humiliée et troublée de son impuissance à ne rien construire pour remplir ce vide. Que de déceptions douloureuses et salutaires venaient, dans tous les ordres de faits et d'idées, punir et éclairer l'orgueil de cette raison révoltée ! En même temps la lassitude des agitations révolutionnaires, l'habitude reprise d'un gouvernement régulier faisaient sentir davantage aux âmes le besoin de la paix et de la stabilité intérieure. »

ce progrès visible s'est trouvé tout à coup interrompu. Le jour où la Congrégation des Jésuites, déchirant, par une confiance inexplicable, le voile qui la cachait aux yeux du public, a voulu que son nom vînt se mêler à la discussion des affaires du pays, ce jour-là, les alarmes ont succédé à la sécurité, les plaintes à la bonne harmonie, les violents débats à la paix. Le zèle religieux, devenu fanatisme et emportement chez quelques-uns, s'est promptement refroidi chez les autres. La présence des Jésuites trouble les esprits, envenime et transforme les questions. A présent, le bien est devenu difficile, on peut même dire impossible...»

Sans vouloir mêler à ces hautes questions notre opinion personnelle, il nous semble que l'envoyé français exagérait singulièrement le péril et ne reculait devant aucun argument pour peser sur l'esprit du Souverain Pontife.

« Il importe d'insister sur ce point, ajoutait-il. Permettre qu'une méprise de l'opinion publique en France, confondant la cause de l'Église et celle des Jésuites, puisse réunir le clergé et cette Congrégation sous le même drapeau, ce serait causer à la religion le plus grand dommage qu'elle ait subi depuis les plus mauvais jours de la Révolution. »

On ne saurait s'étonner que le fond et la forme de ce *Memorandum* aient jeté et tenu trois semaines la Cour de Rome dans la plus vive perplexité. — Enfin, le 23 juin 1845, M. Rossi expédie à Paris le premier secrétaire de l'ambassade de France, porteur d'une dépêche officielle ainsi conçue :

« Après un mûr examen de la part du Saint-Père et de son

Conseil, le but de notre négociation est atteint. Son Éminence le cardinal Lambruschini, dans un dernier entretien, vient de m'en donner encore ce matin l'assurance.

» La Congrégation des Jésuites va se disperser d'elle-même ; les noviciats seront dissous, et il ne restera dans les maisons que les ecclésiastiques nécessaires pour les garder, vivant d'ailleurs comme des prêtres ordinaires [1] ».

» Le Saint-Siège, mû par des sentiments qu'il est aussi facile de comprendre que naturel de respecter, désire évidemment laisser aux Jésuites le mérite de cette prudente résolution d'un acquiescement volontaire. Nous n'avons pas d'intérêt à le leur ôter ; mais il n'est pas moins juste que le gouvernement du Roi sache que le Saint-Siège et son cabinet ont acquis, dans cette occasion importante, de nouveaux droits à la reconnaissance de la France.

» L'esprit d'équité qui anime les Conseils du Roi, et en particulier Votre Excellence, m'assure qu'on n'exigera pas des Jésuites dans l'accomplissement d'une résolution qui n'est pas sans difficultés matérielles, une hâte qui serait douloureuse au Saint-Siège. Il est, ce me semble, de l'intérêt de tous, que la mesure s'exécute avec loyauté, mais avec dignité. »

A cette dépêche officielle, était jointe une lettre particulière adressée par l'heureux diplomate à son ministre.

« La journée a été laborieuse, écrivait M. Rossi, le temps est accablant ; mais, bien que fatigué, je veux ajouter quelques détails à ma dépêche et à ce que M. de Rozière vous dira de vive voix. Avant l'entretien de ce matin, j'avais attentivement étudié les rapports confidentiels des préfets et des procureurs généraux que m'avait communiqués M. le garde des sceaux. Cette étude m'avait prouvé combien il est opportun dans l'intérêt de l'ordre public, surtout pour certains départements, que la mesure ne trouvât pas de résistance chez les Jésuites. Aussi, tout en ayant l'air de me résigner au mode proposé, je l'acceptai avec un parfait contentement.

» Ce n'a pas été une petite affaire, croyez-le, que d'y amener d'un côté le Pape, de l'autre, le Conseil suprême des Jésuites. Nous devons beaucoup, beaucoup au cardinal Lambruschini et à quatre autres cardinaux. Le Pape, qui a avec les Jésuites des rapports intimes, était monté au point qu'il fit un jour une vraie scène au cardinal Lambruschini lui-même, scène que celui-ci ne m'a pas racontée, mais dont j'ai eu néanmoins connaissance. Avec du temps, de la patience et de la persévérance, toutes ces oppositions ont été vaincues. Le Pape est aujourd'hui un tout autre homme. Un de ses confidents est venu ce matin me dire combien le Saint-Père était satisfait de l'arrangement que j'allais conclure, satisfait du négociateur, etc., etc.

» Quant à Lambruschini, je ne puis assez m'en louer. Il n'aimait pas à s'embarquer au milieu de tant d'écueils ; mais une fois son parti pris, il a été actif, habile, sincère. Il m'a avoué que mon *Mémorandum* du 2 juin le mettait dans l'embarras : « Il y a là, m'a-t-il dit, des choses que vous ne pouviez pas ne pas me dire, mais sur lesquelles nous ne pouvons, nous, Saint-Siège, ne pas faire quelques observations et quelques réserves. — Comment ! lui ai-je répondu, vous voulez que nous entrions dans une polémique par écrit? Le *Mémorandum* n'est qu'un secours pour votre mémoire que vous m'avez demandé; si votre mémoire n'en a que faire, tout est dit. — Eh bien, a-t-il repris, voulez-vous que nous le tenions pour non avenu ? — Oui, mais à une condition, c'est que nous terminerons l'affaire d'une manière satisfaisante. Concluons ! vous me rendrez alors le *Mémorandum* de la main à la main, et tout est fini. — Venez lundi, m'a-t-il dit : prenez votre heure. — Toutes les heures me sont bonnes pour le service du Roi. — Eh bien, lundi, à midi. »

Le 6 juillet 1845, le *Moniteur* contenait cette note officielle :

« Le Gouvernement du Roi a reçu des nouvelles de Rome. La négociation dont il avait chargé M. Rossi, a atteint son but. La Congrégation des Jésuites cessera d'exister en France, et va se disperser d'elle-même ; ses maisons seront fermées et ses noviciats seront dissous [1]. »

L'effet fut grand dans le public, et personne ne s'attendait à un dénouement aussi complet et aussi pacifique. Le fait était accompli. En l'absence d'un ordre formel et péremptoire du Saint-Siège, plusieurs établissements essayèrent de retarder ou même d'éluder l'exécution de la

---

1. Dernièrement, le 15 juin 1886, à propos de l'expulsion des princes d'Orléans ordonnée par les Chambres républicaines, l'*Unita cattolica* faisait un rapprochement un peu forcé entre les événements de 1846 et ceux de 1886.

« Après la remise du *Mémorandum* de Rossi, en 1846, la commission des cardinaux, nommée par le Pape, déclara qu'aucune concession ne devait être faite au gouvernement français, et que les Jésuites avaient plein droit de vivre en France.

» C'est alors que Rossi, voulant à tout prix réussir dans ses négociations, s'adressa au Père Général lui-même, au Père Roothan, par l'entremise de l'abbé Isoard, et le fit supplier de rendre à la France et au roi des Français ce service immense de disperser lui-même les établissements des Jésuites en France.

» Et il advint alors ce fait qui suffirait seul à exciter l'admiration des honnêtes gens à l'endroit de la Compagnie de Jésus : le Père Roothan, pour donner une preuve solennelle de l'esprit de conciliation qui anime l'Ordre de Saint-Ignace, ordonna aux supérieurs de dissoudre les maisons de Paris, Lyon, Avignon et de plusieurs autres villes de France. Mais le gouvernement du roi Louis-Philippe, abusant de ce généreux sacrifice, publiait dans le *Moniteur* : « Le gouverne-
» ment du roi a reçu des nouvelles de Rome. Les négociations dont était chargé
» M. Rossi ont eu une issue favorable. La Compagnie des Jésuites cesse d'exister
» en France et va se disperser d'elle-même. Ses maisons seront fermées et ses
» noviciats dissous. »

» L'article du *Moniteur* causa une surprise douloureuse au Pape Grégoire XVI

promesse faite à la Cour des Tuileries par la Cour de Rome. — Cependant tout se passa sans violence et avec autant d'égards que possible. Le 26 juillet, Rossi écrivait à M. Guizot :

« M. le cardinal Lambruschini s'attache, dans son accusé de réception de votre dépêche, à laisser aux Jésuites l'honneur d'un acquiescement volontaire. »

Dans la séance de la Chambre des Pairs, du 10 juillet 1845, M. Guizot, rendant compte de la mission du comte Rossi, s'exprimait ainsi :

« Ce que le gouvernement du Roi a fait à l'égard de la Cour de Rome, la Cour de Rome l'a fait à l'égard de la Société de Jésus. Nous ne nous étions pas servi de nos armes temporelles ; elle ne s'est pas servie de ses armes officielles et légales. Elle a fait connaître à la Société de Jésus la vérité des choses, des faits, des lois, l'état des esprits en France, lui donnant ainsi à juger elle-même de ce qu'elle avait à faire, de la conduite qu'elle avait à tenir dans l'intérêt de la paix publique, de l'Église, de

---

et à la Cour de Rome. Le gouvernement du roi Louis-Philippe ayant fait exprimer les remerciements au Souverain Pontife, celui-ci lui fit répondre par l'entremise du secrétaire d'État, cardinal Lambruschini :

« Si le gouvernement du Roi Très Chrétien a des remerciements à faire, il ne
» les doit pas à d'autres qu'au Général des Jésuites, attendu que c'est de lui-
» même, sans ordre, ni conseil du Saint-Siège, qu'il a cru devoir éviter des em-
» barras au gouvernement français. La Sainteté ne saurait qu'admirer le tact, la
» sagesse et l'abnégation du Général des Jésuites. »

« Deux ans après, le roi Louis-Philippe abandonnait la France ; mais c'étaient les ennemis des Jésuites qui le renversaient de son trône et proclamaient la République. »

la religion. J'ai une vraie et profonde satisfaction à dire que dans cette affaire la conduite de tout le monde a été sensée, honorable, conforme au devoir de chacun. La Société de Jésus a pensé qu'il était de son devoir de faire cesser l'état de choses dont la France se plaignait... De toutes parts, il y a eu acte de libre intelligence et de bons procédés. »

Toutefois, la situation du Souverain Pontife après cette douloureuse exécution ne laissait point que d'être embarrassante et perplexe. Elle est fort bien définie et analysée dans la dépêche suivante de M. Rossi du 18 juillet :

« N'oubliez pas, écrivait-il à M. Guizot, que le Saint-Père est un vieillard de quatre-vingt-deux ans, sorti d'un cloître, à la fois timide et irascible, défiant, voulant décider lui-même les affaires, surtout les affaires religieuses, et sur lequel les Jésuites ont exercé, pendant quinze ans, une influence que nul n'avait encore contrariée. Il a des idées fixes dont personne ne le fera démordre. Savez-vous que, depuis deux ans, et ses ministres, et les gouvernements voisins, et ses créatures les plus intimes ont inutilement sollicité de lui une permission, une simple autorisation pour un chemin de fer? On ne lui demande pas un sou. Il ne veut pas. Pensez ce que c'est dans les matières religieuses où, non seulement comme Pape, mais comme théologien, il se croit le plus compétent des hommes. Il faut bien nous attendre à quelque coup de bascule. Si les Jésuites l'avaient emporté, le Pape nous aurait fait, pour nous pacifier, je ne sais quelle gracieuseté.

» Le succès ayant été pour nous, il penchera de l'autre côté; il voudra se faire pardonner par les *catholiques*, les évêques, etc. Je vois maintenant le fond du sac. Toujours par cette invincible timidité dont vous avez déjà eu tant de preuves, on n'a pas fait connaître ici, au Général des Jésuites, le texte des résolutions convenues entre le cardinal Lambruschini et moi. On s'est contenté d'un à peu près, de termes un peu vagues; c'était une potion amère qu'on n'a pas osé lui faire avaler d'un coup. Tout naturellement, le Général s'en est tenu au *minimum*, tout en disant, à la fin de sa lettre aux Jésuites de France, que c'était à ceux qui se trouvaient sur les lieux à apprécier la nécessité, et que l'essentiel était de s'effacer. Vous comprenez quelle singulière situation le gouvernement pontifical s'est faite. Le Général des Jésuites, informé de la vérité par une personne à moi connue, a été furieux et voulait tout suspendre. On lui a fait comprendre les conséquences de cette folie pour les Jésuites eux-mêmes et pour le Saint-Siège. Ainsi l'exécution sérieuse va commencer. Sans renoncer aux égards promis, vous tiendrez bon à Paris; je tiendrai bon à Rome. Je vais de nouveau, par un travail inofficiel, préparer les esprits pour le jour où nous réclamerons officiellement, s'il le faut, l'exécution complète et loyale des mesures convenues. Je n'ai pas voulu, et je ne veux pas fatiguer Votre Excellence de tous les détails de mes démarches; mais je répète que rien n'est plus fâcheux ici que la nécessité d'improviser quoi que ce soit. Il faut tout préparer de loin, peu à peu, homme par homme. Ce n'est que lorsqu'ils se trouvent nombreux dans le même avis qu'ils prennent quelque peu le courage de leur opinion.

» Je disais l'autre jour à un cardinal : — » Il y a à Rome des intentions excellentes, des esprits ouverts et une grande loyauté : — Nous sommes donc parfaits? me répondit-il en riant. — Non! pas tout à fait, Éminence; il manque à Rome la conscience de ses forces et le courage de s'en servir. » Il ne put en disconvenir. C'est là maintenant le thème principal de nos entretiens. Je sais bien que je ne changerai pas la nature de ces vieillards que cinquante ans de révolutions et de péripéties ont intimidés; mais il faut combattre patiemment, constamment, une intimidation par une autre ; il faut les alarmer sur leurs propres intérêts, sur leur avenir, sur l'avenir de l'Église que leur excessive timidité compromet et sacrifie aux déclamations d'une poignée d'insensés. En parlant ainsi, on est dans le vrai, et si on n'obtient pas tout, on finit du moins par obtenir le strict nécessaire. »

Dans la conduite de cette grave négociation, qui aboutit à la dispersion du personnel des établissements des Jésuites en France, le gouvernement de Juillet avait obéi au vieux préjugé populaire que la Révolution de 1830 n'avait fait qu'accentuer. Mais il sut, grâce à la sagesse du roi Louis-Philippe et à l'habileté de son représentant, mener à bonne fin cette affaire, en maintenant l'harmonie avec le chef même de l'Église catholique[1]. Sans trouble, sans secousse, on obtint, pour ainsi dire à l'amiable, une dispersion volontaire de la Congrégation. Quelle différence avec les procédés employés par un autre

---

1. Parlant des rapports du Pape Grégoire XVI avec la France, en 1838, M. Thureau-Dangin dit ces paroles frappantes : « Moins de dix ans après une révolution d'où la monarchie nouvelle paraissait être sortie à l'état d'hostilité ouverte contre le clergé et les catholiques, les relations étaient rétablies sur un pied excellent entre l'État et l'Église et elles tendaient chaque jour à s'améliorer. Ce n'est pas là l'un des faits les moins étonnants de cette époque, et c'en est certes le plus honorable. Il console un peu des avortements de la politique parlementaire à ce même moment. Chacune des deux parties y avait mis du sien. Le pouvoir, en réagissant contre les entraînements qui semblaient la conséquence de son origine, les catholiques en répudiant les ressentiments et les méfiances qui eussent pu paraître naturels. Toutes deux en recueillirent le profit : la religion, développant merveilleusement ses moyens d'action, gagnait beaucoup d'âmes et acquérait dans la France nouvelle un prestige et une popularité qu'elle ne connaissait pas depuis longtemps ; la monarchie trouvait dans l'honneur de cette union le plus sûr et le plus prompt moyen de faire oublier sa naissance révolutionnaire et bénéficiait pour sa sécurité matérielle et sa dignité morale de tout ce qu'elle accordait à l'Église, la liberté et la protection. »

Gouvernement, trente-cinq ans plus tard ! L'exécution brutale des décrets du 31 mars 1880, accompagnée bruyamment de violences, de portes forcées, d'arrestations de personnes, de mises en scène où, sur tous les points du territoire français, intervinrent préfets, commissaires de police et serruriers, amènent tout naturellement une douloureuse comparaison avec la solution diplomatique et pacifique de 1845.

Le 25 août 1845, la fête de saint Louis fut célébrée à Rome avec un éclat inaccoutumé :

« A neuf heures et demie, écrit M. Rossi, je me suis rendu avec toutes les personnes qui composent l'ambassade du Roi, à notre Église nationale Saint-Louis-des-Français. M. le Directeur de l'Académie, avec MM. les pensionnaires, s'y était rendu de son côté. Dix-huit cardinaux, c'est-à-dire presque tous les membres du Sacré Collège présents à Rome, ont assisté à la messe. Ce chiffre est le plus élevé qu'ait jamais atteint la réunion des cardinaux invités à cette solennité, et le registre des cérémonies conservé à l'ambassade indique qu'il est resté le plus ordinairement au-dessous.

A cinq heures de l'après-midi, je suis retourné à l'église, accompagné comme le matin, de MM. les secrétaires et attachés de l'ambassade. A cinq heures vingt minutes, Sa Sainteté est arrivée. Un intérêt de curiosité, facile à comprendre dans les circonstances actuelles, avait rassemblé sur les degrés de l'église et sur la place une foule de spectateurs. C'était la première rencontre publique du Saint-Père avec le ministre du Roi, depuis notre négociation et son succès. Selon le cérémonial établi, j'allai ouvrir la portière de la voiture de Sa

Sainteté qui, pénétrée, comme tout le monde l'était, de l'importance de chacun de ses mouvements en cette occasion solennelle, me prit affectueusement la main pour descendre de voiture, la garda dans la sienne pour monter les degrés. Puis à mes remerciements de l'honneur qu'il daignait faire à notre Église nationale en y venant prier pour le Roi, la famille royale et la France, le Pape répondit à voix haute et sonore pour être entendu de la foule qui nous entourait : « C'est un devoir que j'ai toujours un vrai plaisir à accomplir ; ne manquez pas d'envoyer au Roi cette expression de mes sentiments. » La cérémonie achevée, j'ai reconduit Sa Sainteté à sa voiture dont j'ai refermé la portière. Au départ, comme à l'arrivée, le Saint-Père a été, dans ses gestes et dans ses discours, prodigue de témoignages de bonté. L'effet de cette visite et de son caractère a été général et profond, sur nos amis comme sur nos ennemis. Tous les yeux ont vu, toutes les consciences ont senti que, dans l'accomplissement de cette auguste et pieuse courtoisie, le Saint-Père était plein d'affection pour nous et voulait le paraître. Pendant la soirée du 25 et la journée du lendemain, les détails que je viens de résumer ont fait l'entretien de toute la ville. Nos amis y ont trouvé la sanction, nos ennemis la condamnation de leurs efforts, et les indécis la manifestation éclatante de la vérité qu'on s'était efforcé d'obscurcir. »

Un fait plus significatif vint confirmer le sens de ces manifestations publiques. A la suite des doutes répandus sur les mesures convenues entre la Cour de Rome et celle des Tuileries, une nouvelle conférence des cardinaux les plus influents eut lieu chez le cardinal Lambruschini.

« Là, écrivait Rossi, le 28 août 1845, tout a été mis en pleine lumière, et celui-là même des membres de la conférence qui n'approuvait pas les faits accomplis a loyalement reconnu que, dans l'état des choses, il ne restait qu'à faire exécuter ce qui avait été promis. C'est ce qui a été décidé à l'unanimité. Un cardinal s'étant rendu auprès du Général des Jésuites pour lui faire connaître cette décision, le Père Roothan a répondu qu'il n'avait qu'à s'y conformer, et qu'il allait transmettre aux Jésuites de France les instructions nécessaires pour que l'exécution fût à la fois prompte et conforme aux conditions stipulés. »

Quoi qu'il en soit, et n'était-ce point naturel et assez logique, les Congrégations irritées ne mettaient pas la meilleure grâce à exécuter les arrêts. Toutefois, ce n'était point du Quirinal que venaient les difficultés et les atermoiements.

« Le cardinal Lambruschini, écrit Rossi, recevant le 25 août 1845 l'évêque de Poitiers : « Je sais, lui dit-il, qu'à propos des mesures convenues à l'égard des Jésuites, on parle de suicide. Non, Monseigneur : se couper un bras lorsque cela est nécessaire pour sauver sa vie, c'est du courage et de la prudence ; ce n'est pas un suicide. Les Jésuites sont-ils populaires en France? » L'évêque fut obligé d'avouer que non : « Eh bien donc, reprit le cardinal, veut-on compromettre la cause de la religion pour ne pas disperser les Jésuites? Veut-on provoquer des mesures législatives? » L'évêque allégua les libertés garanties par la Charte : « Moi aussi, je connais la France, répliqua le cardinal ; j'y ai passé six ans de ma vie, et je sais ce que valent toutes ces généralités contre une opinion populaire. Croyez-moi, Monseigneur ; rentrez chez vous en prenant le chemin de l'école; voyez les Jésuites, voyez les évêques ; dites à ceux-là d'obéir et à ceux-ci de rester tranquilles. »

» Tel était enfin, ajoute Rossi, dans les esprits, le progrès du sentiment de la nécessité que l'assistant de France dans la congrégation de Jésus, le Père Rosaven, un Breton aussi obstiné que sincère, qui n'avait cessé d'encourager les Jésuites à la résistance, en vint à comprendre lui-même la situation : « Il faut, dit-il un jour à un prêtre de ses amis, tenir compte aux rois et aux ministres constitutionnels des difficultés de leur position ; ils ont devant eux les Chambres, les électeurs, les magistrats, la presse ; il ne faut pas exiger d'eux l'impossible. J'ai bien compris tout cela et je l'ai écrit en France. »

Telles furent ces négociations si importantes pour le gouvernement du roi Louis-Philippe et dans lesquelles l'envoyé de M. Guizot déploya des qualités merveilleuses de sagacité, de tact et de sang-froid. Le cabinet du Quirinal avait à peine traversé cette crise que des troubles sérieux éclatèrent dans les Romagnes, vers la fin de septembre 1845. La sédition fut si générale et si vive que le courrier qui en apportait la nouvelle à Rome fut obligé de faire un long détour pour arriver.

Pellegrino Rossi se rendit immédiatement auprès du cardinal secrétaire d'État pour exprimer le sincère intérêt que prenait le gouvernement du Roi à tout ce qui touchait à la sûreté du Saint-Siège et du gouvernement pontifical. — Le mécontentement des Marches était profond, et sans les régiments suisses, charge énorme pour le Trésor pontifical, les provinces se fussent séparées du domaine de l'Église ?

En présence de cet état de choses, Rossi écrivait le 28 septembre à Guizot, lui rendant compte des émeutes des Romagnols et de sa démarche auprès du cardinal :

« Y a-t-il un remède ? Oui, et très facile avec un peu d'intelligence et de courage. Sans mot dire à personne, j'ai fait mes observations et mes études. Si vous saviez combien il serait aisé de donner satisfaction à ces provinces sans rien bouleverser, sans rien dénaturer, sans rien introduire ici d'incompatible avec ce qu'il est essentiel de maintenir ! Toute la partie saine et respectable de ces populations ne demande qu'un peu d'ordre et de bon sens dans l'administration. Qu'on gouverne raisonnablement, et à l'instant même les démagogues seront ici, comme ils le sont ailleurs, isolés et impuissants.

» Mais ce qui serait facile en soi est presque impossible avec les hommes et les choses que nous avons. Le moment des conseils viendra. Il n'est pas encore arrivé. Il ne faut pas les offrir; il faut qu'on nous les demande. En attendant, appliquons-nous à leur faire comprendre qu'ils n'ont pas d'ami plus sûr et plus désintéressé que la France, que nous ne permettrons pas que le Pape devienne un patriarche autrichien, que nous comprenons les nécessités du pontificat, etc. etc. J'ai toujours travaillé et je travaille dans ce sens; et sur ce point mes paroles ont peut-être plus de poids que celles de tout autre. Ils sont convaincus, et ils ne se trompent pas, que je n'aimerais pas à voir perdre à l'Italie la seule grande chose qui lui reste, la Papauté. »

Ces nobles sentiments exprimés par ce chrétien patriote qui, tout en servant fidèlement la France, ne pouvait oublier que l'Italie était sa mère patrie, furent partagés par M. Guizot qui, lui aussi, comprenait si bien tout ce qui était grand, vrai et juste.

« Vous avez très bien fait, lui disait-il le 7 octobre, répondant sur-le-champ à sa lettre, d'aller témoigner au cardinal Lambruschini tout notre intérêt à l'occasion des troubles de Rimini. Ne laissez échapper aucune occasion de bons offices politiques et personnels à rendre au gouvernement romain. Cela nous convient à nous France et certainement tournera au profit de l'Italie. Vous avez toute raison : ce qu'il y a de grand, en Italie, c'est le Pape. Que le Pape prenne bien sa place au milieu du monde catholique moderne et s'y adapte ; l'Italie conservera ce qu'elle a de grand et gagnera un jour le reste [1]. »

Bien que Pellegrino Rossi fût à Rome le membre du corps diplomatique le plus important et le plus écouté, il n'était cependant hiérarchiquement que ministre plénipotentiaire et gérait seulement l'ambassade de France. Cette situation provisoire ne pouvait durer : elle était fausse, et les adversaires du diplomate n'avaient pas été sans la relever. La santé de Grégoire XVI déclinant chaque jour, il était fort important pour la France d'être représentée au Conclave par un ambassadeur. Aussi Rossi s'en expliqua-t-il nettement avec M. Guizot ; ses relations intimes avec le ministre des Affaires étrangères lui permettaient d'aborder cette question sans le moindre embarras.

« Le Pape, écrivait-il dans une lettre confidentielle le 7 avril 1846, a dit hautement plus d'une fois qu'il serait content de me voir ici ambassadeur. Les cardinaux les plus intimes ont été les premiers à me féliciter de la nouvelle qui a couru.

» Le cardinal Franzoni, l'ami intime de Lambruschini, dit à qui veut l'entendre qu'ils ne peuvent rien désirer de mieux. Enfin, si je suis bien renseigné, il vous serait facile de vous

---

1. Est-il besoin de faire remarquer l'importance de cette déclaration : la nécessité et la grandeur de la Papauté proclamée par un homme d'État protestant ? Il est vrai que cet homme d'État était Guizot, esprit à la fois si élevé, si tolérant, mais si profondément religieux.

assurer, à Paris même, de leurs sentiments à mon endroit, si toutefois le nonce Fornari ose remplir son mandat et répondre. Vous l'avez dit, mon cher ami ; si je dois rester à Rome, j'ai besoin d'y être enraciné et grandi. Que serait-ce si le Pape nous était enlevé prochainement sans que nous eussions consolidé et agrandi notre position ? Tenez pour certain qu'un grand effort se prépare pour faire un Pape contre nous. Nous pouvons l'emporter ; mais il faut, pour cela, qu'on puisse parler, s'ouvrir, avoir confiance ; toutes choses impossibles avec un homme qui est un oiseau sur la branche et dans une position secondaire. »

M. Guizot répondit sur-le-champ à son ministre à Rome :

« Votre nomination comme ambassadeur est à peu près convenue, et se fera bientôt, après Pâques. Voici deux choses seulement qui préoccupent, l'une le Roi et moi, l'autre le Roi sans moi. Répondez-moi sans retard sur l'une et sur l'autre. Il a toujours été regardé comme impossible pour la France, la première puissance catholique, d'avoir à Rome un ambassadeur dont la femme fût protestante. Cette seule considération a fait écarter plusieurs fois tel ou tel candidat, par exemple le duc de Montebello. Nous en avons parlé pour vous-même, vous vous le rappelez, quand vous avez été nommé ministre, et il a été convenu que vous iriez seul à Rome. Le Roi compte que vous resterez dans la même situation. C'est aussi l'avis du duc de Broglie. Les congés, les petits voyages diminueront ce qu'il peut y avoir de pénible dans cet arrangement. Mais dites-moi que vous êtes toujours, à cet égard, dans la même persuasion et la même intention.

» Le Roi pense, en outre, qu'il devrait vous donner le titre de *comte*, que cela vous serait utile à Rome et qu'il vaut mieux y être appelé *signor conte* que *signor commendatore*. Je n'ai, sur ceci, quant à moi, aucune opinion. Dites-moi la vôtre. Je parlerai dans le sens que vous m'indiquerez.

» *Post-scriptum*. — Quatre heures et demie. Le Roi a vu hier soir le Nonce qui lui a dit, à votre sujet, des choses qu'il faut que j'éclaircisse. Je vais le faire venir. Rien qu'officieusement. Ne parlez à personne de ce qui vous touche. Il m'est impossible, faute de temps, d'entrer aujourd'hui dans aucun détail. Je vous écrirai dès que j'aurai causé avec le Nonce. »

Le courrier du 20 avril apporta à M. Rossi les informations intéressantes qu'il attendait :

« Je reviens, lui écrivait M. Guizot, où je vous ai laissé le 2 avril. La veille donc, le Roi avait vu le Nonce et lui avait parlé de vous, de son désir de vous nommer bientôt ambassadeur, et de son espoir que le Pape vous verrait avec plaisir auprès de lui, sous ce titre et en permanence.

» Le Nonce dit qu'on y avait pensé, mais qu'il ne pouvait se dispenser d'élever à ce sujet des objections, qu'il en avait reçu ordre du cardinal Lambruschini. Le Roi refusa de voir la lettre que le Nonce lui proposait de lui montrer, témoignant sa surprise, son déplaisir et parlant de vous comme il convient.

» Vous n'avez pas besoin que je vous redise ce que j'ai dit au Roi quand il m'a raconté cet entretien. C'est une intrigue politique et jésuitique qu'il faut déjouer. Le Roi en est d'accord. Ils sont tous convaincus que personne ne peut faire nos affaires à Rome aussi bien que vous. Mais imposer brusquement et par force un ambassadeur au Pape, le Roi s'arrête devant cet acte. Il demande du temps, et que nous ici, vous à Rome, nous fassions ce qu'il faut pour arriver au but.

» J'ai fait venir le Nonce. J'ai témoigné vivement ma surprise. Ni le Pape, ni son ministre, ai-je dit, ne veulent, à coup sûr, être complices, par connivence ou par faiblesse, d'une intrigue des ennemis du gouvernement du Roi. C'est pourtant ce qui serait, ce qui paraîtrait du moins. J'ai étalé tout ce qu'auraient de grave pour Rome, en France, une telle situation et une telle opinion. J'ai rappelé l'état général des questions catholiques chez nous, toutes celles que, tout à l'heure nous aurions à résoudre, les Chambres, l'Université, la liberté d'enseignement, etc. Faites vous-même ma conversation. Le Nonce est tombé d'accord; il a protesté contre mes suppositions, mes prédictions, et a tiré de sa poche la lettre du cardinal. J'ai consenti à la lire inofficiellement; il est convenu entre nous qu'il ne me l'a pas montrée. Elle est du 14 février dernier. Ordre, en effet, d'objecter à votre nomination comme ambassadeur et des allusions à vos antécédents de réfugié; rien d'exprès à cet égard. Mme Rossi protestante [1], là est l'objection fondamentale,

---

1. Depuis le jour où le pape Grégoire XVI, par l'entremise et sous la pression de son secrétaire d'État, soulevait des difficultés d'étiquette pour accepter une ambassadrice protestante, cette règle a été bien souvent violée. Il est à

avouée. Il y a à Rome, pour les ambassadrices, des droits, des traditions, des habitudes que Rome veut maintenir, et qui sont impossibles avec une protestante. En 1826, la Cour d'Autriche voulut nommer ambassadeur à Rome le comte de Lebzeltern, qui avait épousé une schismatique grecque, une princesse Troubetzkoï. La Cour de Rome déclara qu'elle ne le recevrait pas, que c'était impossible. On y renonça à Vienne : Rome ne pourrait agir autrement aujourd'hui. Là est toute la lettre. Les autres objections ne sont qu'indiquées et de loin. C'est dans celle-ci qu'on se retranche. J'ai maintenu mon dire. J'ai répété que Mme Rossi n'avait point l'intention d'aller à Rome. Le Nonce n'a ni accepté ni refusé cette porte.

» Il a renchéri sur tout ce que j'ai dit des sentiments d'estime, de bienveillance, de confiance que vous donnaient Sa Sainteté et son secrétaire d'État, répétant que tout leur désir était de vous garder comme ministre. J'ai dit en finissant que la mission spéciale dont vous avez été chargé par le Roi n'était point terminée, qu'il s'en fallait bien que tout ce qu'on avait promis fût accompli, que cet accomplissement était indispensable, etc. Nous

remarquer, en effet, que depuis l'année 1846, quatre des ambassadeurs de France auprès du Saint-Siège présentèrent à Sa Sainteté des ambassadrices protestantes. Mais il faut se hâter d'ajouter que deux d'entre elles se convertirent au catholicisme pendant la mission de leur mari : Mme la duchesse de Gramont et Mme la comtesse de Sartiges. Quant à Mme la marquise de la Valette, née américaine et veuve de M. Samuel Welles, elle s'occupait beaucoup moins de religion que de politique; on se souvient à ce propos avec quel tact et quel esprit le cardinal Antonelli rappelait l'ambassadrice à son rôle et à ses devoirs de femme, lorsque cette dernière voulait lui donner des conseils sur la direction des affaires.

nous sommes séparés, le Nonce inquiet et troublé, moi froid et silencieux.

» J'ai repris la conversation avec le Roi. J'ai causé à fond avec le duc de Broglie. Nous sommes du même avis. Il faut prendre du temps pour déjouer l'intrigue et gagner notre bataille. Ou vous resterez à Rome comme il vous convient d'y rester, ou vous reviendrez ici avec éclat pour prendre place dans le cabinet. Le Roi est on ne peut mieux pour vous, croyant avoir besoin de vous et décidé à vous soutenir dans son propre intérêt. « Mais comment, dit-il, traiter le Pape plus mal que les autres Cours à qui l'on n'impose point un ambassadeur ? » Aidez-moi donc, mon cher ami, comme je vous aiderai ; faites leur comprendre, à Rome, que vous êtes pour eux l'ambassadeur le plus souhaitable, le plus utile, le plus efficace, et que s'ils avaient de l'esprit, ils vous demanderaient. Je vous répète que nous arriverons pour vous à l'un ou à l'autre des résultats qui sont dignes de vous. »

Ni l'action de M. Rossi à Rome, ni sa réponse à Paris ne se firent longtemps attendre ; et, le 5 mai 1846, il écrivait à M. Guizot la lettre confidentielle suivante :

« Je ne vous dirai pas, mon cher ami, que nous avons gagné une autre bataille ; le mot serait ambitieux et fort au-dessus de la valeur du fait qui n'est, au fond, qu'une faiblesse, une misère monacale. On ne les en corrigera jamais, mais il importe à notre crédit de leur faire sentir sur-le-champ le ridicule et l'impuissance de ces pauvretés.

» Voici ce que j'ai fait. Comme il s'agissait de ma personne, j'ai prié l'abbé Isoard, dont vous connaissez le bon esprit et le

zèle, de voir le cardinal Lambruschini et au besoin le Pape. C'était, de ma part, une réserve et une malice. Averti bien que sans y croire, je l'avoue, de la lettre du cardinal au Nonce, j'en avais dans le temps dit un mot à Isoard qui avait trouvé l'occasion d'en parler à Lambruschini. Et celui-ci, tout en lui disant que la *présence d'une ambassadrice protestante à Rome* était une difficulté, lui avait cependant affirmé qu'il n'en avait point écrit au Nonce. « Vous avez bien fait, avait répliqué Isoard, car je sais que
» Mme Rossi ne songe pas à s'établir à Rome, et qu'ainsi l'objec-
» tion tombe. »

» Je priai donc l'abbé Isoard de leur dire qu'il m'avait trouvé fort surpris et plus que surpris des objections du Nonce; que s'ils s'étaient mis dans l'esprit de me garder à Rome comme simple ministre et de donner ainsi gain de cause à ceux qui affectaient de ne plus regarder la mission de France que comme une *légation*, ils avaient fait un rêve que mon Gouvernement et moi ne partagions pas le moins du monde. Le cardinal a été fort embarrassé; mais comme, fidèle à vos instructions, je n'avais pas dit que vous aviez lu sa lettre, il a pu tout à son aise tomber sur le Nonce. Il a dit que Fornari allait toujours trop loin, qu'il n'y avait rien qui me fût personnel; qu'ainsi qu'on me l'avait fait sentir mille fois, on était enchanté de m'avoir et de me garder, que la seule difficulté était la présence à Rome d'une ambassadrice protestante; que si le Nonce avait dit autre chose, cela lui avait sans doute été suggéré par ses amis de Paris. Enfin, *more solito*, il a mis la chose sur le Pape.

» L'abbé Isoard a été ce jour même chez le Pape. Le Pape lui a dit qu'il était fâché d'apprendre que cela m'avait fait de la peine, que ce n'était certes pas son intention, que tout le monde savait tout ce qu'il avait pour moi d'estime et d'affection et combien il aimait à traiter d'affaires avec moi : « Je puis,
» a-t-il dit, m'expliquer avec lui directement, et je me suis tou-
» jours plu à reconnaître hautement sa prudence, sa modéra-
» tion et sa loyauté. Mais que voulez-vous? *On m'a dit* que je

» ne pouvais pas ne pas faire l'observation d'une ambassadrice
» protestante ; je *l'ai faite, voilà tout !* mon rôle est fini. Je n'ai
» pas dit que je ne recevrais pas M. Rossi comme ambassa-
» deur; bien que mari d'une protestante, je le recevrai et le re-
» cevrai avec la même bienveillance. — Votre Sainteté m'au-
» torise à le lui dire ? — Sans doute. »

« M. Rossi, reprit l'abbé Isoard, sera touché de la bonté de Votre Sainteté, mais comme il s'agit de sa personne, il ne voudrait pas... il ne pourrait pas... » — « Je comprends, a dit le Pape, vous avez raison, mais que pourrait-on faire? Je ne puis pas me donner un démenti à moi-même. » — « Cela n'est nullement nécessaire; il suffirait d'une lettre explicative au Nonce, disant ce que Votre Sainteté m'a fait l'honneur de me dire. » — « Eh bien, parlez-en au cardinal et dites-lui de me porter un projet de lettre à l'audience de demain. Je désire faire tout ce qui sera décemment possible. Dites-le à M. Rossi. »

» Bref, la lettre a été signée hier et on a assuré qu'elle était partie. On l'a lue à M. Isoard. Elle porte que, lors de ma nomination comme ministre, certains journaux avaient répandu beaucoup de bruits sur mon compte; que néanmoins j'avais été reçu à Rome avec tous les égards dus à un représentant du Roi ; qu'ensuite, j'avais dans toutes les circonstances été accueilli par le Saint-Père avec toute la bienveillance (*amorevolezza*) que j'avais su mériter par la manière dont j'avais rempli ma mission et traité les affaires ; qu'ayant appris que j'allais être nommé ambassadeur, on n'avait pas pu ne pas faire connaître qu'il ne serait pas agréable d'avoir à Rome une ambassadrice protestante à laquelle on ne pourrait pas témoigner tous les égards que l'usage avait consacrés, mais que néanmoins, si j'étais nommé, je recevrais du Saint-Père l'accueil que Sa Sainteté fera toujours au représentant d'un Roi pour lequel il professe la plus vive affection, etc.

» Sa lettre porte donc uniquement sur la présence de l'ambassadrice. Elle est faite pour se faire dire : « Comme il n'y aura pas d'ambassadrice, il n'y a pas d'objection. »

» Vous le voyez, tout se réduit à une vétille. Ils le savent et, comme ils me l'ont fait dire ce matin encore, ils ne doutent pas que la réponse ne soit une nomination. »

On ne pouvait déjouer plus galamment une plus timide manœuvre, dit M. Guizot. En même temps il écrivait, le 17 mai, à son fidèle envoyé à Rome :

« Votre nomination comme ambassadeur est signée. On va préparer vos lettres de créance. Vous les recevrez par le prochain paquebot. J'ai vu le Nonce ; il venait de recevoir la lettre que vous m'aviez annoncée, et il m'a déclaré qu'il n'avait plus d'objection ni d'observation à faire, plus rien à dire. »

Le courrier du 27 mai porta en effet au comte Rossi ses lettres de créance : « Vous voilà définitivement établi, lui disait M. Guizot, dans la situation et au milieu des affaires que je vous désire depuis longtemps. Il y a là d'immenses services à rendre à ce pays-ci, à ce gouvernement-ci, à la bonne politique de l'Europe. Vous les rendrez. Personne n'y est plus propre que vous. Quand notre session sera finie, nos élections faites, et moi au repos pour quelques semaines au Val-Richer, je vous écrirai de là avec détail ce que je pense de l'attitude et de la conduite qui conviennent à la France catholique et moderne, en Europe et en Orient. »

M. Rossi n'avait pas encore reçu cette lettre quand il télégraphiait le 1er juin 1846 :

« Le Saint-Siège est vacant. Rome est dans la stupeur. On

n'attendait pas une fin si prompte. Le pape Grégoire XVI vient de mourir.

« C'était, nous dit M. Guizot dans ses Mémoires, le monde catholique tout entier, État et Église, qui allait tomber en fermentation et en question. Je pressentais l'immensité et les ténèbres de cet avenir. Quels que fussent les événements, nous étions résolus à nous y conduire selon la politique libérale et antirévolutionnaire dont nous avions fait partout notre drapeau ; et je me félicitais d'avoir établi à Rome un ambassadeur capable de la soutenir habilement et dignement. »

M. Guizot était loin de prévoir quel sort et quelle gloire y attendaient Rossi.

LIVRE CINQUIÈME

ROME (2ᵉ partie)
1846-1848

Les derniers obstacles à la nomination de Rossi comme ambassadeur titulaire auprès de la Cour de Rome étaient à peine levés ainsi que nous l'avons vu, lorsque survint la mort du Pape Grégoire XVI. Le 1ᵉʳ juin 1846, le Comte Rossi écrivait à M. Guizot, ministre des Affaires Étrangères :

« Le Saint-Siège est vacant. Rome est dans la stupeur : on ne s'attendait pas à une fin si prompte. Toute conjecture sur le Conclave serait aujourd'hui prématurée. Il ne s'offre aucune candidature fortement indiquée, aucun de ces noms que tout le monde a sur les lèvres. Si vous demandez quels seront les cardinaux *pappegianti*, chacun vous en nommera sept ou huit, la plupart, des hommes peu connus et absents de Rome. Chacun sait ce qu'il ne veut pas, non ce qu'il veut. »

Si l'on considère le rôle important que le représentant de la France, en raison de son caractère, de ses attaches et de sa nationalité, avait joué auprès du dernier Pontife, il n'est pas douteux que si le Conclave eût duré longtemps, M. Rossi eût exercé une grande influence sur le Sacré Collège. Le gouvernement français, d'ailleurs bien inspiré, s'en était remis entièrement à l'expérience et à la sagesse de son ambassadeur, et voici en quels termes M. Guizot lui donnait ses instructions, à la nouvelle de la réunion du Conclave :

« Paris, 8 juin 1846.

. . . .

» Je ne me creuserai pas l'esprit à vous parler avec détail et à vous donner des instructions précises sur ce que vous savez mieux que moi. Faites tout ce que vous croirez nécessaire. Usez de tous les moyens que vous croirez utiles. Notre but, notre intérêt, notre politique vous sont parfaitement connus. Qu'on nous donne un Pape indépendant, croyant et intelligent. De la nationalité italienne, de la foi catholique, un esprit ouvert et un peu de bon vouloir dans notre sens, voilà ce qu'il nous faut. J'espère que cela peut se trouver. Je suis sûr que c'est là ce que vous chercherez. Nous n'avons jusqu'à présent, quant aux noms propres, aucun préjugé ni aucune préférence. Ce sera à vous de diriger, s'il y a lieu de s'en servir, notre droit d'exclusion, comme tout le reste : tenez-moi bien au courant de toutes choses et le plus promptement que vous pourrez. »

Jean-Marie Mastaï, né le 13 mai 1792, à Sinigaglia (Ombrie), fils du comte Gérôme Mastaï, fut, à 12 ans, placé au collège de Volterra, en Toscane. Son enfance avait été attristée par les épreuves douloureuses qui vinrent assaillir l'Église et même sa propre famille. Son oncle, André Mastaï, était enlevé pendant la nuit de son siège épiscopal de Pesaro et confiné à Mantoue, tandis qu'un autre de ses parents, chanoine de Saint-Pierre, devait quitter Rome, accusé du crime de fidélité à Pie VII. Enfin le Pape lui-même, d'abord séquestré à Savone, allait être conduit à Fontainebleau. « Il semble, dit un historien de Pie IX, que la Providence lui présentait, dès lors, comme un abrégé prophétique de sa propre carrière, et façonnait sa jeunesse pour le grand rôle qui devait remplir son âge mûr. » Après six années passées au collège de Volterra, rentré dans sa ville natale, Jean Mastaï ne la quitta qu'au retour triomphal de Pie VII. Il vint à Rome étudier la théologie et reçut le sous-diaconat en 1818. En 1823, désigné pour accompagner Mgr Mari envoyé au Chili et dans l'Amérique du Sud pour rétablir les affaires ecclésiastiques renversées par les révolutions, il revint, après deux années de séjour dans ces contrées, pour être nommé à Rome chanoine de Sainte-Marie-in-via-Lata. Peu de temps après, il était admis à la prélature, et chargé de la présidence de l'hospice Saint-Michel. Ce vaste établissement qui sert à la fois d'asile, d'école des arts et métiers, d'école des beaux-arts, d'hôpital, de maison de refuge, est en quelque sorte une ville et aussi difficile à administrer qu'un chef-lieu de

province. Tous les services étaient désorganisés lorsque parut le nouveau président de Saint-Michel, Mgr Mastaï.
— Ce fut pour le futur Souverain une précieuse école de gouvernement. Le prélat y révéla de telles qualités que Léon XII lui confia l'évêché de Spolète. En 1831, l'insurrection des Romagnes, à la tête de laquelle se trouvaient les deux fils de la reine Hortense, vint échouer à Spolète, et les troupes rebelles débandées, réunies devant la ville, voulurent déposer les armes aux pieds de l'archevêque et se rendre à lui.

Le Pape appela l'archevêque Mastaï, à la fin de 1832, à l'évêché plus important d'Imola. Bien que le prélat fût soupçonné d'avoir des idées libérales, ou du moins trop généreuses, et qu'il fît sa cour fort peu assidûment, Grégoire XVI avait pour lui une estime profonde. Créé cardinal *in petto* dans le consistoire du 23 décembre 1839, il fut proclamé le 14 décembre 1840, à l'âge de 48 ans.

Le cardinal Mastaï, évêque d'Imola, ne quitta son diocèse que le jour où fut annoncée la mort de Grégoire XVI, le 1er juin 1846. Le Conclave s'assembla le 14 juin : cinquante-quatre cardinaux étaient présents ; trente-quatre voix étaient nécessaires pour l'élection. Personne ne songeait au cardinal Mastaï, et les deux cardinaux « papalisti » dont on s'entretenait le plus étaient les cardinaux Lambruschini et Gizzi. Jean Mastaï, comme un des plus jeunes, fut chargé de dépouiller le scrutin. — « Dès la première séance, dit M. de Villefranche dans son histoire de Pie IX, l'aspect de ce doux et majestueux visage et la suave odeur de modestie et de piété qui se dégageait de toute sa personne saisirent l'auguste assemblée. Le cardinal prince Altieri, le même qui devait, vingt ans plus tard, donner sa vie pour ses ouailles, proposa formellement la candidature du scrutateur. Celui-ci, bien loin de se réjouir, fut atterré. » Nous passons sur les émotions et les détails du Conclave et sur le couronnement triomphal du Pontife. Le nouveau Pape choisit le nom de Pie IX. Comme celui de Pie VI et de Pie VII, son règne devait être une longue suite de douleurs et d'épreuves [1].

Voici en quels termes M. Rossi annonçait à M. Guizot l'avènement de Pie IX au trône pontifical :

Rome, 17 juin 1846.

« Tout le monde nous félicite comme d'un choix conforme à nos vues. J'ai, en effet, bon espoir. Ma première entrevue avec le Pape a été on ne peut plus cordiale et touchante. Elle a frappé le public qui en était témoin. Évidemment le Saint-Père la désirait et l'attendait. Je lui ai dit, en me retirant, que j'espérais avoir bientôt l'honneur de lui présenter mes lettres d'ambassadeur. Il m'a répondu avec effusion : « Je les accueillerai » avec la plus vive satisfaction. »

» Je dois ajouter pourtant que je ne le connais pas personnellement, puisqu'il n'habitait pas Rome ; mais on m'en dit beaucoup de bien. Il est très pieux ; mais laïque jusqu'à 30 ans, son éducation a été faite par des prêtres. Il appartient à une école théologique bien connue à Rome, et qui réunit à beaucoup de piété des idées élevées et des sentiments de tolérance. Il est fort aimé dans les délégations et renommé par sa charité. Il a un frère qui se trouva fort compromis dans les affaires

1. Cf. Henry d'Ideville, le Pape Pie IX et Journal d'un diplomate en Italie (Rome 1882-1866). (HACHETTE.)

de 1831. *Non ignara mali,* etc. Il n'a pas encore nommé ses ministres. Nous verrons [1]. »

Le général Pepe, dans ses célèbres Mémoires sur *les Révolutions d'Italie,* décrit ainsi les premiers débuts du pontificat de Pie IX : « Pie IX, pour triompher, recourut aux voies de la douceur. Il publie une amnistie. Les prisons s'ouvrent aux criminels d'État, les exilés sont rappelés. Alors commence cet immense mouvement de joie qui va grandissant chaque jour, et qui entraîne à sa suite peuples et rois. Les villes retentissent de chants, de vivats, d'applaudissements au Pontife. Pour la dernière fois, le peuple et le Pape échangent des bénédictions. Le Pape pardonne aux criminels d'État ; il en prend quelques-uns pour conseillers. Une espérance — c'est la Révolution qui commence — une espérance s'empare des esprits : *Peut-être que la liberté peut nous venir d'un Pape ? peut-être l'insurrection n'est-elle point une nécessité ?* L'espérance devient profonde et universelle. Le peuple a soif de

---

[1]. Nous trouvons dans une lettre datée de Rome, 1847, par Mgr Dupanloup, alors simple prêtre, le portrait suivant du nouveau Souverain Pontife :
« Comme homme, c'est un être séduisant. Nul, en effet, jusqu'ici, n'a pu se défendre de sa séduction. La grâce, l'élévation, la sérénité éclatent en sa personne ; son sourire, son geste, charment invinciblement ; la douceur et la pénétration de son regard sont extraordinaires ; on sent dans son esprit toute la vivacité, toute la délicatesse italienne et française réunies. Il y a en lui la dignité tout ensemble la plus haute et la plus bienveillante ; avant d'être Pape, c'est une noble et aimable créature. Ajoutez à tout cela le reflet de la double souveraineté et le charme d'une piété angélique ; le prestige est irrésistible. Il est né souverain, écrivait, dit-on, M. le prince de Joinville au Roi son père, après avoir vu le Pape. Cela est vrai. C'est l'impression que l'on reçoit d'abord. Le prince Borghèse, après sa première audience, exprimait devant moi la même pensée : « C'est un Roi, disait-il, et on croirait qu'il l'a toujours été. »

liberté : il faut lui en verser quelques gouttes, si on ne veut pas qu'il la conquière dans le sang. Et le Pontife verse ces quelques gouttes. Aujourd'hui l'on promulgue une loi sur la presse; demain les franchises municipales sont instituées sur de plus larges bases. Les laïques sont admis par le Roi-Pape aux magistratures suprêmes; un conseil des ministres est créé, et ce conseil est exclusivement composé de laïques, si l'on en excepte les ministres des Relations extérieures et de l'Instruction publique Une Consulte enfin est établie. L'allégresse est alors près de toucher à son comble; il éclate des manifestations populaires, telles que les cinq derniers siècles n'en avaient pas vues : « Notre Pontife, crie le peuple, veut se faire le père de la liberté; il limite encore ses concessions parce qu'il redoute les ennemis de la liberté qui sont les ennemis du monde : prouvons lui donc notre puissance ! » — Et le peuple est exalté jusqu'à l'ivresse, et le Siège pontifical voit, réunis autour de lui, trois millions d'hommes qu'inspire une pensée commune, qui demandent la liberté! »

L'amnistie fut l'œuvre personnelle du Pape. Publiée un mois après son élection, elle donnait les mesures de la clémence infinie du nouveau Pontife. Les portes de la patrie étaient rouvertes à plus de quinze cents exilés. Le préambule du décret, écrit en entier de la main du Pape Pie IX, était d'un esprit large et généreux. La veille, l'ambassadeur de France avait été averti de l'usage que le Saint-Père allait faire de son omnipotence; le 16 juillet au matin, il reçut copie du décret qui dans l'après-midi était affiché sur tous les murs. Le comte d'Haussonville, dans son *Histoire de la politique extérieure du gouvernement français*, s'exprime ainsi : « Quelle explosion de joie, quel épanchement de reconnaissance suivirent cette lecture, cela est impossible à raconter ! En un clin d'œil, l'heureuse nouvelle fut répandue dans la ville. Toutes les maisons vidèrent leurs habitants dans les rues et sur les places publiques ; puis, tout à coup, avant qu'aucun mot d'ordre n'eût été donné, par un mouvement irréfléchi, partirent des différents quartiers de Rome d'interminables processions d'hommes, de femmes, de vieillards et d'enfants, nationaux et étrangers, gens de toutes classes et de toutes professions qui, sans chefs, mais avec un ordre admirable, vinrent apporter au Saint-Père le témoignage spontané de la gratitude publique. Deux fois en peu d'heures, la vaste place du Quirinal avait été envahie, et à cette foule charmée, deux fois déjà avant la fin du jour, Pie IX avait donné sa bénédiction. Cependant les habitants les plus éloignés n'avaient pu arriver encore. Une dernière bande, la plus nombreuse de toutes, ne déboucha sur la place qu'après la tombée de la nuit. Le Pape était rentré dans ses appartements. Toutes les fenêtres du Palais étaient déjà fermées. — Contrairement à l'étiquette qui ne veut point que les Papes se laissent voir après le coucher du soleil, Pie IX consentirait-il à paraître une fois encore au balcon et à recevoir ce dernier hommage de ses sujets ? L'anxiété était grande dans la foule. Cependant si le Pape n'eût point paru, nul doute que cette multitude ne se fût écoulée en silence. »

Voici comment M. Rossi raconte à M. Guizot cette scène émouvante dont il fut témoin :

« Rome, 18 juillet 1846.

» Tout à coup les applaudissements redoublent ; je n'en comprenais pas la raison, lorsque quelqu'un me fit remarquer la lumière qui perçait à travers les persiennes, à l'extrémité de la façade du Palais pontifical. Le peuple avait compris que le Saint-Père traversait les appartements pour se rendre au balcon.
» Bientôt, en effet, le balcon s'entr'ouvrit et le Saint-Père, en robe blanche et mantelet rouge, apparut au milieu des flambeaux. Que Votre Excellence se représente une place magnifique, une nuit d'été, le ciel de Rome, un peuple immense ému de reconnaissance, pleurant de joie et recevant avec amour et respect la bénédiction de son pasteur et de son prince, et Elle ne sera pas étonnée si j'ajoute que nous avons partagé l'émotion générale et placé ce spectacle au-dessus de tout ce que Rome nous avait offert jusqu'ici. Ainsi que je l'avais prévu, aussitôt que la fenêtre s'est fermée, la foule s'est écoulée paisiblement dans un parfait silence. On aurait dit un peuple de muets ; c'était un peuple satisfait.

. . . .

» L'amnistie n'est pas tout, mais c'est un grand pas de fait ; j'espère que le nouveau sillon est ouvert et que le Saint-Père saura le continuer, malgré tous les obstacles qu'on ne manquera pas de lui opposer. »

Le choix du cardinal-secrétaire d'État du nouveau Pontife était important et délicat. Dès son élévation au pontificat, Pie IX, en effet, avait été en butte à des sollicitations différentes, qu'il eut le courage d'écarter.

Voici la lettre particulière que M. Rossi écrit à M. Guizot pour l'informer de la nomination du cardinal Gizzi, comme secrétaire d'État de Pie IX :

« Rome, 18 août 1846.

. . . .

» Il est à son poste ; il m'a paru très bien, un esprit froid et pratique. On m'assure cependant qu'on l'a déjà effrayé. C'est par la peur qu'on voudrait arrêter le Pape et son ministre. On aurait dit au Saint-Père qu'il était regardé comme le chef des libéraux, que l'intérêt du Saint-Siège et de la religion s'en trouverait compromis. On assure que le ministre et le Pape, le ministre surtout, sont ébranlés.

» Je n'ai rien vu chez le Pape qui pût me le faire pressentir ; le langage de Gizzi, je le reconnais, pouvait également exprimer la prudence ou la peur. Quoi qu'il en soit, votre dépêche du 5 est arrivée fort à propos. Elle est excellente. Après la grande excitation produite par l'amnistie, se rejeter de l'autre côté, ce serait provoquer les troubles les plus violents. Espérons que le bon sens l'emportera. »

Le lendemain de la fête de Saint-Louis, célébrée le 25 août 1846 dans l'église française de Rome, en présence du Pape et avec un grand concours de cardinaux, M. Rossi alla voir le Saint-Père, qui avait assisté à la cérémonie et s'était montré « *remarquablement gracieux* » pour l'ambassadeur :

« Je suis d'autant plus aise de vous voir, me dit le Pape, que j'ai une faveur à vous demander. J'ai à cœur de satisfaire, autant que je le puis, aux besoins de mes peuples, dont la principale richesse consiste dans les produits agricoles. J'espère que vous voudrez bien m'y aider en priant votre gouvernement d'accorder aux navires pontificaux chargés de blé le traitement des nations amies.

Je compris qu'il y avait là un *quiproquo* provenant de son peu de connaissance de nos lois. Je répondis que Sa Sainteté me trouverait toujours très empressé de me conformer à ses désirs, mais qu'avant d'écrire je lui demandais la permission de mettre au clair l'état actuel des choses et de le lui faire connaître. Il me remercia et ajouta en souriant qu'il savait, par mes écrits, qu'en me parlant de ces matières dans un sens favorable à la liberté des échanges, il ne mettrait pas l'ambassadeur en opposition avec l'économiste. Il me dit alors que le but constant de ses efforts était le développement du bien-être et de la prospérité de ses États, et, en m'indiquant quelques-unes de ses idées comme pour en avoir mon avis, il ajouta : « C'est là ce que je puis et dois faire. Un Pape ne doit pas se jeter dans les utopies. Croiriez-vous qu'il y a des gens qui parlent même d'une ligue italienne dont le Pape serait le chef ? Comme si la chose était possible ! Comme si les grandes puissances étaient disposées à le permettre. » — « Aussi, répondis-je, Votre Sainteté a autre chose à faire que de s'en occuper. Elle a tracé de sa main la route qu'elle doit suivre et qui aboutira aux meilleurs résultats : mettre fin aux abus qui, je le crains, sont nombreux, et introduire partout la régularité et l'ordre, c'est là, ce me semble, la pensée du Saint-Père. » — « Vous avez raison, c'est là ma résolution bien arrêtée ; il faut avant tout, rétablir nos finances ; mais j'ai besoin d'un peu de temps. » — « Nul n'attend de Votre Sainteté des mesures précipitées ; l'essentiel est qu'on sache qu'Elle s'en occupe activement. La confiance du public lui est entièrement acquise ; il attendra avec reconnaissance et respect ; tous mes renseignements me le prouvent. » — « Je suis bien aise de ce que vous dites. Tenez : les Suisses coûtent cher et ne plaisent pas ; mais puis-je les licencier à l'instant même ? » — « Pour cela aussi il faut du temps ; on ne peut pas se priver d'une force avant d'avoir organisé celle qui doit la remplacer. » — « C'est cela même et je m'en occuperai ; dans ce moment, c'est sur nos finances que se fixe mon attention. » — « Je le conçois, et les éléments de prospérité que recèle son pays sont tels que Votre Sainteté ne manquera pas le but. Mais puisque Votre Sainteté veut bien m'honorer de cet entretien, je prendrai la liberté de lui rappeler ce qu'elle sait mieux que moi : que le produit des impôts, des mêmes impôts, s'accroît d'une manière surprenante par le retour de la confiance et de l'activité publique. La confiance reviendra active lorsqu'on verra que Votre Sainteté fait une guerre incessante aux abus et qu'Elle veut réformer à la fois l'administration proprement dite et l'administration de la justice. » — Oh ! tenez pour certain que, dès qu'un abus me sera prouvé, je ferai un exemple. » — « Deux ou trois exemples corrigeront des centaines d'employés. » — « Pour la justice aussi je crois que vous avez raison et qu'il y a bien des complications et des longueurs dans notre procédure criminelle. » Il mit alors en avant quelques idées ; mais comme elles ne me paraissaient pas assez mûres et que la discussion en aurait été longue et délicate, je préférai ne pas l'aborder dans ce moment et je me rejetai dans les généralités en lui disant que le Saint-Père ne manquerait pas d'occasions d'appliquer son ardent amour du bien ; ne voulant pourtant pas finir l'entretien sans toucher un mot des affaires spirituelles, je lui dis qu'encouragé par la bonté du Saint-Père, je voulais lui rendre confiance pour confiance. Voici mon apologue. Je lui racontai que le nouveau ministre de Prusse, M. d'Usedom, avec qui je suis très bien, m'étant allé voir à Frascati, nous avions beaucoup parlé de Sa Sainteté et des actes du nouveau pontificat, et qu'après avoir applaudi à tout le bien que le Saint-Père avait déjà accompli dans l'ordre temporel, mon interlocuteur m'avait demandé ce que je préjugeais de sa direction dans les affaires spirituelles. A quoi, dis-je au Pape, j'ai répondu en disant: « Votre Excellence, qui vient du pays de la philosophie, sait mieux que moi que la raison humaine est une, et que lorsqu'elle est sage et prudente sur un ordre d'idées, il n'y a pas de motif de croire qu'elle sera imprudente et folle sur un autre. Quant à moi, je suis convaincu que les gouvernements n'auront qu'à se louer de la direction que Pie IX donnera aux affaires de l'Église. » — « Je vous remercie, monsieur l'ambassadeur, m'a dit le Pape; vous m'avez rendu justice, je ne cherche que l'harmonie et la paix. Seulement vous savez qu'il est des limites que nous ne pouvons pas franchir. » — « C'est précisément ce que j'ai fait remarquer au ministre de Prusse. Pour nous, lui ai-je dit, qui sommes catholiques, nous sommes certains de ne jamais rien demander qui puisse blesser la conscience du Pape; quant à vous autres hérétiques, ai-je ajouté en souriant, le cas pourrait être différent. » — Le Pape s'est mis à rire et m'a demandé avec empressement ce que M. d'Usedom m'avait répondu. — « Il m'a répondu de la meilleure grâce du monde, qu'eux aussi ils connaissaient bien ce qu'ils devaient respecter dans leurs négociations avec Rome, et qu'on pouvait être sans inquiétude à cet égard. » — « Dans ce cas, ai-je dit, soyez certain que vous trouverez ici l'accueil que vous pouvez désirer. » — Le Pape m'a remercié de nouveau de la confiance que j'avais cherché à inspirer et m'a répété que mes prévisions ne seraient pas démenties. Je lui demandai alors une faveur pour un prêtre français, qu'il m'accorda avec le plus gracieux empressement, et l'entretien se termina. »

C'est dans ces entretiens intimes que le nouveau Pape apprenait à connaître et à apprécier l'homme qui devait, l'année suivante, devenir son conseiller intime et son ami le plus fidèle.

Malgré les excellentes intentions dont son cœur était animé, Pie IX ne tarda pas à rencontrer, dans l'accomplissement des réformes qu'il voulait opérer, des obstacles de toute nature. M Rossi déplore en ces termes les hésitations du Saint-Père.

Les fragments ci-dessous sont tirés de la correspondance confidentielle de M. Rossi avec M. Guizot, du mois d'août 1846 au mois de juillet 1847 :

« La lutte recommence entre la vieille et la jeune Italie. Le parti des vieux accuse les jeunes de perdre le pays par leurs faiblesses. Trop de lenteur de la part du gouvernement irrite les uns, encourage les autres, et rend la situation délicate. Je l'ai dit crûment au Pape. Il paraît l'avoir compris; mais l'idée d'agir sans déplaire à personne est une chimère dont il aura quelque peine à se défaire... Les intentions et les vues sont toujours excellentes; je voudrais être certain que les connaissances positives et le courage ne feront pas défaut. Ce qu'il se propose de faire est bien et sera suffisant, si c'est fait promptement et nettement : mais on ne sait pas même ici faire valoir le bien qu'on fait; on arrive à le faire pour ainsi dire en cachette, et on en perd ainsi le principal effet, l'effet d'opinion[1]. Le cardinal Gizzi ne peut se débarrasser, dans ses actes, de ces formes surannées qui sont ridicules aujourd'hui ; c'est par une circulaire de quatre pages, fort embrouillée, qu'il a supprimé deux mauvais tribunaux... On touche à tout; on se décide *in petto*: on persévère dans ses résolutions, mais on n'agit pas. Ce n'est pas l'idéal du gouvernement, c'est le gouvernement à l'état d'idée... La popularité du Pape est presque entière; je crains seulement

---

[1]. Cette politique honnête, mais hésitante, ennemie du bruit et de l'ostentation, a toujours été celle de Pie IX. Pendant notre séjour de trois ans à Rome, de 1862 à 1866, en qualité de secrétaire de l'ambassade de France, nous nous souvenons que le prince de La Tour-d'Auvergne et son successeur suppliaient en vain le Saint-Père de donner aux mesures sages et libérales qu'il prenait plus de publicité et de retentissement.

qu'il n'en abuse, croyant pouvoir s'y endormir comme sur un lit de roses.....

» Le pays attend, mais avec une impatience résolue. La fête donnée au Pape le premier jour de l'an s'est passée avec un ordre parfait, mais parfait au point qu'il ressemble déjà à une organisation.

»... En attendant, le mouvement des esprits s'accroît à vue d'œil ; les écrits, les journaux se multiplient ; les réunions, les assemblées aussi, et elles s'organisent. La légalité est respectée ; mais le sang commence à circuler rapidement dans ce corps qui était, il y a un an, calme et froid comme un mort....

» Le peuple et ses meneurs ont l'habileté et l'à-propos qui manquent au gouvernement. Le parti modéré et libéral d'un côté, et le parti radical de l'autre, s'organisent ; et, en présence d'un gouvernement qui ne sait rien organiser ni rien conclure, les deux partis font cause commune. Ils se seraient séparés et le parti radical n'aurait été qu'une tentative impuissante si le gouvernement, par des mesures franches et promptes, avait su rallier le premier et en faire un parti de conservateurs zélés et satisfaits. Il y a eu bien du temps perdu, et ce qui aurait suffi il y a quelques mois ne suffirait plus aujourd'hui. Mais, après tout, on serait encore à temps si le Pape parvenait enfin à s'aider d'un gouvernement actif, loyal, intelligent, énergique. Le cardinal Gizzi se retire, et on ne sait pas encore d'une manière certaine quel sera son successeur. On dit que le cardinal Ferretti qu'on attend d'un jour à l'autre fait des objections. »

M. Rossi, le 18 juillet 1847, rend compte à M. Guizot de ses impressions sur le cardinal Ferretti qui venait de succéder au cardinal Gizzi comme secrétaire d'État :

« Le cardinal Ferretti n'est pas un grand esprit, mais il a du courage et du dévoûment ; il pourrait être pour Pie IX une sorte

de Casimir Périer. Il nous écoutera, je crois; il me l'a dit avec affection, et il n'est pas homme à simuler ; il a le défaut contraire. D'ailleurs le Pape disait l'autre soir à un de mes amis qu'après tout c'était sur la France qu'il devait s'appuyer et qu'il n'avait qu'à se louer du gouvernement du Roi et de son ambassadeur. « Cependant, ajouta-t-il en souriant, j'aurais un service
» à leur demander et je crains qu'on ne me trouve indiscret;
» je ne voudrais pas non plus un refus. » Il lui dit alors qu'il avait besoin de quelques milliers de fusils pour sa garde Civique ; qu'à la vérité il pourrait les avoir soit de Naples et de Turin, soit de l'Autriche, mais qu'il ne s'en souciait pas ; que cela donnerait lieu à des commentaires fort divers et fort absurdes, qu'il éviterait tout cela en les tirant de France. « Et puis, disait-il,
» comme je ne suis pas en fonds, je suis convaincu que le
» gouvernement français me donnerait un petit délai pour le
» paiement. » Il le pria de me sonder à cet égard. Je répondis qu'à la vérité je ne connaissais rien à cette nature d'affaires, mais que le Pape pouvait être certain de deux choses : l'une, que l'ambassadeur, sur la demande du Saint-Père, écrirait avec empressement et avec zèle ; l'autre, qu'à moins d'une impossibilité à moi inconnue, le gouvernement du Roi serait heureux de pouvoir seconder les vues du Pape. Il s'agit, je présume, de sept ou huit mille fusils et, pour le paiement, de quelques mois de délai. Je crois que, si la chose est possible, cela serait décisif pour nous ici. Je n'ai pas besoin de vous en dire davantage, vous savez tout. Je ne sais si le Pape m'en parlera demain. »

Le prince de Metternich, préoccupé du mouvement italien, avait déclaré que bien qu'elle ne voulût pas intervenir à Rome sans y être appelée, l'Autriche devait néanmoins prendre ses précautions pour la défense de ses intérêts en Italie, et qu'elle ne pourrait moins faire que d'envoyer un corps de 23,000 hommes à sa frontière, vers les États pontificaux. Ce grave événement est ainsi apprécié par M. Rossi dans sa correspondance avec M. Guizot:

« Rome, 20 juillet 1847.

» Ces troupes, en effet, tout ou partie, sont déjà à leurs postes. Biccarolo, Occhiobello, Bolesella et autres petits bourgs en sont encombrés. La garnison de la citadelle de Ferrare a été renforcée au point que le commandant autrichien a déclaré au gouvernement pontifical qu'il n'avait pas de place pour loger toutes ses troupes dans le fort; et, par ce motif ou sous ce prétexte, il a demandé à pouvoir caserner mille hommes dans la ville avec 29 officiers. Ici on était à chercher, sans le trouver! un exemplaire de la convention passée, dit-on, dans le temps, au sujet de Ferrare avec l'Autriche. Je crois qu'on écrit aujourd'hui au légat de Ferrare de vérifier, lui, si la demande est conforme aux stipulations et, si elle ne l'est pas, de protester. Il est évident que si les Autrichiens s'établissent dans la ville, le fait sera regardé, non seulement dans les États du Pape, mais dans toute l'Italie, comme une invasion. Quel en sera l'effet dans l'état des esprits? C'est une appréciation difficile. Quant aux États du Pape, si le reste de l'Italie ne bouge pas, des troubles partiels me paraissent plus à craindre qu'une insurrection générale : il faudrait, je crois, pour cela, l'initiative à Rome, et cette initiative, le Pape, par son autorité morale, peut encore la prévenir.

» Je l'ai vu hier matin, il ne connaissait pas encore la demande du commandant autrichien de Ferrare ; du moins il ne m'en a pas parlé, bien que l'entretien fût intime. En me parlant des coupables folies des opposants à ses réformes : « Je » leur ai fait sentir, me disait-il, combien ils s'aveuglent; s'ils » amènent les Autrichiens, il faudra bien que les Français arri- » vent. Nous entrerons en *conférence*. L'Angleterre aussi vou-

» dra y mettre son mot, et nous serons obligés de faire,
» sous la férule (*la sforza*) de l'Europe, plus de changements
» et de réformes que nous n'en ferions, agissant spontanément
» et avec dignité. » Je lui dis sans détour qu'il fallait justifier
ce raisonnement par des faits immédiats et décisifs, qu'il n'y
avait pas une heure à perdre, que son gouvernement s'était
abandonné, que l'anarchie pouvait éclater sanglante d'un instant à l'autre; que sans doute l'influence morale du Pape lui-même était encore grande, mais qu'il ne fallait abuser de rien;
qu'il fallait sur-le-champ, d'un côté nommer et convoquer les
délégués des provinces, de l'autre fonder un véritable ministère;
que désormais il me paraissait impossible de ne pas y introduire
au moins deux laïques; que cela ne changeait rien à l'essence
du gouvernement pontifical, de même que dans certains pays,
on trouve tout simple qu'une femme soit Impératrice ou Reine,
bien que personne ne voulût y accepter une femme pour ministre de la guerre ou des finances. J'ajoutai qu'au surplus
je ne pouvais que lui répéter que nous n'avions point de mesures à lui dicter, qu'à sa haute sagesse seul il appartenait de décider, que seulement je le suppliais de ne pas perdre un temps
dont chaque minute était précieuse pour la dignité, l'honneur,
l'avenir du Saint-Siège [1], et je lui fis connaître votre dernière
dépêche. — « M. Guizot sera un peu inquiet? dit le Pape. » —
« Il ne l'était pas encore, Saint-Père; ce qui prouve à votre
Sainteté que je ne me suis pas pressé d'alarmer mon gouvernement. Mais je dois, avant tout, ne pas trahir la confiance dont
le Roi m'honore, et je ne puis induire son gouvernement en

---

1. Les sages conseils que l'ambassadeur de France se permettait alors de donner au Souverain Pontife furent en partie suivis par Sa Sainteté. Malheureusement les hommes capables de les mettre à exécution manquèrent alors au Pape. Lorsque, après la révolution de 1848 et la chute du roi Louis-Philippe, Pie IX appela auprès de lui le comte Rossi pour appliquer les réformes, mesures de salut, les révolutionnaires effrayés n'eurent d'autre pensée que d'assassiner le grand ministre. Si dès l'avènement de Pie IX au Pontificat, Pellegrino Rossi eût été le conseiller du Saint-Père, la Papauté eût transformé et dirigé le monde.

erreur; je ne cache pas à Votre Sainteté que j'ai dû lui faire connaître, avec une scrupuleuse exactitude, l'état des choses.

» Le Pape fut très touché de la dépêche, des sentiments du Roi, des conseils bienveillants de son gouvernement[1]; il m'en parla avec effusion. Il me remercia de tout ce que je lui avais dit ; il m'assura, avec plus d'énergie et de résolution dans ses paroles que je ne lui en connaissais jusqu'ici, qu'il y avait, en effet, des choses qu'il fallait faire sur-le-champ, entre autres les deux que j'avais indiquées ; que rien ne s'opposait à l'introduction de deux laïques dans le ministère, qu'il y avait même des précédents, dont un dans sa propre famille. Il entra dans d'autres détails pratiques sans intérêts pour vous, mais qui

---

1. Dans une conversation du vicomte de Chateaubriand, ambassadeur de France à Rome avec le Pape Léon XII, le 2 janvier 1829, nous trouvons d'intéressants rapprochements.

« Il y a un grand fonds de religion en France, » disait l'ambassadeur au Pape, « et un penchant visible à oublier nos anciens malheurs au pied des autels; mais aussi il y a un véritable attachement aux institutions apportées par les fils de Saint-Louis. On ne saurait calculer le degré de puissance auquel serait parvenu le clergé s'il s'était montré à la fois l'ami du Roi et de la Charte. Je n'ai cessé de prêcher cette politique dans mes écrits et dans mes discours; mais les passions du moment ne voulaient pas m'entendre et me prenaient pour un ennemi. »

Le Pape m'avait écouté avec grande attention, ajoute M. de Chateaubriand.

« J'entre dans vos idées, m'a-t-il dit après un moment de silence. Jésus-Christ ne s'est point prononcé sur la forme du gouvernement. « *Rendez à César ce qui est à César* » veut seulement dire : obéissez aux autorités établies. La religion catholique prospère au milieu des républiques comme au sein des monarchies. Elle fait des progrès immenses aux États-Unis; elle règne seule dans les Amériques Espagnoles. »

Le Pape a repris : « Vous voyez quelle est l'influence des étrangers protestants à Rome. Leur présence fait du bien au pays; mais elle est bonne encore sous un autre rapport. Les Anglais arrivent ici, avec les plus étranges notions sur le Pape et la Papauté, sur le fanatisme du clergé, sur l'esclavage du peuple dans ce pays. Ils n'y ont pas séjourné deux mois qu'ils sont tout changés. Ils voient que je ne suis qu'un évêque comme un autre évêque, que le clergé romain n'est ni ignorant ni persécuteur et que mes sujets ne sont pas des bêtes de somme. »

(Dépêche du vicomte de Chateaubriand, ambassadeur de France à Rome, à M. le comte de la Ferronnays, ministre des Affaires étrangères à Paris.)

prouvaient qu'il comprenait les nécessités du moment et les renseignements que le Roi et son gouvernement avaient donnés au monde entier.

» Il me parla ensuite des sept ou huit mille fusils, d'un calibre léger, dont il a besoin pour sa garde civique, et il me demanda de vous en écrire confidentiellement, inofficiellement, pour savoir si vous seriez disposé à faire avec lui un petit bout de convention pour cette fourniture. Il tient beaucoup à la faire avec nous, le refus lui serait un vif chagrin ; veuillez me répondre quelque chose d'ostensible.

» Enfin, en me parlant du complot contre-révolutionnaire dont toute la ville est préoccupée, et dont elle est persuadée au point que ceux qui en doutent passent pour des imbéciles ou pour des complices, le Pape me dit qu'il était peu enclin à croire de telles machinations, mais qu'après tout il était nécessaire que la vérité fût connue, et qu'il avait le matin même donné l'ordre de commencer une enquête judiciaire. — « Et » cela, dis-je, mettra fin à des arrestations et des perquisitions » arbitraires qui déshonorent un gouvernement et sont une » preuve d'anarchie; aujourd'hui on arrête, demain on peut » massacrer. » — Il en convint, et à cette occasion, je lui fis sentir la nécessité de régler immédiatement l'action de la garde civique, et de la soumettre, en tout et pour tout, à l'autorité civile. Il me remercia et me dit qu'on s'en occupait activement. Bref, il me parut que le cardinal Ferretti lui avait déjà infusé un peu de vigueur.

» Mais hier au soir, de six heures à minuit, une scène à la vérité plus ridicule que fâcheuse se passait près de *Santo Andrea delle Fratte*. On crut apercevoir un certain Minardi, espion fameux de la police grégorienne, et qu'on tient pour un des principaux agents du terrible complot qui monte toutes les têtes. On se met à lui donner la chasse sur les toits, de maison en maison. Enfin on se persuade qu'il s'est réfugié dans un petit oratoire, dans un lieu saint : on court, on s'assemble, on le veut à tout prix. On était là à vociférer depuis plusieurs heures, mais nul n'osait violer l'enceinte du lieu sacré. A dix heures, je voulus voir de mes yeux et entendre de mes oreilles ce qui en était ; j'y fus à pied, confondu dans la foule : c'était une farce. Quelques centaines de personnes, dont les deux tiers des femmes, de paisibles passants, des prêtres, des curieux comme moi. Si le gouvernement avait envoyé tout simplement une centaine de gardes civiques, au petit pas, l'arme au bras, avec un magistrat en tête, disant tout simplement : « Retirez-vous, Messieurs, » dans dix minutes la place aurait été évacuée et le rassemblement dissipé. Au lieu de cela, on l'a laissé criailler des heures entières, et enfin on a voulu lui persuader que l'homme n'y était pas. — « Il y est, nous l'avons vu ; s'il n'y » est pas, ouvrez donc la porte de l'oratoire ! » — Le gouverneur ayant échoué, on invente d'envoyer le père Ventura [1] sermonner ce peuple. J'y étais. C'était une comédie qu'on ne peut voir qu'à Rome. Premier sermon dans l'église de Saint-André : on accourt, on écoute, on applaudit. — Vive Jésus-Christ ! Vive le Pape ! vive le Peuple romain ! vive le père Ventura ! Mais il nous faut l'homme ! Arrive le permis du Cardinal-Vicaire

---

1. Joachim *Ventura*, né à Palerme, en 1791, d'une famille noble, après avoir été élevé chez les Jésuites, se fit théatin. Prédicateur et polémiste remarquable, Il fut nommé membre du conseil de l'instruction publique, à Naples. — Ses traductions des œuvres de Bonald et de J. de Maistre importèrent en Italie la philosophie catholique qui florissait alors en France. Supérieur général des théatins en 1824, il s'établit à Rome, où son influence fut grande au Vatican. Tolérant et libéral, il contribua à la reconnaissance du roi Louis-Philippe et conseilla au Pape les ménagements vis-à-vis l'abbé de Lamennais. Ses prédications étaient très suivies. A l'avènement de Pie IX, le père Ventura avait un grand ascendant sur le peuple, et son oraison funèbre d'O'Connell est restée célèbre. Ardent partisan de l'établissement de la Confédération italienne, il résista aux suggestions du parti républicain, et se retira en France après la fuite du Pape à Gaëte. Il se perfectionna dans la langue française à Montpellier, et en 1855 abordait à Paris la chaire de Notre-Dame. Il prêcha un carême à la Cour des Tuileries, et on se souvient encore de ses fougueuses remontrances : « C'est par la tête, Sire, que le poisson pourrit. » — Le père Ventura a publié de nombreux et remarquables ouvrages. Il est mort en 1881.

pour l'entrée de la force publique dans le lieu d'asile. Arrivent enfin (c'était onze heures) des troupes et une voiture. Il est entendu que le père Ventura prendra l'homme dans son carrosse et le mènera en prison ; le peuple se contentera de le voir et de le siffler. On pénètre dans l'asile ; le peuple haletant attend la sortie. Tout à coup on voit le père Ventura, grimpé sur je ne sais quoi, pérorant, gesticulant, et je saisis ses paroles : — Je vous assure qu'il n'y est pas. — Oui, il y est. — Mais s'il y était, je vous l'ai dit, je l'aurais pris par le bras, mis en voiture avec moi pour le remettre à la justice, et vous l'auriez respecté. — Oui, oui, mais il y est. — Quoi ? vous oubliez que je suis prêtre (*sacerdote*)? Un prêtre voudrait-il vous tromper et mentir ? — Ah ! ah ! le coquin se sera sauvé par derrière. Ventura reprend la parole. — Vive le père Ventura ! Eh bien, mes enfants, allons-nous-en et accompagnez-moi chez moi. Ainsi fut fait et bonsoir. — Voilà ce peuple devant lequel le gouvernement s'est abandonné. J'ai voulu vous ennuyer de ce détail parce qu'il me paraît caractéristique, et je tiens à ce que vous connaissiez le fond des choses.

» En attendant, le découragement était hier au Quirinal. Un intime du cardinal Ferretti était chez moi ce matin, à 8 heures. Je l'ai remonté et lui ai fait sentir qu'il était honteux de s'abandonner de la sorte, que c'était se perdre dans des embarras qui étaient à peine des difficultés, qu'il n'y a pas un de nous qui, maître ici des affaires pendant quinze jours, ne rendît au Pape un État parfaitement réglé. Il est allé remonter le cardinal, et nous sommes convenus que, s'il ne me faisait pas dire d'aller moi-même chez le Secrétaire d'État, c'était preuve qu'il avait réussi, qu'on agissait et que tout allait bien. Il est 4 heures. Je n'ai pas reçu d'avis. J'en conclus qu'on agit, et fais partir ma lettre. »

Si les événements extérieurs et l'attitude de l'Autriche préoccupaient le vigilant ambassadeur de France, son attention était attirée également sur le mouvement qui s'opérait graduellement dans les esprits et sur l'influence de plus en plus active et prépondérante des libéraux modérés et de l'élément laïque. Les lettres suivantes à M. Guizot découvrent la politique dont bientôt M. Rossi allait, non plus comme ambassadeur de la Cour des Tuileries, mais comme premier ministre du Pape, conseiller et diriger l'application.

« Rome, 10 juillet 1847.

. . . .

» J'ai toujours conseillé aux libéraux raisonnables et je leur conseille toujours de ne pas se séparer du gouvernement et de ne pas se mêler avec les radicaux. Jusqu'ici, ils ont joué la partie avec un calme, une adresse, une clairvoyance admirables [1]. Ils savent bien, eux, ce qu'ils veulent, et ils savent aussi le dissimuler, convaincus que les embarras et les difficultés iront croissant, et que le Pape à la fin sera obligé de chercher capacité et force, là où ces mérites sont réellement. Le Pape n'a rien à craindre; mais les prélats ! N'est-ce pas curieux de voir comment la vieille habileté sacerdotale a fini par passer du clergé

---

1. Les illusions du comte Rossi sur l'énergie et l'habileté de ce *parti modéré*, soi-disant conservateurs libéraux (juste milieu, centre gauche selon les époques), furent de courte durée. Lorsque, après 1848, il arriva aux conseils de Pie IX comme premier ministre, il put apprécier les ambitions, les hypocrisies, les défaillances, les compromissions, les lâchetés de ces âmes tièdes et hésitantes qui ont invariablement conduit à l'abîme tous les gouvernements qu'elles ont eu la prétention de protéger.

dans les laïques? Mais les premiers ont perdu ce que les seconds ont gagné : c'est un maître qui n'a pas seulement communiqué sa science ; il l'a donnée. »

« Rome, 18 juillet 1847.

» Dans une dépêche du 28 juin dernier, j'avais l'honneur de faire observer à Votre Excellence que s'il y avait un jour difficile à passer ici, c'était le 17 juillet, jour anniversaire de l'amnistie proclamée par le Pape à son avènement. Il se préparait de grandes fêtes ; le Pape les avait autorisées. Mais, dès le 14 juillet, des bruits sinistres commencèrent à se répandre, et l'alarme devenait bientôt générale. Les uns affirmaient que les rétrogrades avaient organisé un complot qui devait éclater d'une manière sanglante au milieu de la fête. On désignait les conspirateurs, on affichait partout leurs noms; on les accusait d'avoir séduit une partie des troupes pontificales, d'avoir armé de stylets un grand nombre d'hommes, dont plusieurs arrivés, disait-on, de la Romagne, et de vouloir provoquer un tumulte pour faire alors main basse sur les libéraux. D'autres, au contraire, accusaient les chefs du parti progressiste d'avoir organisé la fête dans un but révolutionnaire, et de vouloir, ce jour-là, soulever les masses contre les amis de l'ordre et le gouvernement établi. A coup sûr, Votre Excellence n'attend pas que je lui dise au juste ce qu'il pourrait y avoir de vrai dans ces accusations réciproques. Elle connaît trop les mensonges, soit stupides, soit calculés, des partis.

» Ce qui est vrai, c'est qu'il y a dans les deux camps des têtes exaltées, et quelques hommes sans principes et capables de tout. Il est également vrai que l'inertie du gouvernement encourageait les rétrogrades et exaspérait les progressistes. Ceux-ci du moins ne cachaient pas leurs sentiments; ils en faisaient part tous les jours au public, par des imprimés clandestins que la police ne savait pas arrêter et que le public dévorait. Enfin, il est certain que l'alarme était générale et profonde. Dans cet état de choses, dans cet ébranlement des esprits, il aurait suffi, le jour de la fête, d'un cri imprudent ou perfide, d'un accident quelconque, pour faire éclater, même sans projet et sans complot, un grand désordre et peut-être de grands malheurs.

» Le moment était, à mes yeux, décisif, non seulement pour le présent, mais pour l'avenir. La fête avait été permise par le Pape lui-même. Le peuple le savait. La Secrétairerie d'État, qui est ici tout le gouvernement, était dans l'interrègne ministériel; le cardinal Gizzi s'était retiré, et son successeur le cardinal Ferretti n'avait pas encore pris possession. La police s'était annulée. La force publique, comme il arrive toujours quand le pouvoir s'abandonne, flottait incertaine et se demandait où était pour elle le chemin du devoir. Les hommes modérés et influents, les conservateurs pouvaient seuls intervenir utilement et prévenir un désordre. C'était le moment de voir s'ils étaient intelligents, fermes, résolus, ou s'ils voudraient, comme dans d'autres pays, se borner, les bras croisés, à de vaines lamentations, et livrer leur pays aux factions. Ils ont agi, ils ont agi spontanément, promptement, habilement. La haute noblesse romaine s'est, dans cette circonstance délicate, montrée active et capable. Je me plais à citer Ropisgliosi, Aldobrandini, Borghèse, Piombino, Rignano, etc., etc.

»Il fallait que le Pape suspendît la fête sans se dépopulariser. Le duc de Rignano rédigea à la hâte une pétition disant que la garde civique, récemment instituée et ayant le désir d'y assister, suppliait sa Sainteté de retarder la fête jusqu'à ce que cette garde pût être organisée. La pétition fut couverte sur-le-champ de signatures nombreuses et des noms les plus respectables. Il fallait, pour prévenir un choc, persuader aussi les chefs des partis populaires. Ces messieurs les ont franchement abordés, et, à la vérité, non sans efforts, ils les ont tous ramenés. Tous ont signé. Le soir même, le duc de Rignano présenta la pétition au Pape et lui amena en même temps un des chefs populaires les plus habiles et les plus influents. Le Pape adhéra, et le matin suivant fut publiée la notification pour le renvoi de la fête.

» Ce n'était pas tout. A tort ou à raison, on craignait pour le soir même des désordres, des attaques personnelles. Comme je le disais, on avait affiché la liste des prétendus conspirateurs rétrogrades, ce qui devenait en quelque sorte une liste de proscription. On signalait ces malheureux à la fureur populaire. On pouvait craindre aussi que la queue du parti progressiste ne fût pas aussi persuadée que ses chefs, et que, irritée de la suspension de la fête, elle ne se livrât à quelques excès. Dans l'état des choses, il faut bien le reconnaître, il n'y avait de ressource que dans la garde civique. Le soir même, on est parvenu à en mettre provisoirement sur pied une partie. Chaque quartier *(rione)* a eu ses postes et son corps de garde improvisés. Les seigneurs romains ont prêté des locaux dans leurs vastes palais. Les gardes ont répondu à l'appel avec empressement; et, pour quiconque connaît cette population, sa goguenardise, son esprit mordant et sarcastique, il est évident qu'elle se croyait menacée d'un danger prochain, par cela seul qu'elle a pris fort au sérieux et accueilli avec reconnaissance et respect une garde improvisée, sans instruction, sans uniforme, qui dans toute autre circonstance aurait été le sujet d'innombrables épigrammes. Parmi les commandants de bataillons se trouvent entre autres le prince Corsini, malgré ses quatre-vingts ans, qu'il porte, il est vrai, admirablement, le prince de Piombino, le plus riche seigneur de Rome, le prince Aldobrandini, le prince Doria, D. Carlo Torlonia, etc., etc. Le Pape a nommé hier le duc de Rignano chef de l'État-Major général. C'est aussi un excellent choix [1].

1. Il serait très douloureux de rappeler ici l'attitude des descendants de ces familles illustres. La plupart des fils ou petits-fils de ces princes qui doivent leur illustration et leur fortune à la Papauté, sont à l'heure présente inféodés à la monarchie de Savoie implantée à Rome, et particulièrement hostiles au Pape Léon XIII.

» Nous devons, il faut le dire, à cette mesure improvisée la parfaite tranquillité de ces derniers jours. La journée du 17 s'est passée sans la moindre tentative de désordre. Mais toute médaille a son revers. Par une conséquence facile à prévoir de tous les faits que je viens d'indiquer, toute la police s'est trouvée ces jours-ci concentrée de fait dans les douze corps de garde. C'est là qu'arrivaient les dénonciations et les plaintes; c'est là qu'on accourait pour faire du zèle. De là quelques arrestations, je crois, fort à la légère, non seulement d'hommes accusés de vols, mais de suspects politiques, des visites domiciliaires, des saisies de papiers. Ce matin encore, le capitaine Muzzarelli, un des douze qu'on avait signalés au peuple comme auteurs d'un complot contre-révolutionnaire, ayant eu l'imprudence de se montrer au public, la garde civique l'a arrêté. Elle a bien fait dans le cas particulier ; c'était le seul moyen de le sauver.

» Ces faits n'ont pas, j'en conviens, une grande gravité; les personnes arrêtées sont bientôt relâchées, les chefs de la garde civique sont tous des hommes respectables, et leur autorité n'est nullement méconnue; le peuple lui-même entend facilement raison et ne s'obstine pas dans ses erreurs. Toujours est-il qu'il y a eu un déplacement de pouvoir, que ce qui ne doit être qu'auxiliaire est devenu principal ; et de là à devenir pouvoir dirigeant il n'y aurait pas loin, si le fait se prolongeait.

» On avait rendu suspects au peuple, comme soldés par la contre-révolution, les carabiniers et les grenadiers des troupes pontificales. Hier il y a eu explication et réconciliation entre eux et les chefs populaires. C'est très bien ; mais si on commençait réellement à descendre la pente, cela pourrait vouloir dire que les troupes marcheraient au besoin avec la Révolution[1].

1. Ces mots du comte Rossi étaient, hélas! prophétiques. L'année suivante, le 15 novembre 1848, le jour de l'assassinat de Rossi, les chefs populaires qui n'avaient jamais cessé de flatter les carabiniers et la garde civique réussirent à les détacher de leur devoir et à les associer au crime grâce à leur coupable abstention.

J'espère encore que ce dernier mot est trop gros pour la situation et que nous ne serons pas forcé de nous en servir.

» Cependant, j'ai cru devoir m'en servir hier *ad terrorem*. Je me rendis à la Secrétairerie d'État. Je trouvai le sous-secrétaire d'État, Mgr Corboli, assez ému. Je lui dis sans détour que je ne voulais pas revenir sur le passé, ni rechercher s'il n'eût pas été facile de prévenir ce qui arrivait ; qu'alors on avait devant soi des mois, qu'on n'avait plus aujourd'hui que des jours, des heures peut-être ; que la révolution était commencée, qu'il ne s'agissait plus de la prévenir, mais de la gouverner, de la circonscrire, de l'arrêter; que si l'on y apportait les mêmes lenteurs, de bénigne qu'elle était, elle s'envenimerait bientôt ; qu'ils devaient se persuader qu'en fait de révolution nous en savions plus qu'eux, et qu'ils devaient croire à des experts qui sont en même temps leurs amis sincères et désintéressés ; qu'il fallait absolument faire, sans le moindre délai, deux choses : réaliser les promesses et fonder un gouvernement réel et solide ; en d'autres termes, apaiser l'opinion qui n'est pas encore pervertie, et réprimer toute tentative de désordre. — « Le parti conservateur existe, dis-je, il s'est montré actif, intelligent et dévoué. » Mgr Corboli entra pleinement dans ces idées, et il m'indiqua, comme la mesure la plus urgente et la plus décisive, l'appel des délégués des provinces. « Soit, dis-je, je crois la mesure fort bonne si elle est bien conduite, s'il y a en même temps un gouvernement actif et qui sache rallier autour de lui les forces du pays; mais, encore une fois, la perte d'un jour peut être un mal irréparable. »

» Quelques minutes après, le nouveau Secrétaire d'État, le cardinal Ferretti, s'installait au Quirinal. Je l'ai vu ce matin. J'ai été fort content de lui, il s'est montré pénétré de l'urgence de la situation, et en reprenant les deux points que j'avais signalés à Mgr Corboli, il m'a dit, quant au premier, qu'il espérait pouvoir publier demain la liste des délégués choisis, et indiquer l'époque de la convocation. Ce sera, j'en conviens, un grand pas

— 169 —

pour calmer les esprits. Quant au second point, il m'a dit qu'il avait déterminé Mgr Grasellini, gouverneur de Rome sous Grégoire XVI, à se retirer et nommé Mgr Morandi pro-gouverneur de Rome. C'est aussi une bonne mesure; mais seule, elle serait insuffisante. En attendant, il est juste de reconnaître qu'on ne pouvait pas faire plus en quelques heures. »

En présence de la fermentation de jour en jour plus ardente et plus générale du peuple romain, et des menées du parti révolutionnaire, le Pape ressentait de vives alarmes. Qui le défendrait contre la domination étrangère ou les exigences populaires? Le cardinal Ferretti exprimait à M. Rossi sa sollicitude à cet égard. Voici ce qu'écrivait l'ambassadeur à M. Guizot :

« Rome, 30 juillet 1847.

. . . .

» Quand, à la fin de la conversation, j'ai dit au Saint-Père que, le cas échéant, vous ne manqueriez pas à vos amis, Pie IX s'est jeté à mon cou et m'a vivement embrassé, en me disant : « Merci, mon cher ambassadeur, en tout et toujours, » confiance pour confiance, je vous le promets. »
» Ce serait, avait ajouté le Pape à M. Rossi, en lui parlant de l'escadre française qui stationnait dans les eaux de Naples sous le commandement du prince de Joinville, un service à me rendre, que de la faire paraître de temps à autre sur les côtes de mes États. »

Le prince de Joinville avait pressenti ce vœu, puisque, quelques jours auparavant, M. Rossi écrivait à M. Guizot :

« M. le prince de Joinville m'a envoyé hier de Naples un aspirant, avec une lettre dans laquelle il me demande : 1° si, dans l'état des choses en Italie, je pense que la présence de l'escadre à Naples ait ou n'ait pas d'inconvénients ; 2° s'ils peuvent nous être de quelque utilité en paraissant sur le littoral des États Romains. J'ai répondu ce matin à Son Altesse Royale par la lettre dont je vous envoie copie :

« Monseigneur,

» A l'agitation de ces derniers jours a succédé dans le pays une sorte de tranquillité. L'honneur en revient au parti modéré, qui a su se montrer, s'organiser, s'armer tant bien que mal, avec toute l'énergie, la promptitude et l'ensemble que n'avait pas le gouvernement. Celui-ci, grâce à cette manifestation et à cet appui, commence maintenant à reprendre les rênes, et il lui serait facile de se placer au milieu d'un parti conservateur nombreux, éclairé, s'il savait enfin suivre les conseils d'ordre et de progrès que nous ne cessons de lui donner depuis un an. La tranquillité est à ce prix. J'espère qu'il le fera. J'y fais et j'y ferai tous mes efforts. Le nouveau Secrétaire d'État est actif et énergique. Il a pris de bonnes mesures ; mais le plus essentiel reste à faire.

» L'armée autrichienne aux frontières des États pontificaux a été renforcée ; la garnison autrichienne de Ferrare aussi. Dans cette situation, mon opinion personnelle est que la présence d'une escadre française sur les côtes de l'Italie méridionale est d'un excellent effet. Peu importe le lieu du mouillage entre la Spezzia et Naples, pourvu qu'on sache qu'elle est dans ces parages et que nous pourrions l'appeler dans quelques heures. Cela seul contient les partis extrêmes qui n'ignorent pas que la politique du gouvernement du Roi est une politique d'ordre et de progrès à la fois. Cela encourage le parti modéré, rassure le gouvernement pontifical contre toutes sortes de dangers réels ou supposés, et nous donne une attitude qui me paraît tout à fait d'accord avec nos intérêts et notre dignité. »

Pour bien faire comprendre la politique de la France en Italie, nous croyons devoir citer la lettre suivante de M. Guizot à Rossi, lettre remarquable qui fut lue pendant la discussion de l'Adresse. Elle définit parfaitement le rôle de la France en Italie, en même temps qu'elle résume merveilleusement tout le système politique, tout le programme de l'éminent homme d'État :

« Paris, le 27 septembre 1847.

» Notre politique envers Rome et l'Italie, quelques efforts que fassent nos ennemis de tout genre et de tout lieu pour la représenter faussement, est si simple, si nette, qu'il est impossible qu'on la méconnaisse longtemps. Que veut le Pape? Faire dans ses États les réformes qu'il juge nécessaires. Il le veut pour bien vivre avec ses sujets en faisant cesser, par des satisfactions légitimes, la fermentation qui les travaille et pour faire reprendre à l'Église, à la religion dans nos sociétés modernes, dans le monde actuel, la place, l'importance, l'influence qui leur conviennent. Nous approuvons l'un et l'autre dessein. Nous les croyons bons l'un et l'autre pour la France, comme pour l'Italie, pour le Roi à Paris, comme pour le Pape à Rome. Nous voulons soutenir et seconder le Pape dans leur accomplissement. Quels sont les obstacles, les dangers qu'il rencontre? le *danger stationnaire* et le *danger révolutionnaire*. Il y a chez lui et en Europe des gens qui veulent qu'il ne fasse rien, qu'il laisse toutes choses absolument comme elles sont. Il y a chez lui et en Europe des gens qui veulent qu'il bouleverse tout, qu'il remette toutes choses en question, au risque de se remettre en question lui-même, comme le souhaitent au fond ceux qui le poussent dans ce sens. Nous voulons, nous, aider le Pape à se défendre, et au besoin, le défendre nous-même de ce double danger. Nous ne sommes pas du tout stationnaires et pas du tout révolutionnaires, pas plus pour Rome que pour la France. Nous savons par notre propre expérience qu'il y a des besoins sociaux qu'il faut satisfaire, des progrès qu'il faut accomplir, et que le premier intérêt des gouvernements, c'est de vivre en bonne harmonie et en bonne intelligence avec leur peuple et leur temps. Nous savons par notre propre expérience que l'esprit révolutionnaire est ennemi de tous les gouvernements, des modérés comme des absolus, de ceux qui font des progrès comme de ceux qui les repoussent tous, et que le premier intérêt d'un gouvernement sensé et qui veut vivre, c'est de résister à l'esprit révolutionnaire. C'est là la politique du *juste milieu*, la politique du bon sens, que nous pratiquons pour notre propre compte et que nous conseillons au Pape qui en a autant besoin que nous. Et non seulement nous la lui conseillons, mais nous sommes décidés et prêts à l'y aider, sans hésitation et sans bruit, comme il convient à lui et à nous, c'est-à-dire à des gouvernements réguliers qui veulent marcher à leur but et non pas courir les aventures. »

La dépêche suivante de M. Rossi à M. Guizot, lui rendant compte de l'installation solennelle de la Consulte d'État, est particulièrement intéressante, quand on songe que ce fut l'année suivante, presque à la même date, à l'ouverture solennelle d'une nouvelle Assemblée, que périt assassiné l'infortuné ministre.

« Rome, 18 novembre 1847.

» Lundi dernier, 15 de ce mois, a eu lieu l'installation solennelle de la *Consulta di Stato*. Les principaux membres de la *Consulta* (choisis par le Pape sur une liste dressée en nombre triple par chaque Conseil provincial, lequel lui-même avait reçu les présentations des Conseils communaux) étaient, pour Bologne : Silvani et Marco Minghetti ; pour Ferrare : Gaëtano Recchi ; pour Ravenne : le comte Pasolini ; pour Ancône : le prince Simonetti ; pour Macerata : le nommé Giacomo Ricci ; pour Frosinone : l'avocat Pasquale Rossi. Ce jour impatiemment attendu a été signalé par plusieurs circonstances remarquables. Le public avait préparé à la *Consulta* une réception solennelle. Les princes romains s'étaient entendus pour mettre à la disposition de chacun des députés une de leurs voitures d'apparat et leurs gens de livrée. C'est dans ces équipages que les membres de la *Consulta* devaient se rendre du Quirinal, où ils allaient recevoir la bénédiction du Pape, au Vatican, lieu désigné de leurs séances. Des citoyens appartenant à chacune des Légations ou Délégations représentées, se proposaient d'escorter la voiture de leur député en portant devant lui la bannière de leur ville natale. Le but de ces dispositions, destinées à donner à la nouvelle Assemblée l'importance et les caractères extérieurs d'un Corps souverain, n'échappait point au gouvernement qui, cependant, après avoir fait subir quelques modifications au programme de la fête, se décida non seulement à l'autoriser, mais à le rendre officiel, en lui donnant la forme d'une notification faite par le sénateur de Rome. Dans la journée de dimanche, le Secrétaire d'État fut informé qu'on avait l'intention, à l'exemple de ce qui s'était fait, je crois, à Florence, de faire paraître à la suite du cortège les députations et les bannières de tous les États, non seulement d'Italie, mais d'Europe. Craignant, non sans quelque raison, que cette démonstration ne donnât lieu à quelques désordres, il réussit à s'y opposer. Je reçus à une heure avancée de la soirée une lettre très pressée du cardinal Ferretti, qui me priait d'employer mon influence pour empêcher nos nationaux de prendre part à aucune démarche de ce genre ; ce qui me fut d'autant plus aisé que les Français établis à Rome ne montraient, je dois rendre justice à leur bon sens, aucun empressement de donner suite à ce singulier projet. Il fut moins facile d'y déterminer les sujets, et même, dit-on, les représentants de quelques autres puissances appartenant à l'Italie. Il fallut que, le lendemain, le cardinal Ferretti intervînt lui-même sur le lieu où le cortège se préparait, dans le voisinage du Quirinal, et fît enfermer dans un corps de garde plusieurs bannières qu'on avait déjà apportées.

» A neuf heures, les députés furent reçus par le Pape, qui leur tint le discours dont Votre Excellence trouvera l'analyse dans le *Diario di Roma*. Ceux qui y ont assisté s'accordent à dire que le Saint-Père paraissait très animé en le prononçant, et qu'il insista très fortement sur les deux points capitaux : le rôle purement consultatif de la nouvelle Assemblée, et la ferme résolution de son gouvernement de résister aux perturbateurs. On dit même qu'il prononça le mot d'*ingratitude*, qui n'est pas reproduit dans le texte imprimé.

» Il est à remarquer d'ailleurs que ni ce mot ni aucune des autres paroles sévères que le Pape fit entendre, n'étaient directement adressés aux députés, comme il a eu soin de l'assurer lui-même. Peut-être, dans sa pensée, étaient-elles destinées à tomber sur quelques personnes qui accompagnaient les députés, et qui sont connues pour la vivacité de leurs opinions.

» Aussitôt après le discours terminé, les députés se séparèrent pour monter chacun dans la voiture qui leur était destinée. Ils traversèrent ainsi toute la ville, ne cessant pas, pendant ce trajet de plus de deux heures, de rencontrer une foule immense. Soit que la nouvelle du discours du Pape, promptement répandue, eût troublé l'esprit public, soit que l'enthousiasme le plus ardent finisse par se lasser de tant de démonstrations successives, peu de cris se firent entendre sur leur passage. Arrivés à Saint-Pierre, ils entendirent la messe et entrèrent sur-le-champ en séance . . . .

» Ce seront là, à mon sens, les funérailles du pouvoir politique temporel du clergé à Rome. L'étiquette restera plus ou moins, mais le contenu du vase sera autre ; il y aura encore des cardinaux, des prélats employés dans le gouvernement romain, mais le pouvoir sera ailleurs. L'essentiel, pour nous, c'est qu'il n'y ait pas de révolution proprement dite, de révolution sur la place publique. Je persiste à espérer qu'il n'y en aura pas. Même ceux qui nous ont trouvés trop réservés ont compris que la voie pacifique était la voie la plus sûre. Aussi revient-on peu à peu à nous, précisément à cause de la réserve digne et sérieuse que nous y avons mise. Le Pape, qu'il ait ou non mesuré le chemin qu'il a parcouru, est parfaitement tranquille. Il a dit à une personne de ma connaissance que le public avait été induit en erreur, que le gouvernement pontifical n'avait qu'à se louer du gouvernement français, que nous nous étions parfaitement conduits à son égard, que nous avions fait tout ce que nous pouvions faire. « Mais les Souverains, a-t-il ajouté, aiment peu Pie IX. » Ils craignent que je n'amène des révolutions. Ils se trompent. » Ils ne connaissent pas ce pays-ci. »

Les événements se précipitaient : malgré leurs intentions pleines à la fois de prudence et de sagesse, le Pape Pie IX et ses conseillers étaient loin d'avoir la clairvoyance du comte Rossi. La conversation suivante dont l'ambassadeur français rend compte à M. Guizot, prouve quelles difficultés avait à surmonter le Saint Père pour arriver à connaître la vérité et à satisfaire les aspirations de ses sujets.

« Rome, 28 novembre et 12 décembre 1847.

» Je vis hier le cardinal Ferreti : « Avouez, m'a-t-il dit, que cette fois nous avons bien conduit notre affaire. — Je le constate et je vous félicite. — Et le discours du Pape, qu'en dites-vous ? — Que le Pape se fût élevé contre les utopies, qu'il se fût montré résolu à repousser les perturbateurs, de quelque part qu'ils vinssent, rien de mieux ; mais le discours paraît impliquer l'idée de la conservation absolue du gouvernement temporel dans les mains du clergé, ne laissant aux laïques d'autre rôle que celui de donneurs d'avis. C'est trop peu. Cela était peut-être possible il y a un an, les têtes n'étaient pas montées ; les espérances étaient modestes, le reste de l'Italie n'était pas encore réveillé. Aujourd'hui c'est autre chose. Il n'y a plus d'illusion possible. Votre situation est nettement dessinée. Les radicaux frappent à votre porte, il faut leur tenir tête. Tous seuls avec le clergé, vous ne le pouvez pas ; il vous faut le concours des laïques, de tout ce qu'il y a parmi eux de sensé, de puissant, de modéré. Pour les rallier, il faut les satisfaire, la garde civique et la *Consulte* sont des moyens, ce n'est pas le but. Refuser toute part proprement dite à des hommes qu'on vient de rendre plus forts serait un contre-sens. Il y a plus d'un an que je le dis et que je le répète ; si vous ne vous fortifiez pas en appelant des laïques aux fonctions qui ne touchent en rien aux choses de la religion et de l'Église, tout deviendra impossible pour vous, et tout deviendra possible aux radicaux. Vous jetteriez la *Consulte* dans leurs bras. — Vous avez raison, dit le cardinal, je m'en suis déjà aperçu ; on a peur des cardinaux. — Dites *peur* et *besoin*. Les timides redoutent la faiblesse du gouvernement, les ambitieux cherchent un levier contre le boulevard clérical. Un cabinet mixte et bien composé rassurerait les timides et satisferait les ambitieux. Par la portion laïque du ministère, vous pourrez agir sur la *Consulte* et vous y faire une bonne et forte majorité qui agira à son tour sur l'opinion publique. — C'est juste, le Pape l'a compris. Je vous le dis, mais dans le plus profond secret : il paraîtra bientôt un autre *motu proprio* selon vos idées ; il portera que le Secrétaire d'État sera toujours un cardinal ou un prélat. Vous ne désapprouvez pas ? — Non certes, les affaires étrangères, à Rome, sont trop souvent des matières ecclésiastiques ou mixtes. — Mais pour l'intérieur, les finances, la guerre, il sera dit que les ministres pourront être soit ecclésiastiques, soit laïques. — A la bonne heure! pourvu qu'en fait, vous appeliez tout de suite deux ou trois laïques. Agissez par la *Consulte*, mon cher cardinal; je vous aiderai de mon côté autant que cela se peut du dehors. — Bravo! Aidez-nous, et j'espère que tout ira bien. — Oui, si vous savez d'un côté vous fortifier et de l'autre regarder en face les radicaux. Tout est là. Que peut craindre e Pape en marchant d'un pas ferme dans la voie de l'ordre et du progrès régulier? En tout cas, l'Europe serait pour lui : avant tous, plus que tous, la France. Ne l'oubliez pas ; que le Pape ne se trompe pas sur ses véritables amis. »

Le lendemain même de cette intéressante entrevue avec le cardinal Ferretti, M. Rossi écrit à M. Guizot et lui rend compte de sa conversation avec le Saint-Père sur le même objet.

« Rome, 14 décembre 1847.

. . . .

» Je tins au Saint-Père le discours que j'avais tenu à Ferretti. Je m'attachai surtout à lui faire bien saisir la situation. J'insistai à plusieurs reprises sur la nécessité, sur l'urgence d'accroître ses forces de gouvernement et de dominer l'opinion par l'introduction de l'élément laïque dans certaines parties de l'administration supérieure. Je lui montrai que c'était là un fil conducteur indispensable entre lui et la *Consulta*. Son goût n'y est pas; il en reconnaît cependant la nécessité. — « C'est vrai, me dit-il, ces messieurs se méfient d'une administration tout ecclésiastique. — Non seulement ils s'en méfient, Saint-Père; ils s'en irritent. Pour les affaires purement temporelles, on ne peut plus faire du clergé et des laïques deux castes ; il faut désormais mêler et transiger. — Vous me l'avez toujours dit. Que voulez-vous ? Le premier *motu proprio* sur le Conseil des ministres me fut remis quand j'étais malade. Je laissai faire. Il n'est pas bon, je l'ai repris en sous-œuvre ; le nouveau paraîtra bientôt. Les départements seront mieux séparés. Les ministres seront de vrais ministres. Je dirai que la guerre pourra appartenir à un laïque ou à un ecclésiastique. — Ce sera quelque chose ; mais que votre Sainteté me permette de le dire, ce n'est pas assez ; il faudrait encore deux portefeuilles au moins ouverts aux laïques : l'Intérieur, les Finances, la Police, les Travaux publics, que sais-je ? Ceux que Votre Sainteté voudra. — Je comprends, je verrai, je ferai de mon mieux. Je suis moi-même fort novice, fort peu expert dans ces matières..... »

Il est intéressant de suivre pas à pas les progrès que faisaient dans l'esprit du Souverain Pontife les idées que l'habile diplomate exposait avec tant de chaleur et de conviction. Quels précieux documents pour l'histoire qu'un semblable dialogue entre ces deux grands Italiens !

« Rome, 18 janvier 1848.

» J'avais tellement pressé le Pape sur les affaires de ce pays-ci, et en particulier sur l'introduction de quelques laïques dans le Conseil des ministres, que j'étais décidé hier à le laisser tranquille. Il entra lui-même en matière. Il avait décidé, par le nouveau *motu proprio* du 30 décembre 1847, dont il m'avait parlé, que le département de la guerre pourrait être confié à un laïque, et il l'a donné, en effet, au général Gabrielli. Il avait prescrit, de plus, que sur les vingt-quatre auditeurs attachés au Conseil des ministres, il y aurait toujours douze laïques.

— « *Ebbene, signor Conte,* me dit-il avec un gracieux sourire et une aimable coquetterie d'expression, « *l'elemento è introdotto* ». Il faut vous dire que je m'étais souvent servi de ce gallicisme, *l'elemento laïco.* Vous devinez ma réponse. Mais le compliment fut accompagné d'une respectueuse insistance pour l'introduction de deux autres laïques. Nous examinâmes à fond la situation, et non seulement le Pape convint que c'était là le seul moyen d'isoler les agitateurs et de leur enlever de l'influence, mais que, si malgré cela, le malheur voulait qu'ils tentassent quelque désordre, un pouvoir laïque pouvait seul le réprimer efficacement et sans se mettre en lutte avec l'opinion publique.
— « Vous avez raison, me dit le Pape, le rôle de sévérité ne con-
» vient plus aux ecclésiastiques; il paraîtrait odieux. » — C'est clair, répliquai-je; mais un seul homme ne suffit pas; seul, il se décourage et le poids de la responsabilité lui est trop lourd. Au Pape et au clergé la puissance morale; au prince et à ses alliés laïques la force matérielle. J'espère encore que la première suffira; mais elle suffira, surtout si on sait bien qu'au besoin la seconde ne manquerait point. Il faut au moins trois ministres laïques : *Tres*, dis-je en riant, *faciunt capitulum.*

» J'eus le plaisir de trouver le Pape tout à fait dans nos idées. Les autres fois, il était convaincu; mais je sentais qu'il n'était pas persuadé, que ses répugnances de prêtre subsistaient. S'il persévère dans ses nouvelles résolutions, tout peut encore être sauvé ici. C'est ce que je lui dis lorsqu'il me demanda s'il était encore temps : — Que Votre Sainteté, lui dis-je, considère la situation. Son État est au centre de l'Italie. Si l'ordre y est maintenu, il pourrait y avoir, au pis aller, une question napolitaine, ou toscane, ou sarde, mais point de question italienne. S'il y avait bouleversement ici, la clef de voûte serait brisée; ce serait le chaos. L'exemple de Rome, qui retient aujourd'hui, précipiterait alors toutes choses. D'ici peut sortir un grand bien.

mais aussi, je dois le dire, un mal incalculable. Votre Sainteté a réveillé l'Italie. C'est une gloire, mais à la condition de ne pas tenter l'impossible. Quoi ! l'Italie peut se réorganiser sans que personne, même les plus malveillants, ait un mot à lui dire et ou voudrait tout compromettre, tout perdre par la sotte prétention de réaliser aujourd'hui ce qui aujourd'hui n'est évidemment qu'un rêve ! Sera-ce toujours un rêve? Je n'en sais rien. Je laisse l'avenir à Dieu et à nos successeurs. Le proverbe français est juste : à chaque jour suffit sa peine.

» Nous nous trouvâmes parfaitement d'accord et, je le répète, je rencontrai chez le Pape une netteté de vues et une spontanéité d'adhésion qui me charmèrent et me donnent bon espoir. »

Les années qui précédèrent l'année 1848 furent, on s'en souvient, pleines d'élans mystérieux, de vagues aspirations vers un avenir inconnu. La vieille Europe, dont l'équilibre n'avait jamais été parfait depuis l'ère de Napoléon, semblait rajeunie. Un souffle de jeunesse, d'illusions, d'enthousiasme traversait le monde; de tous côtés ses espérances étaient ravivées et fixées par les récits qui arrivaient de Rome.

Le nouveau Pontife semblait personnifier l'alliance du passé avec l'avenir. Son gouvernement, au dire de tous, devait consacrer les dispositions les plus généreuses avec les principes les plus sacrés Ce fut comme un entraînement vers l'âge d'or, une période éphémère de rêves et d'illusions dont le Pape lui-même, plein de confiance, partagea l'enthousiasme. Ses premiers actes, comme Pontife et Souverain, furent la publication d'une indulgence plénière sous forme de jubilé et amnistie politique générale.

« Cette joie bruyante, cette unanimité avait je ne sais quoi d'effrayant, dit un historien de Pie IX. En effet, ce concert fut trop beau pour être durable : il lui manquait certaines discordances. Plus d'un sage en fit la remarque et, tout en applaudissant pour sa part, secoua la tête à l'aspect des voltairiens, des jacobins, des agents des sociétés secrètes délirant d'enthousiasme avec les catholiques et plus que les catholiques. »

Jamais les débuts d'un règne ne furent plus brillants et parés de couleurs plus riantes ; jamais souverain entouré d'une popularité plus bruyante ne fut accablé de plus d'ovations et de fleurs. Chacune des sorties du nouveau Pape devenait une promenade triomphale ; tous les cœurs étaient enchaînés à son char. L'image de *Pio Nono* était accrochée dans tous les palais, dans toutes les chaumières d'Italie. Les enfants des laboureurs comme les filles des rois étaient inscrits au baptême sous les noms de Pie et Pia (princesse Pia, fille du roi Victor-Emmanuel, aujourd'hui reine de Portugal). Les Cabinets étrangers partageaient l'ivresse générale : M. Guizot, en France, M. de Metternich à Vienne et Lord John Russell en Angleterre. Tous les gouvernements d'Europe et d'Amérique adressaient au nouveau Souverain encouragements et félicitations. Tous, jusqu'aux vieux révolutionnaires et anciens conspirateurs, semblaient subir l'entraînement et le charme, et portaient à leur poitrine la médaille du Pape italien. Il n'était pas jusqu'à Mazzini, qui, le 8 septembre 1847, n'adressât au Souverain Pontife ses félicitations et ses espérances, soit feintes, soit sincères. Massimo d'Azeglio, le grand Italien honnête et libéral qui joua un rôle important dans les destinées de son pays, écrivait de Turin, le 20 septembre 1847, à un Français, M. Eugène Rendu :

« Bon gré, mal gré, il faut absolument que les États d'Italie se mettent à l'unisson de Rome. Maintenir des dissemblances de principe entre les divers États est aujourd'hui chose impossible, comme vous l'avez très bien compris et dit, aussi impossible que d'empêcher l'eau de prendre son niveau dans des tubes différents alimentés par une même source. Pie IX a pris les devants ; tant mieux pour la Papauté, et tant pis pour les autres souverains d'Italie, qui désormais doivent faire le saut périlleux.

» Tout va très bien à Rome; de mieux en mieux, m'écrit-on. D'un jour à l'autre va paraître le *Motu proprio* sur la Municipalité de Rome, et un second sur l'Assemblée des représentants des provinces sous le nom de *Consulte d'État*. Le cardinal Ferreti a promis, et on compte sur sa parole. La seconde de ces institutions est de la plus haute importance; elle va de pair avec la grande affaire de la *ligue douanière* à laquelle va accéder le Piémont. Voilà Pie IX le promoteur de tout le mouvement libéral, et la Papauté à la tête du siècle. Qui l'eût dit, il y a dix-huit mois ! Maintenant je ne donne pas trois mois à tous les princes d'Italie pour qu'ils se soient mis au pas. — Si Pie IX continue (et pourquoi non ?), il devient le chef moral de l'Europe, et il fera ce que n'ont pu faire ni Bossuet ni Leibnitz, il rétablira l'unité du christianisme,

J'ai toujours pensé que les plus grands événements religieux étaient liés à la régénération politique et morale de mon pays. »

Cependant des signes avant-coureurs, préludes et symptômes significatifs, avaient déjà averti le Pontife-Roi, et lui avaient permis de réfléchir sur la stabilité des tendresses populaires et la fidélité de ceux qui s'intitulaient « le peuple romain ». On avait commencé par les cris de Vive Pie IX ! On y ajouta d'abord régulièrement : « Vive l'Italien ! » puis bientôt : « A bas les Jésuites ? »

La stupide et inutile révolution qui éclata en France, en février 1848, et qui eut pour effet de renverser la monarchie du roi Louis-Philippe, eut un fatal contre-coup à Rome. Privé d'un appui sérieux et désintéressé, tel que le gouvernement du roi Louis-Philippe, le Souverain Pontife perdait en même temps les sages conseils de l'ambassadeur français. Les modérés de Rome abandonnèrent la direction du mouvement qui allait passer aux mains de chefs révolutionnaires aussi violents que dépourvus d'intelligence. « Ce n'est point qu'il manquât à Rome de modérés, mais ceux-ci n'avaient point tous le courage de leurs opinions. Ne se jugeant pas assez appuyés par le pouvoir, ils s'allièrent aux radicaux et, par faiblesse, abandonnèrent la cause des réformes pour la cause de l'indépendance. C'était s'épargner des embarras et se ménager à peu de frais les avantages d'une facile popularité. »

Est-il besoin de le dire, le comte Rossi éprouva une

profonde douleur en apprenant la chute de la dynastie qu'il servait avec tant de dévouement et tant d'intelligence. Il songeait en même temps au gouvernement du Saint-Père, à cet échafaudage d'institutions nouvelles qu'un souffle pouvait renverser et à la consolidation duquel il travaillait avec tant de passion, avec tant d'ardeur.

M. le colonel de Saussure à l'obligeance de qui nous devons de précieux détails inédits sur le séjour de Rossi à Genève, nous a cité un trait caractéristique. Dès qu'on apprit à Rome la révolution parisienne du 24 février 1848, les républicains français qui se trouvaient dans cette ville crurent devoir se réunir et se rendre chez M. Rossi, pour lui annoncer d'une manière assez insolente qu'ils ne le reconnaissaient plus comme représentant de la France, et qu'il eût à céder la place à l'un d'eux qui prendrait provisoirement la direction des affaires. Un Genevois, curieux de voir comment allait se passer l'entrevue, arriva avec le cortège jusque dans le salon de Rossi. Il m'a raconté, nous dit M. de Saussure, ce qu'il avait vu et entendu. Il me refit, peu de temps après, le discours de Rossi presque en entier, mais je ne m'en souviens que sommairement.

Rossi reçut cette députation qui entra d'une manière un peu tumultueuse, avec un calme parfait qui en imposa de suite. Puis, après avoir laissé parler l'orateur, l'ex-diplomate répondit que le roi Louis-Philippe ayant abdiqué, il ne se considérait plus comme ambassadeur, et qu'il était fort inutile de lui rappeler qu'il ne l'était plus. Puis il ajouta qu'ayant vécu pendant dix-sept ans dans une république, il avait pris une part active aux affaires de ce pays, et que le mot de république par conséquent ne l'effrayait pas.

Quand il eut terminé, la députation, qui était venue dans des intentions hostiles, se trouva subjuguée et sous le charme des paroles qu'elle venait d'entendre, et les bons républicains français se retirèrent en saluant respectueusement.

Rossi ne quitta point Rome immédiatement. Dès que son successeur, le duc d'Harcourt, nommé fort judicieusement à ce poste par M. de Lamartine, fut arrivé, il abandonna le palais Colonna, installa peu de temps après sa famille dans les environs de Rome, et prit un appartement au palais Buonacorso, sur le Corso.

Le 6 avril 1848, il écrivait la lettre suivante à M. Guizot :

« Cher ami, je ne viens pas vous dire avec quel vif et tendre intérêt je pensais à vous et aux vôtres, en apprenant la péripétie qui a éclaté sur la France comme un coup de foudre. Notre vieille amitié vous l'a déjà dit. Vous n'êtes pas de ceux qui ont besoin de paroles pour comprendre un sentiment et du courage d'autrui pour soutenir un revers.

» On me dit que vos filles sont auprès de vous; mais je ne sais où se trouvent votre fils Guillaume et madame votre mère. — Quel spectacle lui était encore réservé! — Mais je le sais, elle est la femme forte par excellence. Rappelez-moi, je vous prie, au bon souvenir de tous. J'y tiens plus que jamais.

» Je voudrais que vous pussiez porter jusqu'au Roi, à la Reine, à toute la famille royale, l'hommage de mon respect et de tous les sentiments qu'ils me connaissent. Ma gratitude

— 186 —

ne se mesure pas à la puissance et à la prospérité des personnes qui y ont droit.

» Je ne vous parle pas de la France, nous n'en recevons ici les nouvelles que fort tard et, je crois, fort mal.

» L'Italie est profondément agitée. C'est la question nationale qui l'emporte et domine toutes les autres. L'élan est général, irrésistible. Les gouvernements italiens qui ne le considéreraient pas y périraient. Mais on se tromperait si on croyait que l'Italie est communiste et radicale. Les radicaux n'y exercent une influence que parce qu'ils ont eu l'adresse de se mettre à la tête du parti national et de cacher toute autre vue. Par eux-mêmes, ils ne sont encore ni nombreux ni acceptés du pays. Ils le deviendraient probablement si le parti national qui est le pays tout entier, rencontrait une longue et vigoureuse résistance, et s'il était entraîné par désespoir à des mesures violentes. Si l'Autriche faisait demain pour la Lombardie et la Vénétie ce que le roi de Prusse a fait pour le duché de Posen, je crois que la Péninsule pourrait être conservée à la cause de la monarchie et de la liberté régulière. La république proclamée à Venise n'est pas une imitation de Paris, mais une réminiscence vénitienne. C'est comme le fait de Sicile, une boutade de l'esprit municipal qui est fort affaibli en Italie, mais est loin d'y être éteint. Si la paix leur arrivait promptement, il donnerait aux Italiens pas mal d'embarras et de querelles. Si la guerre se prolonge, la fusion s'opérera surtout dans les camps, au feu du radicalisme et dans son creuset.

» Je reste provisoirement à Rome [1]. Mon fils Alderan qui

---

1. Par suite de singulières circonstances, cette lettre écrite par le comte Rossi, le 6 avril 1848, ne fut remise entre les mains de M. Guizot qu'au mois de décembre 1857. En partant de Rome, l'ex-ambassadeur de France Pellegrino Rossi et le prince Albert de Broglie, alors premier secrétaire de l'ambassade de France, remirent à la duchesse de Dalberg, alors à Rome, deux lettres destinées à M. Guizot et que la duchesse devait faire parvenir en Angleterre par l'entremise de sa fille lady Granville. — La commission ne fut pas faite et les lettres furent égarées. Ce ne fut que neuf ans après que lady

a quitté immédiatement la sous-préfecture d'Orange est à Marseille avec ma femme. Je vais les appeler à Rome. Grand Dieu ! serions-nous donc menacés de devenir un grand canton de Vaud, ou bien pis, un Saint-Domingue ? »

La chute du roi Louis-Philippe rendit le comte Rossi à la vie privée, mais ce ne fut pas pour longtemps. Au mois d'avril, il faisait un voyage en Toscane et s'arrêtait à Carrare, sa ville natale. Bientôt après, reprenant sa première nationalité, il était nommé député par la ville de Bologne, et le pape Pie IX allait l'appeler dans ses conseils.

Granville, retrouvant ces lettres dans un paquet qui n'avait pas été ouvert, les renvoya à M. Albert de Broglie. « Après la chute de la monarchie de 1830, et
» dans ma retraite en Angleterre, écrit M. Guizot dans ses *Mémoires*, je ne
» reçus de M. Rossi aucune lettre, aucune nouvelle. Je m'étonnai silencieuse-
» ment et tristement. Il n'était pas de ceux de qui j'attendais la peur et l'oubli.
» La tardive découverte de cette lettre me fut un vrai soulagement ; elle me
» délivra du triste mécompte qui s'attachait pour moi à la mémoire de
» M. Rossi. »

LIVRE SIXIEME

ROME (3ᵉ Partie)
1848

En quittant le palais Colonna, l'ancien ambassadeur du roi Louis-Philippe alla s'installer dans un appartement situé sur le Corso, au coin de la place Colonna. Presque en face se trouvait la librairie française de Merle, célèbre rendez-vous des lettrés. Depuis longtemps, dans cette boutique, de même qu'à Florence, chez les libraires Botta, se réunissaient pour causer, à certaines heures de la journée, les hommes politiques, les étrangers et les savants. Rossi y rencontrait ses amis et s'entretenait avec eux des grands événements qui se passaient en Europe et dont le contre-coup allait bientôt se faire sentir à Rome d'une façon si violente et si tragique.

Au commencement du mois d'avril, comme il a été mentionné à la fin du précédent livre, Rossi avait fait un voyage en Toscane. Il revint ensuite à Rome et loua pour la saison d'été une modeste maison de campagne à Frascati.

Ce fut durant cet été de 1848 qu'il écrivit trois fragments restés inédits, intitulés : *Lettres d'un Dilettante de la politique sur l'Allemagne, la France et l'Italie*. Ces lettres pleines d'âme, remplies de sens politique, adressées à une dame anglaise, débutaient par des paroles bien dignes d'un poëte et d'un patriote. Elles dévoilent tout ce qu'il y avait d'imagination, d'ardeur, de passion et d'élans de cœur sous ce masque d'impassibilité et sous cet air dédaigneux de philosophe désabusé et de politique sans illusion.

« Vous souvenez-vous, disait-il, des vers de votre poëte Byron sur le cadavre de la Grèce? Eh bien! pour vous, pour moi, pour quiconque a l'amour de la poésie, de la science, de la civilisation, la Grèce et l'Italie sont deux sœurs diverses d'âge, égales de beauté et de gloire. Elles étaient muettes l'une et l'autre; mais depuis que la première est presque ressuscitée, vous ne pouviez me réciter ces beaux vers, sans que cette pensée se tournât douloureusement sur celle qui gisait toujours belle, mais inanimée et froide. Dieu soit béni ! Nous avons donc vu ce sein se gonfler de nouveau du souffle de la vie, ces joues se colorer et ce bras se lever. Et la première action a été un combat, une victoire, un prodige ! Vous femme, vous avez pleuré d'admiration et de joie; moi homme, en rira qui voudra, j'en ai pleuré comme vous. »

Dans ces lettres, il soulevait la nécessité, l'urgence de mettre fin à toutes les divisions, de se rallier au roi Charles-Albert, de créer (ce qui devait arriver un jour), un royaume de l'Italie du Nord, comprenant la Lombardie, la Vénétie, Parme et Modène. Il indiquait au Pape, comme seule ressource, de prendre franchement en main la cause italienne.

Plusieurs collèges électoraux l'avaient nommé député, notamment Carrare, sa ville natale, qui l'envoyait au Parlement toscan. Il n'avait pas accepté. — Il hésitait sur le choix d'une patrie locale : il voulait avant tout être Italien. Ce fut à la veille d'accepter du Pape la mission de composer un ministère que Rossi décrivait en ces termes dans une lettre intime sa situation d'esprit :

— « Il faut un corps de fer pour ne pas tomber malade dans ce malheureux temps et je comprends que l'ami Giordani ait pris vite le chemin de l'autre monde. Je ne le plains pas, lui, mais nous... J'étais résolu, et je le suis encore, à rester dans ma patrie. Les malheurs de l'Italie ne me font pas changer d'avis; ils me confirment, au contraire, dans mon dessein ; mais je ne suis pas moins résolu à ne point redevenir un *sujet modenais* et à ne point vouloir habiter une terre soumise aux baïonnettes autrichiennes. J'ai quitté pour cela l'Italie, il y a trente ans; j'ai accepté le sort du proscrit. A mon âge, on ne recommence pas ce jeu. Je veux redevenir Italien, non émigré. Le Pape a levé tous mes doutes. Sa Sainteté a daigné, pour la seconde fois, faire appel à mon concours pour la formation d'un ministère... j'ai adhéré aux désirs de Sa Sainteté. Je reste Italien, mais à Rome, et avec l'espérance que mon concours ne sera pas inutile à l'Italie et à ses institutions nouvelles. Je sais quelle difficile entreprise j'accepte; je sais que je trouverai des obstacles et des empêchements là où je devrais trouver encouragement et secours. Je ferai néanmoins ce que je pourrai pour satisfaire ma conscience d'homme, de citoyen, d'Italien, laissant, comme j'ai toujours fait, les misérables et les fous s'agiter et clabauder à leur aise. »

Ces plans généreux et grandioses, l'ancien ambassadeur du roi Louis-Philippe, l'ex-Pair de France, le comte français Rossi, allait bientôt être appelé à les défendre utilement, de concert avec son nouveau Souverain, le Pape Pie IX [1].

Redevenu sujet romain, il allait désormais, en serviteur fidèle, consacrer toute son intelligence, tout son dévouement au Pape Pie IX, successeur du Pape Pie VII, sous le pontificat duquel, en 1815, le jeune chevalier Rossi, commissaire civil du roi Joachim-l'Italique, vaincu, exilé, avait dû quitter le territoire du Saint-Siège.

Entré dans les conseils du Pape au mois de septembre 1848, le comte Pellegrino Rossi devait être assassiné moins de deux mois après. Ainsi se confondent les fastes de ce ministère à la fois si court et si plein avec les préliminaires du crime conçu et préparé le jour même où le nouveau ministre prenait possession du pouvoir.

---

1. Dans sa célèbre *Lettre sur l'Histoire de France*, adressée de Londres au prince Napoléon, le 15 mars 1861, M. le duc d'Aumale, parlant de l'Italie de 1848, de la politique suivie par le Roi son père dans la Péninsule, et, incidemment, de Rossi, s'exprimait ainsi :

« J'aime à me rappeler quelle influence le gouvernement de Juillet avait exercée sur l'Italie par l'action pacifique de son exemple. J'aime à me rappeler que lorsque le trône de Louis Philippe s'est soudainement écroulé, Naples et Florence avaient des institutions constitutionnelles; que l'ambassadeur du roi des Français, qui *avait l'âme comme il avait les traits du Dante*, était l'appui d'un Pontife libéral et le conseiller et le modérateur de la révolution qui s'opérait à Rome. »

Nous avons dit, au préambule de cet ouvrage, par suite de quelles machiavéliques insinuations les auteurs du meurtre, effrayés par la réprobation unanime de la conscience publique, avaient tenté de faire peser sur d'autres les responsabilités terribles de l'attentat. La fable, quoique grossière, fut mise en circulation avec une audacieuse impudence. Rossi, le grand ministre libéral de Pie IX, le conseiller, l'initiateur des réformes compatibles avec le gouvernement pontifical, l'homme d'État dont le génie avait rêvé pour le Souverain Pontife la présidence de la Confédération italienne, avait été, comme nous l'avons vu au temps où il représentait le cabinet des Tuileries auprès du prédécesseur de Pie IX, Grégoire XVI, l'adversaire de l'ordre des Jésuites. C'était, en effet, à la suite de ses négociations, que les Jésuites établis en France avaient été forcés, en vertu d'un bref papal, de fermer une grande partie de leurs établissements.

Partir de là pour accuser l'ordre des Jésuites d'avoir armé le bras de l'assassin, après avoir organisé le complot révolutionnaire qui devait faire disparaître leur ennemi, semble, au premier abord, pour tout esprit sensé, d'une invraisemblance monstrueuse. Devant cette ridicule calomnie, les comités révolutionnaires n'hésitèrent point et cherchèrent à égarer l'opinion. Il nous est même parfois arrivé de rencontrer des hommes honorables et instruits, quelque peu naïfs, il est vrai, ajoutant foi encore à cette grotesque légende. Devant nos rires, l'un d'eux dernièrement se contentait de hocher la tête d'un air d'incrédulité.

« Quoi qu'il en soit, nous disait-il, ce meurtre est entouré de grands mystères : souvenez-vous de certain mot du roi Charles-Albert qui, lui aussi, rêvait, comme Rossi, l'affranchissement de l'Italie : « Je suis placé entre » deux dangers : le poignard des Carbonari et le chocolat » des Jésuites ! »

Ce qui a aidé la propagation de la fable du comte Rossi assassiné par la main des prêtres, tient à deux causes. La première est le nombre des conjurés et des complices, circonstances résultant, malheureusement, de l'inertie de tout un peuple ; la seconde est l'apparente impunité si longtemps accordée aux assassins [1].

---

[1]. Le hasard a mis dernièrement entre nos mains une brochure publiée à Bruxelles en 1851, sous ce titre : *Histoire du Pape Pie IX et la dernière révolution romaine (1846-1849)*, par Victor Borie, précédée d'une préface, par Pierre Sterbini, ancien ministre du Commerce et des Travaux publics. Ce pamphlet diffus, mal écrit, plein d'erreurs historiques, placé sous le patronage d'un des promoteurs de l'assassinat de Rossi, est l'œuvre d'un rédacteur du *Siècle*, connu jadis par des ouvrages d'agriculture. Quoi qu'il en soit, il est intéressant, parce qu'il résume bien l'opinion des républicains italiens et français de cette époque. Le meurtre de Rossi pesait tellement sur leur tête, qu'afin d'en atténuer l'horreur, il n'est point d'effort qu'ils ne firent pour dénaturer les sentiments de la victime et la rendre odieuse.

Nous citons : « Les libéraux voyaient en lui un ennemi ; le parti prêtre n'y voyait qu'un instrument et il s'inclinait avec déférence devant lui, sauf à le *sacrifier* impitoyablement le lendemain de la victoire. Il est certain que le comte Rossi était *plus détesté des prêtres* que des patriotes. Pour ces derniers, il n'était qu'un adversaire ; pour les autres, c'était un homme vain et orgueilleux, devant lequel ils étaient obligés de s'humilier dans l'intérêt de leur puissance menacée..»

» L'Autriche n'était plus la seule ennemie que la nation romaine eût à redouter. A côté du nom détesté de Metternich se plaçait un autre nom, objet de la haine et des malédictions publiques. Il est évident pour tous que l'esprit de Pie IX avait été complètement dompté, anéanti par la pression du parti prêtre et des Jésuites. Son cœur paternel avait cessé de battre. Pie IX, livré aux Jésuites, n'était plus « *qu'un bâton dans la main d'un vieillard* »,

Le récit qu'on va lire donnera l'explication la plus complète et la plus satisfaisante de cette complicité résultant de l'insouciance et de l'égoïsme bizarre inhérent au caractère romain [1]. Quant à l'impunité ou tout au moins aux retards incroyables apportés à la répression du crime, ils trouvent, sinon leur excuse, du moins leur

selon la vigoureuse expression des instituts de la Compagnie de Jésus. Au-dessus de tous, se plaçait un homme, possédant la fermeté qui manquait au Saint-Père, l'expérience et la science des révolutions qui manquaient à ses conseillers habituels. Le comte Rossi devait couper court à ces velléités libérales, qui, après des siècles de sommeil, cherchaient à troubler la grave oisiveté des cardinaux et des prélats. Le comte Rossi était bientôt devenu, à Rome, la personnification la plus odieuse du despotisme clérical appuyé sur la force....... Tout contribuait à assombrir les esprits, tout faisait prévoir que les libertés romaines allaient avoir à soutenir une lutte suprême....... Mais une main sortit de la foule et, frappant le vrai coupable, sauva des milliers de victimes. »

Puis aux injures succèdent les calomnies les plus sottes. « Lorsqu'on apprit à Pie IX la fin malheureuse de son premier ministre, dit M. Borie, le Pape ne trouva dans son cœur qu'une seule parole pour cet homme, qui venait de se sacrifier au triomphe de la Papauté : « Imprudent ! »

» La main qui frappa était-elle guidée par l'esprit libéral ou par *le fanatisme clérical* ? C'est encore un mystère. Il y a deux ans (1851) que le procès s'instruit : on a emprisonné une centaine d'accusés, et on n'a encore rien découvert sur cette ténébreuse conspiration racontée avec tant de détail par les historiens de la Papauté. N'y aurait-il rien de vrai au fond de ces audacieuses accusations ? *Pourquoi les prêtres tiennent-ils caché le résultat de cette longue instruction* ? L'avenir le dira peut-être ! »

L'avenir « l'a dit » et le 17 mai 1854, après de longs débats contradictoires et de nombreuses comparutions de témoins, les principaux coupables furent condamnés.

On a rien trouvé qui pût compromettre les Jésuites ! Ceci toutefois ne sera jamais une raison pour convaincre M. Victor Borie et ses amis du *Siècle*.

1. Le procès des assassins du comte Rossi, auquel nous avons emprunté, d'après les interrogatoires et pièces authentiques, la plus grande partie de notre récit, ne fut terminé qu'en 1854. Le 17 mai seulement de cette année, le Tribunal Suprême de la Sacrée Consulte rendit sa sentence. Deux des assassins, ainsi que nous le verrons plus loin, furent condamnés à mort. Grandoni s'étrangla dans sa prison ; Santa Constantini seul fut exécuté.

explication dans les longs troubles qui suivirent l'assassinat du comte Rossi, encore plus que dans les lenteurs habituelles de l'administration et de la justice dans les États pontificaux. Il ne faut point perdre de vue, en effet, que le lendemain du 15 novembre 1848, ces mêmes conjurés qui avaient préparé, ordonné et exécuté le crime, achevèrent leur œuvre, comme nous le verrons, en assiégeant le Pape dans son Palais, et, après des violences et des outrages sans nom, le forcèrent à quitter Rome afin de pouvoir à leur gré proclamer la République. Ceci étant, il faut avouer que, si c'eût été à l'instigation des Jésuites que les conjurés égorgèrent le ministre libéral, les Jésuites eussent été de bien sots personnages, ce crime ayant eu pour résultat de renverser de son trône et de chasser de Rome le chef vénéré des catholiques.

Pellegrino Rossi avait été appelé dans les conseils du Pape, le 16 septembre 1848, en qualité de ministre de l'Intérieur, chargé en même temps de la Police et des Finances. Le cardinal Soglia était maintenu au secrétariat d'État qu'il occupait déjà sous l'administration précédente.

Le nouveau ministère était ainsi composé : le cardinal Soglia, aux Affaires étrangères, président du Conseil ; le comte Pellegrino Rossi, Intérieur ; le cardinal Vizzardelli, Instruction publique ; l'avocat Cicognari, Ministère de Grâce et Justice ; le professeur Montanari, Commerce ; le duc de Rignano, Travaux publics ; le général Zucchi, Guerre ; le comte Guarini, ministre sans portefeuille ; Th. Righetti, substitut pour les Finances. Sur neuf membres composant le ministère, sept étaient laïques.

Un cabinet révolutionnaire abandonnait le pouvoir. Le comte Mamiani [1] laissait le pays troublé, les finances surtout dans un état complet de désorganisation. Deux millions de papier-monnaie, hypothéqués sur les biens de l'Église, avaient pourvu aux besoins du moment, tout en engendrant la méfiance dans le public et la rareté du numéraire. L'inquiétude générale, les troubles de la rue ruinaient le crédit et tarissaient la source de la richesse publique. Dans ces temps critiques, un homme de génie pouvait seul restaurer le pouvoir chancelant du Saint-Père. Rossi était à la hauteur d'une telle mission : les efforts prodigieux qu'il tenta, l'énergie qu'il déploya pendant les deux mois de son passage aux affaires, font entrevoir ce qu'il aurait accompli si ses ennemis lui en eussent laissé le temps.

1. Le comte Terenzio Mamiani della Rovere, né à Pesaro, dans les États de l'Église, en 1800, se mêla très jeune aux mouvements révolutionnaires, prit une part active, en 1833, au soulèvement de la Romagne. La Révolution, comprimée par les Autrichiens, Terenzio Mamiani, réfugié en France, forma, avec Léopardi, un comité de propagande, dont il eut la présidence. « Mamiani, esprit indépendant et religieux, tentait de relever le courage de ses compatriotes, en répandant les principes d'une philosophie qui était un compromis entre la raison et le sentiment, la science et la foi, et où le poète se laissait facilement deviner. » L'avènement de Pie IX et les troubles qui précédèrent la Révolution, le ramenèrent en Italie. Il refusa l'amnistie qui réclamait le désaveu du passé, et rentra à Rome sans condition. En 1848, il prit place parmi les membres du parti libéral modéré, et accepta le ministère de l'Intérieur (3 mai). Sa situation était des plus difficiles. Placé entre les répugnances ou les terreurs du Pape et les exigences de la démocratie, il représentait un parti modéré qui n'existait pas et fut presque forcé, pour combattre les aspirations du parti noir et les intrigues autrichiennes, d'accepter les avances et les coopérations du parti mazzinien. Son but principal, le rêve qu'il caressait, était l'indépendance de l'Italie, et il voulait former une ligue

« D'une taille élevée plutôt qu'élégante, dit un historien de cette époque, M. Balleydier, Pellegrino Rossi était, au physique comme au moral, sec, raide et bilieux. Spirituel, doué d'un sens exquis et d'une rare pénétration, connaissant toutes les fibres du cœur humain, la froideur de son sourire, l'ironie de son regard, le dédain de son geste lui avaient fait autant d'ennemis que l'élévation de sa politique. D'une intelligence souple et forte, d'un caractère passionné, maître de soi-même, d'une finesse qui cependant excluait l'hypocrisie, réservé, mais entreprenant suivant les circonstances, improvisateur concis, orateur entraînant, il charmait par la poésie de sa parole et persuadait par la vigueur de son argumentation. Sans rival pour la direction des affaires, sans

contre l'Autriche. En politique, il était le partisan de la monarchie constitutionnelle. — « Mamiani, esprit légèrement chimérique et révolutionnaire, honnête, si on le compare aux Sterbini et aux Mazzini, avait prétendu servir deux maîtres à la fois. Il réussit à les perdre tous les deux successivement, sans avoir contenté ni l'un ni l'autre. » Il abandonna le Cabinet, le 8 août, impopulaire, mal vu du Quirinal, suspect au parti avancé, et se retira à Turin, où il fonda, avec l'abbé Gioberti, la société de l'Union italienne. Après l'assassinat de Rossi, 16 novembre, et la fuite du Pape, il accepta un portefeuille, avec l'abbé Rosmini et Galletti. En désaccord avec ses collègues, il donna sa démission en décembre 1848. Resté à Rome, il fut sauvé par l'ambassadeur de France, duc d'Harcourt; il se montra favorable à l'occupation française, qui seule pouvait éviter à Rome l'occupation autrichienne. Il s'établit alors à Gênes, où il vécut depuis.

En 1860, il fit partie du ministère présidé par le comte de Cavour et, l'année suivante, il était envoyé en mission en Grèce, plus tard en Suisse. Poète distingué, savant jurisconsulte, chef d'une philosophie plus attrayante qu'originale, sorte de compromis entre le scepticisme dogmatique de Kant et le sentimatalisme de Gioberti, il a laissé de nombreux ouvrages de poésie et de philosophie. — Nous l'avons connu à Turin en 1859. C'était un vieillard aimable, mais que les politiques ne prenaient pas au sérieux. Au moment où il fut nommé ministre en Grèce, il venait d'épouser une toute jeune fille.

Le comte Mamiani est mort à Rome, le 10 mai 1885.

exagération dans la théorie, sans préjugés dans la pratique, Rossi avait, dans les dernières années de sa vie, complété ses études humanitaires par celle de la religion. Les orages de la politique n'avaient point éteint chez lui le flambeau de la foi, conservée pure dans l'élévation de son esprit éminemment catholique. »

Dès son entrée aux affaires, Rossi ne dissimula point son but : il voulait remettre de l'ordre dans les finances et réprimer l'anarchie. Faut-il s'étonner qu'il soit devenu, sur l'heure, l'objet de la haine irréconciliable des révolutionnaires ? Il voulait, tâche bien difficile, restaurer l'autorité papale et organiser les libertés nouvelles.

Les républicains, guidés par Mazzini[1], comprirent aus-

---

1. Joseph Mazzini, né à Gênes en 1808, mort à Pise en 1872, était fils d'un médecin. Reçu docteur en droit, il ne tarda pas à abandonner le droit pour la politique. Dès 1830 il fut affilié à la société secrète des *Carbonari*, et la jeunesse génoise s'inclinait déjà devant son intelligence, l'austérité de ses mœurs et son éloquence précoce. Exilé en 1831, par le gouvernement du roi Charles-Félix, il se réfugia à Marseille. C'est là qu'il fonda la société « *la Jeune Italie.* » La nouvelle association devait remplacer le Carbonarisme, dont les lenteurs et la circonspection impatientaient son ardent patriotisme. *Dio e Popolo*, Dieu et le Peuple, exprimait l'idée fondamentale de la doctrine du jeune chef, qui prétendait appuyer la démocratie naissante sur la religion. Cette devise hypocrite fut plus d'une fois utile à Mazzini qui cherchait, auprès de ses adeptes, à s'entourer de mystère et à jouer le rôle de prophète. L'affranchissement de l'Italie était le but de l'association. Pour y arriver, tous les moyens étaient considérés comme bons. A ses débuts, Mazzini n'hésita point à faire appel aux nobles, aux prêtres libéraux, aux mécontents. Après avoir séjourné en Suisse, d'où il étendit son action sur l'Italie, il s'établit en 1840 à Londres, qui devint son quartier général. Les comités révolutionnaires de France reconnurent son action et s'y soumirent aveuglément : tel était le prestige de son indomptable énergie !

Après l'avènement de Pie IX, il voulut bien (sept. 1847) écrire au Souverain Pontife pour le féliciter de sa généreuse initiative et l'encourager dans l'œuvre de résurrection de la patrie commune. La révolution de février 1848 le trouve à Paris où il préside un club, et reçoit l'accolade de Lamartine. Il apparaît

sitôt que si cet homme de génie prenait en main la direction du parti libéral et devenait l'âme de l'Italie; c'en était fait désormais de la Révolution... Elle devenait inutile et se voyait à jamais vaincue. Rossi fut sur-le-champ entouré d'ennemis invisibles et de détracteurs: doit-on en être surpris? Ses amis ne se recrutaient que parmi les hommes de probité et de courage: à Rome, comme partout ailleurs, ceux-là sont rares.

Si le grand ministre ne put rien achever, les projets qu'il prépara suffiraient à illustrer une longue carrière

---

bientôt en Italie, à Gênes, à Milan, à Lugano d'où il lance des manifestes et des proclamations.

Après l'assassinat de Rossi, 15 novembre 1848, et la fuite du Pape, il apparaît à Rome arbitre de la situation et acclamé par 9,000 suffrages. Le 18 mars, il fait un appel à la concorde, et exhorte Rome à s'allier au Piémont monarchique. Il est proclamé Dictateur, faisant partie du triumvirat avec les chefs Armellini et Saffi, et, fidèle à sa devise, fait célébrer en grande pompe les fêtes de Pâques dans la cité veuve de son Pontife. La constitution républicaine est rédigée, votée, promulguée, et il entame avec M. de Lesseps, l'envoyé de la République française, des négociations qui ne furent point ratifiées par le général Oudinot et le gouvernement de Paris. Il soutient le siège de Rome et veut porter la guerre dans la province. La ville prise par les Français, il se réfugie en Suisse et repasse bientôt en Angleterre. Président du comité international, il contracte avec Kossuth et Ledru-Rollin le fameux emprunt mazzinien qui doit lui servir à soulever l'Italie. En 1853 à Milan, en 1857 à Gênes, à Livourne, il exécute des soulèvements aussitôt réprimés, tandis que son lieutenant Pisacane fomente la révolution dans le royaume de Naples. En 1859, il se tient à l'écart, mais exprime ses droits par l'alliance de la France avec le Piémont. Il tente, et parvient même à arracher la conduite de la révolution aux mains du comte de Cavour. Il est impliqué en France dans tous les complots contre l'Empereur. — Elu député en Sicile (1864), il ne siège pas, et se prononce énergiquement contre la politique du roi Victor-Emmanuel. L'année 1868 le voit à la tête de l'alliance républicaine universelle. Mais le territoire de l'hospitalière Confédération suisse lui est interdit et il repasse à Londres. Rentré en 1869 sur le continent, il se hasarde à Gênes, de là à Palerme. Arrêté et emprisonné à Gaëte, il est rendu à la liberté après la prise

administrative. Dès le début il demande des subsides au Clergé, et en obtient vingt-deux millions. Sans tarder, il entreprend la réorganisation civile des États romains. En même temps, il négocie à Naples, à Turin, à Florence pour mettre à exécution un plan déjà ancien et indiqué par Pie IX, celui d'une Confédération italienne dont le Pape aurait la présidence, ce qui permettait, en sauvegardant l'unité de la Péninsule, de réserver l'autonomie intérieure de chaque État.

Détail peu connu et curieux à rappeler, le cabinet de Turin prit ombrage de ces propositions. La vieille ambition piémontaise s'en émut et trahit à ce propos ses futurs desseins d'hégémonie. Le gouvernement sarde opposa au plan présenté par Rossi, cette singulière condition que le Royaume de Naples, le plus puissant de l'Italie, resterait en dehors de la Confédération.

Mais, en dépit de ces mauvais vouloirs, on ne mettait pas

---

de Rome par l'armée italienne, en 1870. Au mois de février, il fonde un journal *Roma del popolo*, où plus tard, il blâme énergiquement l'insurrection parisienne du 18 mars et ses suites qu'il qualifie « d'orgie de fureur et de vengeance » et sans ménager les adhérents de la Commune qui n'étaient pour lui que des fous malheureux.

Cette attitude fut très remarquée en Europe, et ce jugement de l'apôtre, du grand maître, affecta vivement les chefs de la Commune de Paris.

Depuis, Mazzini a continué, autant que le lui permettaient sa santé délicate et son tempérament grêle, à s'occuper de politique et à provoquer des congrès populaires, entre autres le congrès des ouvriers de Rome en septembre 1871. Il mourut à Pise, le 11 mars 1872. Le gouvernement italien lui fit de solennelles funérailles auxquels assistèrent les députations des corps constitués et des corporations du royaume. Il n'eût tenu qu'à Mazzini de finir président du Conseil du roi d'Italie. Sans ambition personnelle, il jouit durant toute sa vie d'un immense prestige et d'une mystérieuse influence. Avec Cavour et Garibaldi, il peut être considéré comme le véritable fondateur de l'unité italienne. Les œuvres de Mazzini, 12 volumes, ont été publiées à Milan en 1861.

en doute que l'habileté diplomatique de Rossi et la netteté lumineuse de ses raisonnements ne parvinssent à dominer l'opinion générale en Italie, comme sa parole dominerait le Parlement romain.

« Le suprême Pontificat, déclara-t-il un jour, est la seule grandeur qui soit debout, la seule qui restant à l'Italie, lui attire le respect et les hommages du monde catholique[1]. »

Une autre fois, certains journaux ayant paru mettre en doute la sincérité du zèle et des convictions de Rossi, ancien conspirateur :

« Pour réprimer les factieux, dit-il, je monterais à cheval et je combattrais de ma personne : on n'arriverait au Pape qu'en me passant sur le corps. »

Pour prouver son autorité et sa volonté bien arrêtée de ne point faiblir, il rappela à Rome, dès son arrivée au pouvoir, les carabiniers que le comte Mamiani avait envoyés en province pour complaire aux vœux des révo-

---

1. Ces paroles du comte Rossi prononcées par lui en 1848, peu de semaines avant sa mort, sont frappantes. Malgré moi, lorsque j'entends parler (1886) de l'éventualité du départ de Rome du Pape, je les rapproche d'une conversation que j'eus à Paris en 1873 avec M. Rattazzi. L'ancien président du Conseil des ministres du roi Victor-Emmanuel, qui occupait encore à cette époque, en Italie, une situation importante, me dit ceci en propres termes : « Je ne suis pas » clérical, mais je suis catholique et avant tout Italien. Or, je suis absolument » persuadé que le départ du Pape de Rome serait funeste et fatal à l'Italie. » Voilà pourquoi, tant que je vivrai, j'emploierai mes efforts pour que notre » gouvernement s'arrête sur la pente des excès et ne force pas le Pape à aban- » donner Rome. La Papauté à Rome sera toujours pour l'Italie une gloire, un » prestige, une force, elle ne sera jamais un danger. Pourquoi ferions-nous » bénéficier une autre puissance de ces incontestables avantages ? »

— 203 —

lutionnaires. Il faisait en même temps arrêter à Bologne le père Gavazzi dont les prédications révolutionnaires faisaient pressentir la prochaine apostasie [1].

Le 25 octobre, à l'occasion de désordres commis au Ghetto et de violences exercées contre les Juifs, le ministre de l'intérieur Rossi s'exprimait ainsi dans une proclamation :

« Les violences exercées contre des hommes qui, nés au milieu de nous, appartiennent à la même société, ont droit à la même protection, sont indignes d'un peuple instruit et généreux. Elles nous dégraderaient aux yeux des autres nations si elles n'étaient hautement condamnées par tous les bons citoyens et promptement réprimées. »

L'attitude de Rossi stupéfiait les Romains. On disait tout

---

1. Voici comment un spirituel doctrinaire de France jugeait les efforts du grand Italien. Cette lettre de M. Doudan adressée au jeune prince de Broglie, qui avait été jadis secrétaire du comte Rossi, est particulièrement curieuse :

« Coppet, mercredi 27 septembre 1848.

» Mon cher ami, je ne comprends rien à cette lettre que t'a écrite M. d'Harcourt pour engager M. Rossi à prendre les ordres du général Cavaignac. Il me semble que j'ai vu quelquefois M. Rossi jouer aux échecs avec son successeur à l'ambassade de France. J'ai quelque souvenir que c'était M. Rossi qui gagnait d'un air nonchalant, et M. le duc d'Harcourt qui perdait d'un air affairé.

Ainsi, M. Rossi est aujourd'hui le bouclier de l'Église! Je conçois qu'il se soit laissé tenter par la chance de débrouiller un peu ces grandes et malheureuses affaires. S'il ne s'endort, s'il peut veiller une heure avec le Pape, il peut conduire mieux qu'aucun Romain probablement la barque de Saint-Pierre à travers l'orage; mais toujours est-il qu'on m'aurait bien surpris, il y a dix ans, si l'on m'avait annoncé que M. Rossi tiendrait les trois clefs. Je voudrais être à Rome, pour le voir étendre et faire sécher le long du Tibre ses filets rompus. Quoiqu'il tente là une grande aventure, le jeu vaut bien la chandelle; il peut se faire une grande gloire au moment qu'il semblait en avoir fini avec la vie politique; ce n'est pas une petite puissance que d'être généralissime du clergé de tout l'univers par cette saison; mais gouverne-t-on le clergé? Peut-être bien, et tu le sais mieux que moi, si cela est.

bas que la Révolution avait trouvé son maître. Les honnêtes gens, enhardis par ces mesures d'ordre et reprenant confiance dans l'énergie du premier ministre, commençaient à respirer. C'est alors que les gens de la secte entrevirent la restauration d'un pouvoir fort, peut-être durable et sagement libéral. Rossi fut condamné à mort.

Avant d'aller plus loin, il nous paraît utile de remonter à quelques mois et d'entrer dans des détails, minutieux peut-être, mais indispensables, sur la conspiration qui amena l'assassinat du premier ministre du Pape et la proclamation de la République. Ces détails, que nous empruntons aux écrits et aux récits du temps, ainsi qu'aux pièces authentiques du procès, sont des plus instructifs. Ils reproduisent fidèlement la physionomie et le caractère des mœurs romaines, il y a quarante ans, et détruisent à jamais, nous en avons la ferme conviction, les erreurs et les mensonges accumulés sur cette lugubre tragédie.

Malgré ses concessions généreuses et ses sentiments italiens, Pie IX ne pouvait satisfaire les sectaires et les partisans de la Révolution. Dans sa Déclaration pontificale du 29 avril 1848, le Souverain Pontife, développant dans un magnifique langage l'histoire du gouvernement pontifical depuis trente ans, expliquait la double politique de l'Église, tantôt résistant aux injonctions des princes, tantôt « s'efforçant, comme à l'heure actuelle, de contenir les passions populaires, mais toujours semblable à elle-même au milieu de la mobilité des choses ». — La Révolution déchaînée dans toute l'Italie avait son siège à Rome. C'était là, auprès de cet admirable Pontife, dont la générosité et le libéralisme sincère ne pouvaient être mis en doute, que la secte, insatiable dans ses appétits de jouissance et de pouvoir, avait établi son quartier général.

Au commencement du printemps de 1848, une centaine d'individus, appartenant à différentes classes de la société, se réunissaient, l'après-midi, dans une villa située hors de la Porte-du-Peuple. C'était l'état-major de la Révolution. Tous obéissaient au mot d'ordre de Mazzini.

A la tête figuraient Pietro Sterbini, Terenzio Mamiani, Giuseppe Galletti et Angelo Brunetti. Ce dernier était connu dans toute la ville et surtout au Transtevère sous le nom populaire de *Ciceruacchio*.

Pietro Sterbini, né en 1795, à Frosinone (États romains), débuta par étudier la médecine en même temps que la poésie. Avant d'être conspirateur, il obtint un certain succès en 1827, en faisant représenter à Rome une tragédie, *la Vestale*. Laid, envieux, haineux mais intelligent, il était né démocrate. En 1831, lors de l'insurrection de l'Italie centrale, il s'efforça de faire proclamer la déchéance du Pape. « Ce n'était pas un homme de tête, dit Farini, mais de fantaisie, écrivain d'imagination, mais incorrect, ignorant tout excepté l'histoire de Rome païenne et de la Révolution française. » L'insurrection vaincue, il dut s'éloigner de Rome, où le ramena bientôt l'amnistie accordée sur les instances du trop libéral gouvernement français. Sterbini devint aussitôt un des plus actifs agents de la *Jeune Italie*. Forcé de s'enfuir, il se réfugia à Marseille, où il exerça la médecine jusqu'en 1846. Principal rédacteur, pendant trois ans, du journal républicain *Il Contemporaneo*, il fut président du Cercle populaire et député. Imposé au Pape comme ministre, le lendemain de l'assassinat de Rossi, auquel il prit part, — bien qu'il ait plus tard désavoué le crime, — il demeura au pouvoir après la fuite de Pie IX et sous le gouvernement républicain, à l'établissement duquel il avait puissamment contribué. La chute de la République romaine survenue, il passa en Suisse et de là en France. Cet exilé, plein de reconnaissance, crut devoir publier un poème sur la *Prise de Sébastopol*. Impliqué, en 1854, dans le procès des assassins de Rossi, il publia dans les journaux de Paris une protestation indignée, commençant par ces mots : « Une cause qui a recours à l'assassinat est une cause perdue! » Ces impudentes protestations et ces lâches aveux ne trompèrent personne. Ils complètent bien la physionomie de ce personnage mort à Paris en 1869.

Angelo Brunetti, surnommé le *Ciceruacchio* par sa mère, en raison de ses joues grosses et joufflues, était le fils d'humbles ouvriers pleins de probité. Actif et laborieux, mais d'une intelligence bornée, Ciceruacchio, d'abord charretier, puis loueur de chevaux, marchand de vins et de fourrages, avait un tempérament plein d'énergie et d'audace. Grand, robuste, vigoureusement trempé, la poitrine bombée, les épaules larges et carrées, coulé pour ainsi dire dans un moule antique, il était doué d'une force d'athlète. Bon et généreux, mais faible de caractère, il était affligé de deux vices capitaux, l'orgueil et l'ivrognerie. Depuis 1830, il faisait partie de la secte des *Carbonari*, ce qui ne l'empêcha pas, ainsi que la plupart des Italiens, de saluer avec enthousiasme l'avènement du Pape Pie IX. Il exerçait à cette époque, en 1848, une grande influence sur le peuple du Transtevère. Mazzini et les grands chefs de la Révolution jetèrent les yeux sur lui, pour en faire un instrument d'autant plus docile qu'il était moins intelligent. On flatta sa vanité, et au nom des grands mots de liberté, de patriotisme, d'égalité, on transforma l'honnête travailleur en conspirateur et en grossier tribun. Officier de la milice, il se crée une garde d'élite d'hommes tarés et flétris, composée du menuisier Materazzi, du sculpteur Bezzi, du tavernier Tafanelli et de quelques Romains, dont on parlera plus tard. — Ciceruacchio donnait le mot d'ordre des rassemblements, le signal des émeutes, présidait les banquets. Il devint bientôt à la mode. La vanité et l'ivrognerie avaient corrompu le nouveau tribun, qui ne tarda pas à devenir un instrument aveugle entre les mains des chefs révolutionnaires. Les grands seigneurs libéraux et la haute bourgeoisie contribuèrent à tourner la tête à Ciceruacchio. Il était de mode de l'inviter dans les palais. On voulait s'assurer les bonnes grâces de l'idole du peuple. L'homme eut le bon esprit de conserver ses habitudes, le costume écourté et ces allures du charretier, qui contribuaient tant à son prestige. Il n'était point orateur, ce qui diminuait son autorité dans un pays et sous un ciel où l'exubérance de langage et la facilité d'élocution sont des dons si communs. Lord Minto [1] recevait chez lui Ciceruacchio, et poussait la courtoisie et l'enthousiasme jusqu'à faire des vers pour son fils *Ciceruacchietto*.

Quant à Joseph Galletti, né en 1800, fils d'un barbier de Bologne, il avait commencé la vie par être apprenti coiffeur. Ayant montré des aptitudes pour l'étude, il se fit recevoir avocat, et lui aussi trempa dans la conspiration de 1831. Une première fois emprisonné pour vol d'argenterie dans un couvent, il fut depuis réincarcéré ensuite pour faux en écriture privée. Ces malheurs l'avaient naturellement conduit à se jeter dans les bras de la démagogie et les saints devoirs de l'insurrection. Gracié par le Pape Pie IX, on le vit « s'évanouir de gratitude à ses pieds et communier d'enthousiasme, avec

---

1. Lord Minto avait été envoyé, en 1847, à Rome, par Lord Palmerston pour fomenter la Révolution contre le Pape. La secte qui n'ignorait nullement l'objet de sa mission, l'accueillit avec joie. Elle l'entourait d'égards et, chaque jour elle dirigeait la foule sous les fenêtres du noble lord, qui, assez méprisant d'ordinaire pour le peuple, pratiquait l'égalité démocratique avec les hommes les plus tarés des basses classes. Il fréquentait les réunions, ouvrait ses salons aux membres les plus avancés des sociétés secrètes. Le 23 mai 1850, au Parlement britannique, M. Cochrane déclarait que Lord Minto avait été envoyé en Italie avec la mission « de faire sortir de leur tombeau Rome, Naples et Florence ». Sa présence à Rome fut, en effet, comme l'avant-coureur des tempêtes qui s'amassaient sur l'horizon assombri de l'Italie. « *(Histoire de Pie IX le Grand*, par Ressayre.)

ses confrères, à l'église Saint-Pierre in *Vincoli* ». Il avait, assure-t-on, le don de verser des larmes à volonté. Rendu à la liberté par le Pontife, il témoignait sa reconnaissance avec une telle ardeur que le Pape dut lui dire: « Ah ! mon fils, c'en est trop ! » — On ne sait pourquoi il inspirait une grande confiance aux révolutionnaires. Un certain talent de parole, son audace en même temps que son hypocrisie, l'amenèrent, à plusieurs reprises, à jouer un rôle dans les conseils du Pape ; et il avait fait partie, après la chute du cabinet présidé par le cardinal Ferretti, d'un ministère où siégeaient Minghetti, Sturbinetti et..... le cardinal Antonelli [1].

Pour en revenir aux conciliabules de la Porte-du-Peuple, dès la première réunion, le docteur Guerrini, discoureur plein de fiel, avait harangué les affiliés dans un

1. Au moment de la chute du cabinet du cardinal Ferretti, le 9 mars 1848, MM. Minghetti, Sturbinetti, Galletti, furent appelés au conseil du Pape avec le cardinal Antonelli. Ce ministère, si étrangement composé, ne devait, d'ailleurs, durer que deux mois. « A peine était-il installé, écrit M. Villefranche, qu'une troupe de fanatiques se porta au Gesú. Ils étaient armés de haches et de poix brûlante. Les uns chantaient le *Miserere* ou le *De Profundis*, les autres criaient: *Des suaires ! creusez les fosses !* et parodiaient les cérémonies funèbres, comme s'il se fût agi d'enterrer les Pères Jésuites, habitants de cette maison paisible. La garde civique regardait et ne disait rien ; on avait affiché sur la porte : *Casa locanda* (maison à louer). Seul ,un jeune prêtre qui avait servi dans l'armée française, et qui devait être un jour ministre des armes, l'abbé de Mérode, osa se frayer un passage à travers la foule, arracha l'écriteau et dit aux émeutiers: « Ce que vous faites là est une lâcheté! » La foule d'abord interdite applaudit à son courage. Mais, vainement, les habitants du Transtevère, apprenant ce qui s'était passé, vinrent-ils s'offrir au Père Roothan, général des Jésuites, pour le défendre et le venger, et prouvèrent-ils sur-le-champ que la chose était possible en fermant le café des Arts, quartier général des clubistes. Les Jésuites refusèrent d'être défendus par la force et se dispersèrent. Les uns quittèrent la ville, les autres y restèrent cachés ; et parmi ceux qui leur donnèrent asile, on cite le duc de Cadore, le comte Rampon, et un Anglais, lord Clifford. »

langage des plus violents. Après avoir débuté par un torrent d'injures, il prit à partie la circulaire pastorale : « Le Pape a trahi la patrie, il a perdu tous ses droits au pouvoir. Qu'il se borne à prier et à bénir. C'est à nous, peuple, qu'il appartient de gouverner et d'administrer. Les bras et les têtes ne nous manquent point : n'avons-nous pas Sterbini, Mamiani, d'autres encore qui ne craignent point d'affronter les difficultés du pouvoir? Qu'ils soient donc nos chefs dans cette entreprise. Tous comme un seul homme nous leur obéirons sans murmure. Ciceruacchio, dont nous connaissons la valeur et l'énergie, sera notre tête; que ceux qui se trouvent en contact avec le peuple lui soufflent la haine et le mépris de Pie IX et du gouvernement des prêtres. Notre cause est celle de la liberté et de la patrie; qui pourrait résister à notre union? Le plus grand nombre parmi nos concitoyens fait des vœux pour nous; quant à nos ennemis, écrasés par la force, ils n'oseront nous tenir tête. »

Comme conclusion de sa harangue, Guerrini invita les assistants à prêter serment de fidélité entre les mains des chefs qu'il venait de proposer. Aussitôt, Ciceruacchio, brandissant un poignard, se lève le premier : tous l'imitent et jurent. Après cette cérémonie, souvenir des antiques Romains de Tite-Live et de Tacite, les conjurés se séparèrent.

Dès ce jour, dans les journaux et dans les réunions, commença, contre les chefs de l'Église, un déchaînement d'outrages et de menaces, qui faisait présager une catastrophe prochaine. Une inspiration personnelle du Pape avait failli faire avorter le complot. Pie IX venait, en effet, d'appeler au ministère un des adeptes les plus sincères, mais, en même temps, il faut le dire, un des plus honnêtes de la *Jeune Italie*, le comte Terenzio Mamiani. (3 mai-8 août 1848.) [1]

L'avènement inattendu au pouvoir d'un des chefs du parti avancé donnait satisfaction aux plus exigeants, et les partisans de la République, grâce à cette concession, se trouvaient avoir atteint leur but par des voies presque légales. Illusion amère, du Saint-Père, de croire à leur bonne foi !

L'arrivée du ministère Mamiani, en effet, avait eu simplement pour résultat de permettre l'organisation ostensible des sociétés démocratiques, dont les chefs furent chargés d'entraîner le peuple et de réunir de l'argent et des armes. La première de ces sociétés avait pour chefs, sous la haute direction de Sterbini et de Guerrini, Angelo Brunetti le *Ciceruacchio*, assisté de son fils Luigi. C'était la réunion de la lie des quartiers populeux de la Ripetta, de la Regola et du Transtevère. Ces malheureux, endoctrinés par des chefs audacieux, devenaient

---

1. Ce fut à la suite d'une émeute fort grave, organisée par Ciceruacchio, que le Pape recourut aux conseils du comte Mamiani. La vie des cardinaux avait été menacée, et sans le secours des princes Rospigliosi et du duc Salviati, commandant de la garde civique, leur sang eût coulé dans les rues de Rome. Cette concession du Saint-Père au parti le plus avancé, cette faiblesse ou pour mieux dire cette mansuétude eurent de tristes résultats et prouvèrent une fois de plus combien il est inutile et dangereux de vouloir suivre les prétendues aspirations du peuple. Deux mois après, le Pontife était obligé de se séparer de Mamiani, qui, sans être un traître, avait naïvement cru possible de réaliser ce rêve irréalisable, insensé : *arrêter la Révolution, en lui donnant des gages!* (Voir la note sur le comte Mamiani, page 197.)

chaque jour plus insolents. Il n'était question pour eux que de massacre et de pillage. Les cardinaux et les prêtres étaient à tout moment menacés de mort.

Les initiés se réunissaient, la nuit, par bande de dix, vingt ou cinquante : leurs rendez-vous habituels étaient soit chez un certain Mattei, habitant la place d'Espagne, soit au café de la Place du Peuple, ou plus souvent encore *Via della Ripetta*, à l'*Osteria del Forno*. Lorsque la réunion devait être plus importante, un vaste grenier de la ruelle *delle Caccine* servait de refuge aux conspirateurs. Là on distribuait de l'argent et on ranimait l'ardeur à l'aide de quelques rasades de vin d'Orvieto.

Pendant le mois de mai, il se forma une seconde société au *Rione dei Monti*, sous la direction des deux frères Fracciotti, ébénistes de profession. Leur boutique, située à la montée de Marforio, était fréquentée, à la tombée de la nuit, par des clients dont l'attitude laissait supposer qu'ils ne venaient pas en ce lieu pour s'entretenir de travaux de ciselure. L'avocat Galletti faisait partie de ce cénacle, dans lequel Louis Salviati, habitué de l'endroit, aimait à répéter ces mots : « Avec les prêtres, il faut avoir le cœur dur et le bras ferme. »

Un autre habitué fort mystérieux, personnage d'un rang élevé, qui prit une part active à tous les désordres de ce temps, était Charles Bonaparte, prince de Canino. Bien qu'il n'assistât que rarement aux réunions, il n'en dirigeait pas moins tous les débats par l'intermédiaire des frères Fracciotti. Quelquefois, il convoquait les plus ardents dans son palais et discutait avec eux jusqu'à une heure avancée de la nuit. Les conjurés avaient pour ce chef une très grande déférence. Les plus zélés allaient jusqu'à le proclamer digne de commander à toute l'Italie. Cet enthousiasme était dû beaucoup moins aux qualités personnelles du héros qu'à l'argent qu'il répandait à pleines mains pour gagner des partisans; cet or servait surtout à corrompre les troupes pontificales, dont la fidélité effrayait fort les conjurés. Les dragons et les gendarmes furent particulièrement l'objet de ces tentatives de corruption, tentatives qui, malheureusement, réussirent à souhait. Charles Bonaparte, fils de Lucien, prince de Canino, était à cette époque l'un des agents les plus actifs de la *Jeune Italie*. Petit, gros de taille, portant au front, moins la finesse et la dignité, le type des Bonaparte, le prince de Canino affectait une tenue négligée, et remplaçait par une faconde verbeuse et parfois brillante la nullité de ses conceptions politiques. Habile dans l'art de la diplomatie, il avait joué, sous le pontificat de Grégoire XVI, deux rôles diamétralement opposés. Le matin, dans les antichambres des cardinaux, le soir dans les conciliabules des sociétés secrètes, il avait exploité par un double jeu les chances du présent et les éventualités de l'avenir. Savant naturaliste, bon père de famille, généreux même à l'occasion, il eût fait un excellent citoyen si, résistant aux entraînements de l'ambition, il s'était souvenu qu'à l'époque où sa famille, errante à travers l'Europe, cherchait en vain, au milieu des trônes ruinés, un abri pour reposer sa tête, le Pape Pie VII l'avait accueilli dans ses États et avait donné à son père le titre de prince romain. Le prince de Canino, né le 24 mars 1803, à Paris, mort le 29 juillet 1857, aurait pu être un savant illustre. Il préféra, plus modeste, devenir un des chefs du parti radical à Rome, pendant la période révolutionnaire. Fondateur des congrès scientifiques en Italie, cette honnête et pure renommée de savant ne lui suffit pas. Il est juste d'ajouter que lorsque Pie IX fut rétabli sur son siège pontifical, en 1850, le prince Charles Bonaparte se hâta d'accourir à Paris. Son cousin, il est vrai, le prince Louis Bonaparte, trônait à l'Élysée.

Fracciotti avait pris à tâche d'endoctriner les dragons, tandis que Ciceruacchio s'occupait des gendarmes. L'un et l'autre arrivèrent à leurs fins. Bien que ces menées odieuses s'exécutassent presque ouvertement, les officiers, complices ou lâches, n'y mettaient aucun obstacle, et pour toute réponse aux avis qu'on leur donnait, disaient : « Il faut être surtout prudents. »

Enfin, aux deux sociétés Brunetti et Fracciotti vint se joindre une troisième association, toute militaire, composée des légionnaires de la guerre de Lombardie. Après la prise de Vicence (11 juin 1848), ces tristes volontaires [1]

---

1. Les *Reduci*, ou volontaires revenant de Vicence, furent reçus avec les plus grands honneurs, absolument comme s'ils venaient de terrasser l'Autriche (juillet 1848). Les anciens Romains consolaient bien les vaincus; mais les nouveaux les glorifièrent. Parmi ces héros improvisés, les uns s'étaient à la vérité bien battus; d'autres avaient déserté le champ d'honneur, à Carunda. Aussi le Pape ne craignit-il pas de leur dire que, sans doute « il ne leur avait pas permis d'aller en Lombardie, mais que puisqu'ils y étaient allés, ils auraient dû combattre avec plus de courage ». Cette expédition était devenue l'école de la déma-

entrèrent à Rome, en juillet. Un grand nombre d'entre eux s'enrôlèrent de nouveau en septembre et s'éloignèrent de la ville, sous prétexte de garder les Marches et la Romagne. Ceux qui restèrent reçurent l'ordre de retourner à leur bataillon de la garde civique. Peu d'entre eux obéirent : les récalcitrants, gens sans aveu et désœuvrés, entrèrent dans la ligue des républicains dont nous avons parlé, et devinrent les instruments les plus utiles de la Révolution. Ils étaient commandés par un simple lieutenant, Louis Grandoni, qui ambitionnait le grade de colonel. En septembre, Grandoni commença à réunir ses anciens compagnons d'armes dans des conciliabules qui se tenaient la nuit, d'abord au Forum, sous les arcades du temple de la Paix, puis dans la salle de la Filarmonica et enfin au théâtre Capranica. Au dire de Grandoni, on s'y entretenait de sujets fort innocents : quêtes au profit des militaires infirmes, projets d'organisation de volontaires nouveaux.

Telle était l'organisation des révolutionnaires de Rome lorsque Rossi arriva au pouvoir.

Le but avéré de toutes ces prétendues réunions de fraternité était le même : se défaire de Rossi et proclamer la République. L'étroite amitié qui unissait Grandoni aux

---

gogie, de l'anarchie et du crime. C'est là le motif des honneurs décernés à leur rentrée à Rome. La plus large part de ces lauriers retombaient sur le colonel Galletti, depuis général, ci-devant épicier, et qu'on nommait *Pilo-Pepe*, pour le distinguer de l'avocat du même nom, Joseph Galletti, barbier, avocat, conspirateur et ministre. Les *Reduci* s'installèrent dans le couvent des Jésuites, où ils commirent de nombreuses profanations. C'est parmi eux que se recrutèrent, comme nous le verrons, les assassins chargés d'égorger Rossi.

autres chefs de la conjuration, les discours de quelques-uns d'entre eux, de Sterbini, Ciceruacchio, Reggi, aux anciens légionnaires, enfin le rôle joué plus tard par lesdits légionnaires dans l'assassinat, prouvent assez qu'un même mobile les animait tous.

Ces trois sociétés, quoiqu'en apparence séparées et indépendantes, étaient en réalité reliées entre elles. Plusieurs membres faisaient partie des trois groupes et entretenaient ainsi l'union. En outre, les chefs, Grandoni, Brunetti et Fracciotti, se voyaient constamment. Ces trois sociétés étaient donc à la fois la tête et l'instrument de tout mouvement populaire.

Un comité secret plus élevé, mais influent et très écouté, était celui du *Cercle (Circolo).* Jusqu'au 10 septembre 1848 le président de ce cercle fut Pietro Sterbini, le vice-président, Tomaso Machielli. Le comité avait mission d'admettre et d'inscrire les nouveaux adeptes. Le Cercle affectait de tenir des réunions publiques ; les étrangers pouvaient même y assister. Mais il existait d'autres conciliabules, dits de la *Commission centrale,* formée de délégués de Rome et des autres villes italiennes. Dans ces assemblées, qui avaient lieu dans les salons reculés, on discutait des propositions révolutionnaires de toute nature que dictait au parti républicain *la Jeune Italie* [1] au nom de la société directrice.

---

1. Les statuts de la *Jeune Italie* à laquelle étaient affiliés les partisans de la secte romaine, prescrivaient la destruction de tous les gouvernements de la Péninsule, pour en former une république unitaire, attendu que « le gouvernement constitutionnel était regardé par les sectaires comme pire et plus dangereux que la monarchie absolue ». — « Les membres de la *Jeune Italie*

Vers les premiers jours de novembre, les chefs songèrent à concentrer leurs forces et à relier plus étroitement leurs affiliés, en fondant en une seule les trois sociétés Ciceruacchio, Fracciotti et Grandoni.

C'était au moment même où le comte Rossi commençait à réaliser ses réformes. Les espérances de guerre contre l'Autriche que la Révolution avait nourries pendant le ministère Mamiani, s'évanouissaient chaque jour. En effet, alors que la secte croyait triompher à l'extérieur du « *Barbare*, » et à l'intérieur « *des Noirs*, » elle se voyait chaque jour battue en brèche par l'énergique initiative d'un véritable homme d'État. Le poignard seul devait avoir raison du défenseur de la liberté et du Pape.

A Naples, la journée du 15 mai avait non seulement rendu la couronne au roi Ferdinand, mais elle avait en même temps assuré la paix à ses États. En Lombardie, les armées autrichiennes venaient de paralyser les

---

sont tenus de s'armer d'un fusil et d'un poignard. Ceux qui manquent à l'obéissance due aux chefs de la Société, ou qui en divulguent les secrets, sont punis de mort sans rémission. Un tribunal secret condamne les victimes et désigne les exécuteurs. Le conjuré qui se refuserait à exécuter les décrets de la Société, serait puni de mort comme parjure. Si une victime désignée y échappe, elle sera poursuivie partout sans relâche, et sera immolée par une main invisible, « quand même elle se réfugierait sur le sein de sa mère ou au pied des autels ». Chaque tribunal est compétent pour juger non seulement les membres de l'association, mais encore pour faire mettre à mort tous ceux qu'il aura condamnés. » (Articles 30-34.)

Des faits nombreux prouvent que ces statuts ne furent pas une vaine menace, entre autres l'assassinat à Rodez d'un Italien, M. Émiliani, sur l'ordre écrit, signé Mazzini, Breinder et La Cecilia, secrétaires. Ce fut ce même La Cecilia, qui devint général de la Commune en 1870. L'attentat d'Orsini sur la personne de Napoléon III avait été aussi, dit-on, juridiquement décrété et ordonné par le tribunal suprême de la *Jeune Italie*, et c'était un gentilhomme, le comte Orsini, qui avait été désigné pour l'exécution.

efforts les plus courageux des troupes italiennes, auxquelles il ne manquait que des chefs expérimentés. Les défaites de Custatone (29 mai), de Vicence (10 juin), de Milan (5 août) avaient singulièrement compromis la cause unitaire.

Le nouveau ministre, comme nous l'avons déjà dit, se montra dès l'abord nettement résolu, d'une part, à réprimer l'insolence des factions, de l'autre à satisfaire les vœux légitimes de la population en entreprenant la réforme des finances et de la police. La police, qui jusqu'alors avait formé un ministère spécial, fut rattachée au ministère de l'Intérieur auquel elle devait servir « d'œil et de bras ». On dut aussi à Rossi l'établissement des deux premières lignes télégraphiques, l'une de Rome à Civita-Vecchia, l'autre de Rome à Ferrare par Ancône et Bologne.

Quelques semaines après l'entrée de Rossi au ministère, les effets de son administration se faisaient déjà sentir, et son impulsion se manifestait partout. Le Souverain Pontife, d'ailleurs, encourageait son zèle, et lui venait sincèrement en aide. Pie IX, en effet, n'avait jamais cessé de comprendre l'utilité d'une ligne de démarcation mieux tracée entre le pouvoir temporel et l'autorité spirituelle, pour le bien même de cette Italie qu'il aimait avec une tendresse passionnée. Rossi, tout en étant partisan convaincu de l'indépendance italienne, était absolument pénétré de l'inutilité d'un second soulèvement qui eût fatalement amené de nouvelles défaites. Son but unique était de réunir dans un même intérêt, à un point de vue purement défensif, toutes les puissances italiennes afin de pouvoir efficacement résister à tout ennemi venu du dehors, sans toutefois déclarer la guerre.

Pour l'accomplissement de ces vastes desseins, comme ainsi qu'il est dit plus haut, il avait entamé des négociations suivies avec le Piémont, Naples et la Toscane et ne recula devant aucun effort pour aplanir les difficultés. Lui-même indiqua, dans les journaux d'Italie, les avantages de son système fédératif, avec cette clarté, cette précision qui était une des qualités dominantes de son style.

Dans un article de la *Gazette officielle de Rome*, il annonça l'établissement d'une *Ligue politique* entre les monarques constitutionnels de l'Italie. Cette Ligue était appelée à réaliser la grande pensée d'unité dont le Pape Pie IX avait été l'initiateur. Le projet de Sa Sainteté était d'une extrême simplicité et se résumait en quelques mots : « Une Ligue politique sera conclue entre les monarques italiens ; les plénipotentiaires de chaque État indépendant devront se réunir à Rome pour délibérer sur les intérêts communs et peser les conventions organiques de la Ligue. L'Italie, pensait le Pontife, déjà victime de tant de fautes, de tant d'erreurs, en commettrait une plus grave encore, si elle n'opposait à ses adversaires une solution aussi sage. Le gouvernement piémontais sait ce que valent les troupes improvisées contre les armées permanentes; il sait aussi que lui seul ne suffit pas pour vaincre et que s'il faisait un appel aux armes à l'Italie, les trois autres États auraient le droit de réclamer des explications. Pie IX n'a d'autre désir, ne forme d'autre vœu, que le bonheur de l'Italie et le développement des institutions qu'il a données à son peuple, sans oublier ce qu'il doit à la dignité du Saint-Siège. Le Pontificat est la seule vraie grandeur qui reste à l'Italie. Pie IX ne l'oubliera jamais comme chef suprême et comme Italien. »

Cette Ligue [1], ingénieuse et sublime conception du Pape et de Rossi, défendue éloquemment par le père Ventura, était loin de satisfaire les sectaires et les anarchistes répandus dans la Péninsule. La nouvelle qu'une révolte venait d'éclater à Vienne, au commencement du mois d'octobre, leur servit de prétexte pour demander la guerre à outrance. Réclamant, avec acharnement et sans trêve, un soulèvement général, ils déclarèrent traître tout gouvernement qui ne seconderait pas leurs violences [2].

1. Il est intéressant de rapprocher ce plan de *Confédération italienne*, qui conciliait à la fois les principes d'unité et les principes d'autonomie des États, avec le système fédératif de la *Confédération suisse* que Rossi, citoyen genevois, avait développé et défendu avec tant d'énergie dans la Diète Fédérale, en 1832, peu de temps avant de prendre la nationalité française.

2. L'an dernier, le comte de Saint-Aignan, ancien ami de ma famille, sachant que je m'occupais d'écrire l'histoire du comte Rossi, voulut bien me donner, sur le grand Italien naturalisé Français qui remplissait, en 1847, les fonctions d'ambassadeur de France à Rome, des détails précieux et d'un haut intérêt ainsi que sur certains événements qui précédèrent la chute de la monarchie de Juillet.

Pendant un voyage fait à Rome aux mois de septembre et d'octobre 1847, le jeune député qui était alors collègue de mon père à la Chambre eut la bonne fortune de voir presque chaque jour M. Rossi. Il assista pour ainsi dire aux derniers efforts tentés par la diplomatie française pour maintenir le mouvement italien dans de justes limites, tout en sauvegardant l'autorité et l'in-

Ainsi donc, à cette époque, trois systèmes de consti-

dépendance du Pontife réformateur. — « M. Rossi, me disait M. de Saint-Aignan, était un des esprits les plus élevés que j'aie connus, un des mieux organisés, des plus complets. C'était un véritable grand homme d'État, poursuivant un noble but, devant lequel toutes les autres questions s'effaçaient. « Il consacra son expérience et son courage à rendre les Romains libres et les Italiens unis, » écrivait M. Mignet, mais les républicains ne lui laissèrent point le temps d'achever sa tâche, et notre ambassadeur, redevenu Italien et ministre de Pie IX après la révolution de 1848, était assassiné juste un an après mon départ de Rome.

» M. Guizot le tenait en haute estime et entretenait alors avec lui une correspondance très suivie. Lorsque le jour de ma rentrée en France fut arrêté, j'allai prendre congé de M. Rossi au Palais Colonna, je lui demandai s'il avait pour Paris des commissions dont je puisse me charger. « Je verrai, dès mon retour, M. Guizot, lui dis-je, vous n'avez sans doute rien de particulier à lui transmettre !

— Non ! rien ! »

Puis, après un instant de silence :

« J'aurais bien cependant une mission à vous confier pour lui, reprit en souriant l'ambassadeur. Mais, bah ! vous n'oseriez jamais vous en acquitter.

— Vous vous trompez, lui dis-je, je vous jure de répéter textuellement à M. Guizot tout ce que vous m'aurez chargé de lui dire.

— Eh bien ! fit M. Rossi, nous verrons ! Dites-lui de ma part, ceci : il faut qu'il quitte le ministère, sauf à revenir plus tard. »

Or, M. Rossi, en conseillant à M. Guizot d'abandonner le pouvoir, exprimait à ce moment un sentiment qui, il faut bien le dire, était partagé en France par un grand nombre d'hommes politiques et même par des amis très dévoués du cabinet et du ministre des Affaires étrangères. Dans notre malheureux pays, si enclin à l'instabilité, si amoureux de la variété, la présence aux affaires, depuis plus de sept ans, d'un homme d'État, quels que fussent ses hautes qualités, ses talents, les grands services qu'il avait rendus, devenait intolérable. Les Français, si mobiles, ne pouvaient supporter d'entendre depuis si longtemps, parler « d'Aristide-le-Juste ». Dans leur légèreté, dans leur imprudence, ils avaient soif de changement, et M. Thiers, chef de l'opposition, s'agitait éperdument et agitait tout autour de lui, impatient de ressaisir le pouvoir.

Dès son arrivée à Paris, le premier soin de M. de Saint-Aignan fut, comme il l'avait promis à notre ambassadeur, de faire une visite à l'hôtel des Capucines. M. Guizot l'interrogea avec grand intérêt sur les graves événements qui se passaient en Italie et sur les impressions qu'avait recueillies, durant son séjour à Rome, l'intelligent voyageur.

« Et Rossi », fit-il, « ne vous a-t-il rien dit pour moi ?

— Je vous demande pardon, monsieur le ministre, j'ai de sa part une

tution politique divisaient les Italiens : en premier lieu, « la Ligue, » conçue et offerte par Rossi ; « la Consti-

communication à vous faire ; elle est un peu délicate, mais j'ai juré à l'ambassadeur de vous répéter textuellement ses paroles. » — Et M. de Saint-Aignan de répéter à M. Guizot la phrase même de Rossi.

« Sans s'émouvoir, « me dit M. de Saint-Aignan », M. Guizot prononça les mots suivants, que je n'oublierai jamais. Son accent était triste, le timbre de sa voix grave est encore empreint dans ma mémoire : — « Peut-être a-t-il raison, Rossi, si l'on considère seulement notre politique intérieure. Le sentiment public, je ne l'ignore pas, réclame des hommes nouveaux. Moi aussi, je suis bien las, sincèrement las du pouvoir ! Mais je ne puis me retirer, en ce moment c'est impossible ! — Vous allez, mon cher Saint-Aignan, en sortant d'ici, entrer chez M. Génie ; il vous communiquera les cartons de Vienne, de Berne et de Londres. Alors, après avoir lu nos dépêches, vous comprendrez pourquoi je reste et je vous charge d'écrire à M. Rossi pourquoi il m'est moralement interdit de quitter le ministère ! »

— Le lendemain seulement, j'allai voir le chef du cabinet du ministre, que M. Guizot avait prévenu et je fus mis au courant des négociations engagées.

« En ce moment (novembre 1847), les affaires de Suisse, qui, envenimées ou mal conduites, auraient pu entraîner une guerre ou tout au moins une occupation collective des puissances, étaient à la veille d'être terminées. Ce résultat allait être obtenu par la médiation amicale des cinq grandes puissances entre les parties belligérantes, c'est-à-dire la *Diète fédérale*, composée d'éléments radicaux, et la *Ligue des cinq cantons catholiques* (le Sonderbund).

» L'habileté du duc de Broglie, notre ambassadeur à Londres, avait amené, non sans peine et après bien des pourparlers, Lord Palmerston à accepter la note collective. Quant à l'Autriche et à la Prusse, elles ne consentaient à entrer en pourparlers qu'après s'être assurées « de la stabilité du cabinet Guizot ». La Russie naturellement ne voulait pas s'isoler des deux puissances allemandes.

» Notre ministre en Suisse, M. de Bois-le-Comte, avait, dès le début, reçu des instructions formelles pour tenter d'arrêter ou de restreindre le conflit militaire et éviter une guerre fratricide entre les cantons catholiques et l'armée de la Diète commandée par le général Dufour.

» Or, cette habile intervention diplomatique était due à la France seule et l'apaisement désiré par tous devait avoir des conséquences considérables. Ici se place un détail peu connu et des plus intéressants : le premier ministre d'Autriche, le prince de Metternich, pour prix de cette heureuse conclusion, n'allait rien moins qu'entrer en négociations avec M. Guizot au sujet de l'autonomie de la Lombardie ! »

On peut juger rapidement, d'après les révélations faites à M. de Saint-

tuante fédérative « proposée par Vincent Gioberti, enfin « la Constitution démocratique » de Mazzini. Le premier de ces trois systèmes plaisait à un nombre restreint de patriotes italiens. Le second avait pour lui certains modérés. Le troisième réunissait les ennemis de l'ordre et de la religion, en général tous les agitateurs. Ceux-ci ne dissimulaient point leur but, qui était la proclamation de la République.

On pensait généralement que le ministre dominerait la Chambre et que l'opposition serait réduite, le jour même de l'ouverture du Parlement. Rossi, de son côté, dans l'espoir du triomphe, préparait le discours-manifeste qu'il avait l'intention de prononcer et que Gioberti[1] lui-même, peut-être, avait approuvé.

Aignan, des puissants motifs qui retenaient M. Guizot à son poste et lui imposaient le devoir de terminer lui-même, en personne, des négociations si utiles et si glorieuses pour la France. Notre situation diplomatique en Europe n'avait jamais été plus forte ; elle imposait le respect et assurait la confiance.

L'impulsion sagement libérale imprimée par le cabinet des Tuileries, dirigé par M. Guizot, n'inquiétait personne et allait porter ses fruits. Et quels fruits ! Lorsque l'on songe que, grâce aux efforts du grand ministre, les Milanais étaient à la veille de recouvrer pacifiquement en partie leur indépendance ! Ainsi donc, onze ans avant la descente des armées françaises en Italie, sans Napoléon III, sans Victor-Emmanuel, sans Cavour, sans Mazzini, sans Garibaldi, la Lombardie était libre et l'étranger avait disparu !

Tels étaient les points principaux des négociations pendantes au ministère des Affaires étrangères à la fin de l'année 1847.

Lorsque, à la suite de la ridicule question des Banquets, survint la révolution du 24 février, la révolution la plus inepte, la plus inutile qui ait bouleversé et ruiné la France, l'affaire du Sonderbund était terminée. Mais, hélas ! tous les grands projets concernant l'indépendance italienne étaient indéfiniment ajournés. Le mot d'ordre révolutionnaire parti de France allait se répandre dans l'Europe entière. Désormais, ce n'étaient plus l'habileté diplomatique, la prudence, l'équité qui allaient régler le sort des peuples. La parole appartenait à l'émeute, à l'anarchie, à la guerre.

1. Vincent Gioberti, publiciste et patriote italien, né à Turin en 1801, est

Peu s'en fallut que l'assassinat du grand ministre n'eût lieu un mois avant le jour fatal. C'est ce qui résulte d'un plan de conspiration dont il est parlé dans le procès et dont on ignore l'auteur principal. Les conjurés se proposaient, pendant une nuit désignée, d'occuper en même temps le Forum de Trajan, pour rallier les dragons dévoués à la République, et la Place du Peuple, pour maintenir les carabiniers. Après s'être emparés des portes de la ville, ils devaient envahir le Quirinal et forcer le Pape à renoncer à son autorité temporelle. On devait en même temps se saisir de tous les cardinaux, princes et prélats, les faire disparaître ou les garder comme otages. La République était alors proclamée et on nommait un comité de gouvernement, dirigé par un triumvirat.

Ce projet fut dévoilé au comte Rossi, voici dans quelles

---

mort à Paris en 1852. Savant théologien, il alliait à ses sentiments religieux l'ardeur du républicain ; aussi fut-il emprisonné et exilé en 1833 par le gouvernement alors absolu du roi de Sardaigne. Il vint à Paris, puis s'établit à Bruxelles où il professa la philosophie. C'est là qu'il publia un ouvrage : *Introduction à l'étude de la philosophie*, tentative pour réconcilier la philosophie avec le catholicisme. Le célèbre et savant abbé Rosmini avait déjà entrepris cette tâche. Les Jésuites prirent parti pour Gioberti ; et, en 1842, le grand duc Léopold de Toscane offrait à Gioberti la chaire de philosophie morale à l'université de Pise, lorsque le roi Charles-Albert y mit opposition. Le premier ouvrage politique de Gioberti : *la Primauté morale et civile de l'Italie*, apologie de la Papauté, eut pour effet de rallier un grand nombre de prêtres en Italie au parti national. Le 8 février 1848, Charles-Albert ayant donné une Constitution à son pays, l'influence méritée de Gioberti le conduisit au ministère où il tenta de faire triompher la nationalité italienne par l'intervention de la maison de Savoie, grande idée que devait réaliser son successeur, le comte de Cavour.—En quittant le pouvoir, Gioberti se retira à Paris, où il passa dans une studieuse et noble retraite ses dernières années. Après sa mort, on trouva sur son lit *les Fiancés* de Manzoni et l'*Imitation de Jésus-Christ*, deux livres qui résument les deux pensées nationale et religieuse qui occupèrent sa vie.

circonstances. Fracciotti, avait recruté parmi ses adeptes un riche bourgeois, boulanger de son état, et parvint bientôt, en multipliant menaces et promesses, à l'attirer dans le complot dont il lui révéla tous les plans. Peu de temps après, le nouvel adepte, soit par terreur, soit par scrupule de conscience, épouvanté des projets sanguinaires qui lui avaient été confiés, chercha à se réconcilier avec sa conscience. Un ami, auquel il s'était ouvert, l'introduisit auprès de Rossi, qui apprit de sa bouche tous les détails de la conspiration. Vifs remerciements du ministre qui l'engagea à ne point rompre avec les conspirateurs et à lui rapporter tout ce qui se tramerait dans les réunions. Le boulanger s'y prêta et réussit à ne point exciter la défiance de ses anciens complices.

Ce premier complot éventé, les sectaires conjurés multiplièrent leurs réunions, d'abord à l'*Osteria del Forno*, via de Ripetta, puis dans un grenier appartenant à Ciceruacchio. Dans les assemblées nocturnes, on se bornait à discuter les moyens d'assassiner Rossi : à tout prix, on voulait en finir. Dans la soirée du 12 octobre, Sterbini, avec une insistance toute particulière, invita les affiliés à ne point manquer le rendez-vous du lendemain dans lequel devaient être arrêtées les dernières instructions pour l'entreprise fixée à la date du 15. Il est important de faire remarquer que, dès le 10 octobre, la mort de Rossi avait été discutée à Turin, dans un conseil réuni où le Cercle romain s'était fait représenter par Sterbini, le prince de Canino et Michel-Angelo Pinto. Cet arrêt fut communiqué en Toscane aux cercles de

Livourne et de Florence. Mazzini, dans une lettre qui a été publiée, déclare que cette mort était *indispensable*.

Rossi cependant, loin de craindre pour sa sûreté, demeurait inébranlable. Il disait fièrement dans la *Gazette de Rome* du 11 octobre, où il était fait allusion à une réunion secrète tenue dans une cité voisine, « qu'il arriverait malheur à quiconque tenterait d'exécuter certains projets ». Pour affirmer son esprit de résolution, il fit, dans la nuit du 13 au 14 novembre, arrêter deux des conjurés. Exaspérés par cette mesure, leurs complices ne songèrent plus qu'à précipiter le dénouement. Dans la réunion du 13, au grenier Brunetti, dans celle du 14, au théâtre Capranica, on délibéra sur l'heure et le lieu de l'assassinat de Rossi, sur le choix de l'arme, sur le nombre des assassins, enfin sur la proclamation immédiate de la République, qui devait accompagner le crime.

A la réunion du 14, deux conjurés seulement manquèrent. C'étaient deux des plus déterminés, Gennaro Bomba et Vincent Carbonelli, ceux précisément que Rossi venait de faire arrêter et conduire au bagne de Civita-Vecchia. Pendant le trajet, les deux individus ne cessèrent d'accuser et de menacer le ministre. « Il nous le paiera cher! disait Carbonelli; nous ne serons pas à Civita-Vecchia que nous aurons de ses nouvelles! » Ils disaient vrai : à peine arrivés, on apprit la nouvelle de l'assassinat et les prisonniers regagnèrent, libres, le chemin de Rome.

L'absence de ces deux complices à la réunion avait fourni

à Sterbini et à Guerrini texte à une dernière attaque contre Rossi et le gouvernement du Pape. Ce fut ce soir-là qu'il fut décidé que le ministre serait mis à mort dans la journée du 15 par les légionnaires de Grandoni, avant son apparition dans la salle des séances, c'est-à-dire au moment même où il entrerait au Palais de la Chancellerie. Les instants étaient précieux. L'ascendant, l'énergie, la sagesse du comte Rossi, pouvaient anéantir à jamais les espérances de la secte.

Les soldats de Grandoni devaient frapper les premiers et résister aux carabiniers, si ceux-ci songeaient à prendre la défensive. Dans ce cas, trois fusées lancées du Pincio auraient averti les conjurés, qui tous, à ce signal, devaient accourir aux Places du Peuple, d'Espagne et au pont Saint-Ange, et de là envahir les quartiers voisins. Si Rossi ne succombait pas au premier coup, il serait certainement tué dans la journée. Quant au Pape, aux princes, aux cardinaux, ils seraient ou massacrés ou gardés comme prisonniers, selon les circonstances. Des autres, prêtres, nobles ou bourgeois suspects, on s'occuperait après la victoire.

Les conjurés, unanimes, applaudirent à ces résolutions. Ciceruacchio et son fils distribuèrent à chacun des assistants deux pistolets et un paquet de cartouches, ainsi qu'une somme d'argent. Ceci fait, les affiliés se répandirent dans les cafés et cabarets fréquentés par le peuple, l'excitant et lui faisant entrevoir, avant peu, une ère de prospérité.

Pendant ce temps, les deux Brunetti, Mercocetto,

Grandoni et plusieurs de ses légionnaires se rendaient au théâtre Capranica, afin de prendre les dernières dispositions pour l'exécution de l'assassinat[1]. Là, il fut arrêté que les légionnaires se rendraient en *pannutella* et armés de dagues, au Palais de la Chancellerie dont ils occuperaient les issues. C'est là que Rossi devait être frappé. L'acte accompli, les légionnaires avaient pour consigne de protéger le meurtrier contre les carabiniers, s'il y avait lieu. Le nom du conjuré chargé de porter le premier coup devait être tiré au sort au moment même. Les noms désignés par le hasard furent ceux de Luigi Brunetti, fils de Ciceruacchio ; Felice Negro ; Santa Constantini ; Filippo Trentanove ; Alessandro Todini ; Antonio Ranucci et, assure-t-on, Gioacchino Selvaggi et Ferdinando Corti. Ce groupe avait pour mission de tuer Rossi, sous la voûte même du portique, dans le court trajet de sa voiture à l'escalier. Le coup devait être porté à la nuque, dans la crainte que le ministre ne fût revêtu d'une cotte de mailles. La besogne terminée à souhait, les conjurés devaient se réunir tous, Place d'Espagne, où serait couronnée l'œuvre de la Révolution, par la proclamation de la République. Ces dispositions arrêtées, chacun des conjurés rentra chez soi, pour attendre le jour et se préparer aux grandes émotions du lendemain.

---

1. Selon plusieurs écrivains, la répétition du crime eut lieu la veille de l'assassinat, sur un cadavre volé à l'hôpital Saint-André. Cette scène tragique, nous avons tout lieu de le croire, est une fable. Nous n'en trouvons pas trace dans les pièces authentiques du procès.

La date du 15 novembre 1848 avait été fixée pour la réouverture solennelle du Parlement romain. La première séance avait eu lieu le 5 juin sous le ministère Mamiani ; mais, en raison du tumulte des premiers débats, la session avait été prorogée par un décret du Pontife[1] et la réouverture fixée au 15 novembre.

Depuis lors, le comte Rossi avait succédé au ministre Fabri et l'on comptait sur son ascendant pour mettre, au Parlement, un terme aux agitations de la faction démocratique qui, bien qu'en minorité, était la plus ardente et la plus redoutable. Toutefois, à la veille de se réunir, ces espérances étaient troublées par la crainte qu'inspiraient l'audace et la haine implacable que le parti avancé avait vouées au grand ministre.

---

1. Un écrivain très libéral, M. Perrens, dans son livre : *Deux ans de Révolution en Italie*, publié en 1857, donne de curieux détails sur les premiers débuts de cette législature, ouverte le 5 juin 1848.

« Les Chambres inexpérimentées perdaient le temps en discussions oiseuses et, quoique favorables aux institutions établies, laissaient prendre la prépondérance aux députés du parti avancé qui voulaient aller au delà. La force de ceux-ci était, il est vrai, dans les tribunes plutôt que dans l'Assemblée même. Deux députés étaient constamment sur la brèche, le prince de Canino et M. Sterbini. Le prince de Canino se laissait aller aux inspirations de sa faconde méridionale et devenait fort compromettant pour le Saint-Siège, par exemple quand il demandait à la Chambre de déclarer que « tout droit vient du peuple. » M. Sterbini, exilé de 1831, avait longtemps exercé la médecine en France. Il passait pour avoir plus de talent naturel que de science ; on l'accusait de fausseté, d'ambition et même d'avoir reçu de l'argent du ministre napolitain Del Caretto, pour lui faire des rapports. Peut-être, comme Figaro, valait-il mieux que sa réputation. »

L'attente mystérieuse et la terreur d'une catastrophe planaient depuis quelques jours sur la ville. Les optimistes pensaient, et le mépris de Rossi pour ses ennemis était malheureusement fait pour les encourager, que toute cette agitation aboutirait à de bruyantes démonstrations et se bornerait à des sifflets et à quelques cris séditieux. Les perturbateurs iraient peut-être jusqu'à demander, les armes à la main, au Saint-Père de réaliser leurs vœux, c'est-à-dire le renvoi de Rossi. Mais les appréhensions de la Cour pontificale et du ministère s'arrêtaient là. Le comte Rossi lui-même, bien qu'il n'ignorât pas les menaces sanguinaires des conjurés, envisageait sa situation avec calme. Soit qu'il les crût moins hardis, soit qu'il eût trop de foi en sa prévoyance, il ne comprit le péril de sa mort qu'au moment suprême.

De terribles symptômes de l'effervescence populaire auraient dû cependant l'avertir. Les journaux factieux n'hésitaient pas à préciser leurs impudents défis par des phrases de plus en plus claires. La veille du crime, l'*Epoca* disait, le 14 novembre : « Nous reconnaissons, dans tous les actes du ministre actuel, la vieille tactique de Guizot ; mais elle échouera sur les bords du Tibre, comme elle a déjà échoué sur les bords de la Seine. Qu'il en soit bien assuré, celui auquel l'insuccès du Roi français, son premier maître, aurait dû servir de leçon ! » Quelques heures avant l'assassinat, la *Pallade* du 15 novembre imprimait que les appareils de force déployés par Rossi ne lui réussiraient pas plus qu'ils n'avaient réussi à Guizot, et que c'était en vain que Rossi avait essayé d'amener la discorde entre le peuple et les carabiniers, attendu que ces nobles soldats s'uniraient au peuple pour déjouer les projets du ministre.

Sterbini, dans le *Contemporaneo*, lançait des menaces moins déguisées encore et se livrait aux plus violentes invectives. Dans le numéro de son journal du 13 novembre, il prend à partie personnellement le ministre, l'accuse de vouloir inaugurer dans Rome le règne de la terreur et d'abuser de la force contre le droit des gens en persécutant les réfugiés napolitains Carbonelli et Bomba. Le jour suivant, il revient à la charge et, après avoir reproché à Rossi de haïr le peuple jusqu'à vouloir lui enlever sa liberté, il cherche à faire partager ses sentiments au Pape. « Rossi tombera sous le mépris du peuple et ses projets s'en iront en fumée. Le peuple a condamné l'infâme Rossi, traître au peuple et traître au prince. »

Aux colères de Sterbini se mêlaient les plaisanteries féroces du *Don Pirlone*. Le 13 novembre, la feuille satirique imprimait ces lignes : « Si vous vous en souvenez, » le poète a dit : « Du berceau à la tombe, il n'y » a qu'un pas. » Je ne sais pas comment le poète, après avoir été si longtemps dans le vrai, se trouve dans le faux ; mais il n'y a pas de remède. Il faut absolument intervertir la phrase et dire : De la tombe au berceau, il n'y a qu'un pas ! L'Écriture aussi nous l'apprend : « *Beati mortui qui in Domino resurgunt.* »

Le 15, au matin, la même feuille, *Don Pirlone*, publiait une caricature dans laquelle étaient figurées, non seulement la mort de Rossi, mais l'endroit précis où l'assassin devait frapper[1].

En dehors de ces menaces publiques et de ces images significatives, on faisait circuler de nombreuses lithographies contre le gouvernement. Des lettres anonymes étaient adressées, de Rome et de province, aux députés, aux officiers et aux partisans du gouvernement. Les unes, sous forme amicale, prévenaient le destinataire de se mettre en garde ce jour-là ; d'autres contenaient des menaces destinées à intimider. Toutes étaient unanimes pour désigner le 15 novembre comme point de départ d'une terrible révolution. Quelques-unes de ces lettres furent remises à Rossi même ou placées sous ses yeux au milieu de papiers et rapports de police. Dans toutes, il put y lire son arrêt de mort.

Inaccessible à la crainte dans l'accomplissement de son devoir, le ministre du Pape envisageait le péril avec un incroyable sang-froid. Ce mépris semblait dépasser les bornes de la témérité. Aux amis qui le suppliaient de ne pas sortir, le 15 novembre, sans être au moins escorté de quelques carabiniers dévoués, il répondait qu'il avait suffisamment pourvu à la sûreté de la Chambre, et que

---

1. Le ministre était représenté vêtu de fer, appuyé contre une pique au bout de laquelle on lisait le chiffre de son traitement. La tête tournée vers un autre ministre, son collègue, il présentait son cou découvert et était entouré de hauts pavots, symbole du sommeil de la mort, et au bas de l'image étaient écrits ces deux vers :

Qui studet optatam cursu contingere metam
Multa tulit fecitque puer, sudavit et alsit.

les factieux, bien que nombreux, forts et pleins d'audace, seraient réduits à l'inaction.

Rossi, en effet, n'avait pas négligé de prendre des dispositions et de donner des ordres. Fidèlement exécutés, ces ordres auraient, cette fois encore, déjoué les projets de ses ennemis. Malheureusement, le ministre avait une confiance exagérée, non point dans la garde civique de Rome, qu'il savait partager vaguement les idées démagogiques, mais dans les carabiniers ou plutôt dans leur colonel Calderari, homme pusillanime qui, on le verra plus loin, devint le complice des rebelles moins par trahison que par couardise. Son inertie en effet paralysa la valeur et la fidélité de ses soldats qui, pour la plupart, étaient loin de partager les sentiments des émeutiers.

Depuis plusieurs jours, Rossi avait réclamé, pour les faire rentrer dans Rome, quelques escadrons de carabiniers des environs qui formaient un effectif de 500 hommes. Le 14 novembre, dans l'après-midi, il assista en personne à la revue de la petite troupe, dans la grande cour du Belvédère, au Vatican. Il donna l'ordre de faire promener un escadron dans les principaux quartiers de Rome, de façon à intimider les rebelles et rassurer les bons citoyens. Le même jour, une centaine de carabiniers occupait le palais de la *Sapienza*, peu éloigné de la Chancellerie. Cependant, le soir venu, les carabiniers rentrèrent dans leur quartier principal, le palais *Borromeo*. C'est à ce moment que le premier ministre fit appeler leur colonel Calderari et lui donna les instructions détaillées pour le lendemain. Le chef des carabiniers devait laisser au quartier Borroméo le gros de sa troupe, prêt à sortir en armes au premier signal ; des patrouilles devaient parcourir les rues et s'établir sur les carrefours et les places plus suspectes, avec ordre de dissiper les groupes et les rassemblements, et au besoin, d'arrêter les chefs. Il était recommandé de surveiller les abords de la Chancellerie et les groupes épars qui occupaient la place, l'entrée et la cour du Palais, enfin de faire bonne garde autour du ministre lorsqu'il descendrait de voiture.

Rossi aurait voulu confier aux carabiniers seuls dont il connaissait la bravoure et la fidélité légendaire, la garde du Palais et de la place de la Chancellerie. Devant les observations faites par quelques députés que cette surveillance incombait plutôt à la garde civique, il se rendit à leur avis, observateur trop rigide des désirs de ses collègues. Peut-être aussi pensait-il qu'une telle méfiance pourrait inspirer quelque jalousie aux gardes civiques et même provoquer une collision entre ceux-ci et les carabiniers ? Ordre fut donc donné au commandant de la garde civique de fournir pour le service de l'Assemblée un bataillon de milice qui prendrait les ordres du président, duquel relevait la sûreté de la Chambre et ses alentours. Soixante miliciens du premier bataillon avec leurs officiers furent désignés pour occuper les entrées de la salle des séances. Ce bataillon, *dei Monti*, était le plus suspect au gouvernement. Il se composait, en effet, d'ardents conspirateurs étroitement liés avec Fracciotti et les autres chefs. Ce choix du commandant fut-il un acte de complicité avec les assassins ? On l'ignore. A ce détachement furent joints soixante gardes du 2ᵉ bataillon et autant du 6ᵉ, qui devaient se ranger sur la place de la Chancellerie. Ces trois détachements formant un seul bataillon furent mis sous le commandant d'un major avec mission d'obéir à Sturbinetti, président de la Chambre.

La veille au soir, Rossi avait ordonné au chef de la police d'envoyer au Palais de la Chancellerie et dans les rues avoisinantes, les plus fidèles et les plus habiles parmi ses agents, afin de noter les perturbateurs, et, en cas de désordre, le prévenir aussitôt. Ces instructions données, ces mesures prises, le ministre crut avoir suffisamment accompli ce que son devoir et la prudence exigeaient pour la sécurité publique et pour lui-même. Quant au reste, il s'en s'abandonnait à Dieu et à la sainteté de la cause qu'il défendait[1].

Le grand ministre avait des préoccupations d'un ordre plus élevé. Il songeait à la harangue qu'il allait prononcer le lendemain devant le Parlement et au programme du gouvernement qu'il allait développer devant ses collègues.

Des deux Chambres qui composaient le Parlement, la

---

1. Constatons que l'assassinat de Rossi eut pour résultat d'arrêter le Saint-Père dans la voie des réformes et de retarder le progrès, lorsque, la révolution vaincue ou du moins maîtrisée, Sa Sainteté put rentrer dans Rome. Tant il est vrai que la révolution est peut-être moins odieuse parce qu'elle est l'injustice que parce qu'elle est l'*injustice inutile*. « La théorie révolutionnaire des transformations sociales par la violence, ce système qui éternise les représailles et qui devrait se nommer le régime de la dépravation insurrectionnelle, n'est donc qu'un sinistre mensonge, car, de tous les moyens, il est, après tout, le plus lent, sans compter qu'il est criminel. » (*Le Président Marcellin Boudet.* — *Les Guillotinés d'Auvergne.*)

première, appelée le Haut-Conseil, tenait ses réunions au palais *Appollinaria;* la seconde, dite le Conseil des Députés, siégeait dans la grande salle du Palais de la Chancellerie, situé au cœur de la ville.

A peu de distance de l'église Saint-Louis-des-Français, dans le voisinage du théâtre de Pompée, au milieu de ce quartier populeux et animé dont le marché *Campo di Fiori* est le centre, se trouve le palais *Riario*, plus connu sous le nom de *Chancellerie*. Cet édifice bâti en 1490 par Bramante, pour un neveu de *Sixte IV*, a été construit en pierres tirées du Colysée et en marbre de l'Arc Gordien. Sa belle façade à pilastres sobrement dessinée est remarquable par la pureté de ses profils, par les médaillons sculptés au-dessus des fenêtres, enfin par la finesse de tous les détails et l'harmonie de l'ensemble. L'édifice étend sa majestueuse façade sur le grand côté de la longue place qui porte son nom. La porte d'entrée est monumentale. La cour intérieure, d'un aspect riche et sévère, ressemble à un cloître fastueux, avec ses deux étages de galeries dont les arceaux reposent sur quarante-quatre colonnes de granit extraites du Portique de Pompée.

La grande porte qui s'ouvre au centre du Palais, donne accès par un vaste vestibule dans la grande cour rectangulaire, entourée d'un magnifique péristyle à colonnes de granit. Au fond se trouve, à main droite, une antichambre qui conduit à la ruelle de *Lentari*. En tournant à droite dans le vestibule, on voit une porte de moyenne grandeur qui ouvre sur l'église *Saint-Laurent-en-Damas*, laquelle fait corps avec le Palais. L'église forme en effet comme une aile de la Chancellerie; sa façade et son entrée principale donnent sur la place. En tournant à gauche, on fait face au grand escalier qui conduit au premier étage. C'est là que se trouve le palier d'une vaste terrasse.

Un grand poète a écrit un chapitre émouvant dans lequel il analyse les sentiments divers qui agitent l'âme d'un homme à certaine heure fatale de sa vie. De quel intérêt aurait été l'étude des sentiments et des émotions de la foule romaine qui assista passive, mais consciente et pour ainsi dire complice, à l'assassinat du comte Rossi! Je ne trouve dans l'histoire aucun fait de même nature, c'est-à-dire une ville tout entière, prévenue la veille qu'un attentat sera commis le lendemain, à une heure déterminée, et laissant annoncer, préparer, perpétrer le crime sous ses yeux, sans que de cette multitude féroce et lâche s'échappe un seul cri d'horreur, une seule protestation. La mort d'un Séjan ou d'un Héliogabale eût soulevé plus de colère ou plus de pitié que celle de ce grand citoyen épris de liberté, qui n'avait d'autre but que de réprimer les abus, d'affranchir sa patrie, de la relever et de l'unifier. Quelle série de réflexions dut agiter la conscience publique, tandis qu'elle laissait accomplir sous ses yeux ce monstrueux forfait!

Aucun avertissement, nous le verrons, ne manqua à la

victime. Rossi, décidé au sacrifice de sa vie, espérait, jusqu'au dernier moment, déconcerter ses ennemis par son mépris. Or, en se rendant à la Chancellerie, il marchait à la mort aussi directement que s'il eût été condamné au dernier supplice. Le carrosse qui contenait le premier ministre, était aux yeux de cette multitude la charrette infâme traînant le coupable à l'échafaud.

Le parti républicain, nous l'avons dit, avait juré sa mort. Les mécontents, les modérés, les âmes vacillantes du *centre gauche*, dont la haine ne serait, à coup sûr, jamais allée jusqu'au crime, s'associèrent tacitement et hypocritement aux attaques dirigées contre le premier ministre[1]. Si ces timorés ne furent ni les instigateurs, ni les auteurs matériels du crime, ils en furent les complices avérés.

Quiconque a étudié le Romain moderne, noble, bourgeois ou prolétaire, sera moins étonné de cette apathie singulière qui forme la base de son caractère, le fond de

---

1. Au mois de décembre 1848, le lendemain de la mort du comte Rossi, M. le prince Albert de Broglie, à peine âgé de 27 ans, rendait hommage dans des pages élevées et vraiment superbes à la mémoire de son ancien chef, l'ami et le disciple de son père : « Ce n'est point seulement le souvenir de travaux communs qui nous unissait à M. Rossi ; la communauté d'opinions formait un lien plus étroit encore. Son nom restera, en effet, comme l'un des titres de gloire de ce grand parti constitutionnel modéré, également ennemi de tous les excès, également dévoué à toutes les idées hautes et saines, dont le passage n'a pas été sans gloire en Europe et dont les débris luttent encore avec énergie contre les invasions du torrent démagogique. Exilé volontaire en 1815, pour la cause de la liberté, M. Rossi est mort en 1848, martyr volontaire de la cause de l'ordre ; il quitta sa patrie dans des jours de réaction absolutiste. Il est revenu mourir au pied du dôme de Saint-Pierre, pour défendre l'indépendance spirituelle de l'Église menacée dans le pouvoir, dans la personne de son chef. A son début et à sa fin, cette forte vie a fait face aux deux excès opposés et résume encore d'une manière frappante les deux termes de nos opinions. »

son tempérament. Pour la plupart des Romains, fonctionnaires ou nobles, le ministre novateur, le sage conseiller du Pape, n'était qu'un étranger implanté à Rome, un intrus venu pour renverser les situations acquises, réformer, transformer ou détruire. De là, cette impopularité qui, chaque jour, allait grandissant, cette hostilité latente, se traduisant par des critiques enfiellées et de sourdes menées. L'élément laïque que Rossi avait appelé aux emplois réservés jusqu'alors exclusivement aux prêtres, n'était encore ni assez dévoué ni assez habile pour opposer à la Révolution une force de résistance. Les anciens serviteurs du gouvernement pontifical, dont le Pape avait dû décliner les services, grossissaient le nombre des mécontents et, dans leur irritation, augmentaient la défiance contre les projets du premier ministre. Il n'était pas jusqu'à certaines personnes de l'entourage du Souverain Pontife qui ne fissent, à leur insu, cause commune avec les adversaires du grand Italien. Aussi, lorsque le bruit d'un complot dirigé contre le comte Rossi prit consistance, les modérés affectèrent de n'y voir qu'une trame dirigée contre le pouvoir, et non contre la vie du favori nouveau. Dans ce duel à mort cyniquement déclaré au Président du Conseil, ils ne voulurent voir qu'un défi jeté par le parti d'action à son plus dangereux ennemi. C'est ainsi que la foule assista aux préparatifs du meurtre, prête, au besoin, à acclamer les assassins triomphants[1].

1. Voici un jugement sévère, sans doute, mais dont la vérité nous a paru frappante. Il était porté peu de temps après la mort de Rossi par un homme qui connaissait merveilleusement l'esprit de la société romaine :

« Cette capitale possède une puissante aristocratie qui doit aux Papes son

La séance était fixée pour une heure de l'après-midi. A onze heures précises, la garde civique était déjà rangée en bataille sur la Place, tandis que les carabiniers et les agents de police surveillaient les abords du Palais. De leur côté, fidèles aux ordres reçus la veille de leurs différents chefs, les conjurés étaient tous à leur poste. Vers neuf heures du matin quelques légionnaires de Grandoni apparurent en tenue, le sabre au côté, sur la place de la Chancellerie. Ils se promenaient en attendant leurs compagnons, et observaient avec attention les mouvements, les dispositions et les forces de la garde civique et des carabiniers. Peu d'instants après, arrivèrent ensemble Bezzi, le colonel Ruggero, les deux Fracciotti, Grandoni et les autres chefs de la faction. Ciceruacchio ne parut pas, occupé qu'il était à rassembler et maintenir sur la place du Peuple sa troupe de déclassés, rebut des faubourgs, prêts à se soulever au premier signal.

Tandis que les Romains, avides comme l'on sait de tout spectacle, se répandaient sur la Place et dans les rues avoisinant le Palais, les affiliés se divisaient en plusieurs bandes. Les uns avaient revêtu l'uniforme de

---

élévation, une bourgeoisie dont le séjour des Papes à Rome a fait la richesse ; une bureaucratie, une armée liée au Souverain par un devoir rigoureux et tenant tout du gouvernement, enfin un peuple pauvre, secouru par la charité toujours féconde des Pontifes. Et pourtant, personne ne bougea pour défendre le Pape, ni pour lui témoigner sa sympathie, sa douleur, sa fidélité. Une princesse qui a beaucoup d'influence habituellement sur l'esprit de ses fils, se mit en vain à genoux pour les supplier d'aller voir le saint captif. La garde civique, la bourgeoisie armée qui avait juré de défendre l'Église confiée à son honneur, persista dans une stupeur immobile et parjure. Tous les rangs de la société, toute la nation romaine se montra indigne en ce jour d'avoir, chez elle, le chef suprême du christianisme, le vicaire de Jésus-Christ. »

la garde civique, les autres étaient en habit bourgeois, et parmi ces derniers les soixante légionnaires auxquels était confiée l'exécution de l'assassinat. Ils se tenaient auprès de leur chef Grandoni, qui arpentait la Place, l'épée au côté, en tenue d'officier. Suivant quelques témoignages, Grandoni portait sur ses vêtements une *panuntella*, sorte de tunique très légère qui devait servir de signe de ralliement. Ce vêtement d'été et de couleur très claire, porté au mois de novembre, étonna d'autant plus les Romains qu'ils étaient habitués à ne le voir que sur les épaules des légionnaires en faction.

Bientôt les conjurés ne prirent plus la peine de dissimuler leurs intentions. On les voyait parcourir la Place, se grouper à la grande porte du Palais et causer avec animation et à haute voix. Ils allaient et venaient, anxieux, « comme s'ils eussent attendu quelque bête à l'affût ou quelqu'ennemi en embuscade. » Aucun d'eux ne perdait de vue Grandoni, l'âme du complot, qui circulait, donnant à chacun ses ordres et ses instructions. L'attitude arrogante des conspirateurs, leurs airs de défi à l'endroit des carabiniers et des agents de police, contrastaient étrangement avec le maintien de ceux-ci, qui se contentaient d'observer en silence ce qui se passait, se gardant d'arrêter personne. Comme s'ils eussent été d'avance assurés de l'impunité, Grandoni et les siens ne prenaient nul ménagement pour se répandre en injures et en menaces de mort contre Rossi. Les plus cyniques disaient hautement : « L'infâme assassin de la liberté, d'ici à peu de temps, n'ouvrira plus la bouche. Attendons la minute où il montera l'escalier de la Chancellerie ! » Ces propos faisaient frémir les badauds, qui s'empressaient de s'éloigner, lorsqu'ils ne partageaient point les idées des sectaires. Le dessein des conjurés n'était plus désormais un secret pour personne : le meurtre était publiquement annoncé. Rossi s'avançait vers la mort aussi sûrement que le condamné qui gravit l'échafaud.

Tandis que ces faits incroyables se passaient sur la place, Sturbinetti, président de la Chambre, auquel incombait la sécurité et la garde du Palais, ne manifestait aucune inquiétude. Comme si tout se fût accompli régulièrement et dans le plus grand calme, le président n'avait demandé qu'une vingtaine d'hommes de la milice pour la Garde d'honneur de l'Assemblée. L'escalier, le vestibule, la cour et toutes les portes du Palais étaient restés sans défense et complètement au pouvoir des conjurés. Ceux-ci, depuis le matin, occupaient les issues et ne livraient passage qu'aux personnes qu'il leur convenait d'introduire. De plus, afin que les conspirateurs fussent tenus en éveil, des sentinelles avaient été placées depuis l'entrée de la place jusqu'à la rue Leutari, avec mission d'avertir les légionnaires aussitôt qu'elles apercevraient le carrosse du ministre.

Une heure venait de sonner ; un grand nombre de députés occupaient déjà leurs sièges et le corps diplomatique arrivait successivement. — Les tribunes regorgeaient d'auditeurs avides d'entendre Rossi prononcer son discours d'ouverture. Quant aux conjurés, l'approche du crime augmentait leur agitation. Cette poignée de misérables, saisis d'un frémissement de rage, en même temps que d'une vague terreur, cachaient leur lâcheté sous des bravades, éclatant en imprécations injurieuses ou obscènes. Les plus impatients criaient : « Il tarde bien à arriver, le bourreau ! Dès qu'il paraîtra, nous le « cuisinerons. » « *Come arriva, lo cuciniamo.* » Il faut que le ministère Rossi, cette fois, soit vraiment à bas... Mais on ne le verra donc pas venir ? Cette charogne aurait-elle peur ! *Questa carogna dovrebbe avere paura !* »

Le prince de Canino[1], reconnu par la foule, fut vivement acclamé, au moment où il pénétrait sous le vestibule. Dès qu'un nouvel équipage débouchait sur la Place, les affiliés accouraient tous, entourant la voiture pour examiner qui en descendait. Ils redoutaient tellement que leur victime leur échappât, que quel-

---

1. Le rôle du prince de Canino, dans cette journée sanglante, fut des plus bizarres. Le lendemain du meurtre de Rossi, le 16 novembre 1848, les concessions arrachées au Saint-Père eurent pour résultat l'établissement de cet étrange ministère d'un jour : Rosmini, président du Conseil ; Mamiani, Affaires étrangères ; Galetti, Intérieur ; Sereni, Grâces et Justice ; Sterbini, Commerce et Travaux publics ; Campello, Guerre ; Lunati, Finances.

Des députés proposèrent une adresse au Pape Pie IX pour lui exprimer en ce moment leurs remerciements, leur dévouement, leur soumission.

Le prince de Canino, qui ne s'appelait plus que le citoyen Bonaparte, y mit opposition en ses termes : « Il est inopportun de parler ici de soumission, de remerciement et dévouement. Il faut des actes et non du verbiage. Voyons d'abord ce que fera le ministère. Nous prétendons avoir non une constitution bâtarde, mais la *Constituante italienne* de Montanelli, avec Rome pour capitale de toute la Péninsule. — « A la question ! interrompit une voix. — J'y suis tout à fait, reprit le citoyen Bonaparte, quand je m'oppose à une adresse de dévouement à Pie IX. Car je maintiens ainsi les droits du *peuple italien*, notre seul et légitime souverain, qui saura briser Chambres, ministres et trône, lorsque ceux-ci mettront obstacle aux élans généreux de la première nation du monde ! »

ques-uns d'entre eux supposaient déjà le ministre entré dans la salle sous un déguisement. Un carrosse de *gala* parut sur la place : c'était la voiture de l'ambassadeur d'Espagne qui ressemblait à celle du comte de Rossi. Dès qu'ils l'aperçurent, les conjurés se précipitèrent autour d'elle et se rangèrent sur son passage. On vit même, au moment où l'ambassadeur en descendait, un des assassins mettre la main à son poignard et se préparer à dégainer. Il le rengaina aussitôt, averti par le cri d'un des complices : « Ce n'est pas lui, imbécile ! » — L'ambassadeur entra et les assassins retournèrent à leur poste.

Quelques minutes après cet incident, Sterbini arriva à pied, en habit noir, la mise irréprochable et escorté de quatre gardes civiques. Il fut reçu, sur la Place, par une salve bruyante d'applaudissements, aux cris de : « Vive Sterbini ! » « Vive notre libérateur ! » cris aussitôt répétés par ceux des légionnaires qui se trouvaient sous le vestibule et dans la cour du Palais.

A peine Sterbini avait-il franchi le seuil de la Chambre, qu'une voix fit entendre ces mots : « Attention, il va arriver ! » En effet, quelques instants après, on vit accourir de la rue *Baulari*, et se dirigeant vers la Place, cinq affiliés placés en surveillance, et qui criaient à tue-tête : « Le voilà ! le voilà ! » Aussitôt Bezzi, qui se tenait près de là, s'avance vers les légionnaires en répétant de sa forte voix : « Le voilà ! alerte ! » Tous, courant ensemble vers la porte, se placèrent dans le vestibule, au bas de l'escalier, prêts à recevoir leur victime qui s'approchait lentement.

Rossi, pendant la matinée, avait été, à plusieurs reprises, averti et supplié de ne point se rendre à la Chancellerie. Tous ces avis le prévenaient qu'il y trouverait une mort certaine. Un membre du corps diplomatique, informé des détails du complot par son valet de chambre, se rendit chez le ministre et lui révéla le danger qu'il allait courir. La duchesse de Rignano avait entendu, la veille, au théâtre, les propos les plus significatifs sur les projets du lendemain. Pleine de terreur pour le comte en même temps que pour son mari, collègue de Rossi au ministère, elle avait écrit vers dix heures du matin à la comtesse Rossi pour lui exposer ses craintes. Le ministre avait fait répondre à la duchesse qu'il ne courait aucun danger et qu'elle n'eût pas à s'occuper des bavardages et des menaces de ces insensés.

Vers midi, après avoir reçu plusieurs personnes, il fit ses adieux à sa femme et à ses deux fils qui, effrayés du péril, avaient tenté bien inutilement de retenir leur père. Il se rendit d'abord au Quirinal et demanda la bénédiction du Pape. Le Pontife la lui donna avec effusion, en ajoutant ces mots : « De grâce, mon cher comte, prenez garde ! vos ennemis sont nombreux, et dans leur fureur, capables du plus infâme des crimes ! » — « Sainteté, répondit Rossi, ils sont trop poltrons, je ne les crains pas ! »

Après cette visite, au moment où il traversait l'antichambre pontificale, un camérier s'approcha de lui et lui dévoila tout le complot. — Lorsqu'il descendait les degrés du Palais, dans la cour Saint-Damase, un prêtre qui l'avait attendu vint à lui et lui confia, en détail, les projets des meurtriers : « Je n'ai plus le temps d'aviser, » répondit froidement le premier ministre. — Le malheureux prêtre le saisit par le bras, s'attacha à lui et le supplia encore, les larmes aux yeux, de ne point monter en voiture. « Si vous partez, vous êtes mort ! » s'écria-t-il. Rossi fut un peu troublé par cette explosion de douleur. Mais après un moment de silence et d'hésitation, il continua sa marche et monta en voiture, après avoir serré les mains du prêtre qui ne voulait point se détacher de lui. C'est alors que, se penchant à la portière, il lui dit en latin ces mots sublimes : « *Causam optimam assumpsi; miserebitur Deus !* »

Au moment où l'équipage sortait du Palais pontifical, de nouveaux avertissements et de nouvelles exhortations de ses amis tentèrent de l'arrêter. Plusieurs personnes à lui inconnues étaient même accourues aux abords du Quirinal pour le conjurer de ne pas se rendre à la Chancellerie, le prévenant que, sur le seuil du Palais, les assassins l'attendaient depuis plusieurs heures. Le grand ministre resta inébranlable. Monseigneur Marini lui adressa les plus chaleureuses instances, en affirmant qu'il était certain que les conjurés ne le laisseraient pas entrer vivant à la Chambre. Il se contenta de répondre ces mots devenus célèbres : « Je défends la cause du Pape, et la cause du Pape est la cause de Dieu : je dois aller là où est mon devoir [1]. »

1. M. Dieudé Defly qui avait été chancelier de l'ambassade de Rome, au moment où ce poste était occupé par le comte Rossi, a bien voulu, jadis, nous

Toutefois ces prières, ces avis, ces supplications s'étaient tellement multipliées depuis le matin que, malgré sa fermeté et son sang-froid, le ministre était arrivé à un état d'énervement facile à comprendre. Aussi, le duc de Rignano, en se séparant de Rossi au Ministère, un peu avant son départ pour la Chancellerie, remarqua-t-il que son visage avait légèrement pâli et qu'il semblait préoccupé, sans que rien dans ses paroles ou dans ses actes trahît le moindre sentiment de faiblesse.

L'heure de partir était arrivée; le chevalier Pietro Righetti, substitut aux Finances, se rendit chez le ministre selon l'ordre qu'il en avait reçu, pour l'accompagner à la Chambre. En montant dans son carrosse, le comte lui dit: « Chevalier, si vous n'avez pas peur, montez avec

communiquer une lettre que le fils de la victime lui écrivait quelques jours après l'attentat. Cette lettre est datée du 21 novembre 1848 de Civita-Vecchia, où le jeune Edouard Rossi s'était réfugié chez le consul de France, M. de la Chapelle, ami intime de la famille Rossi.

« Cher Defly, vous savez déjà l'infâme assassinat de mon pauvre père. Il est tombé victime de son entier dévouement à l'ordre et à l'honnête liberté. Quelqu'un l'ayant averti sur l'escalier du Quirinal, une demi-heure avant sa mort, il répondit: *La causa del Papa è la causa de Dio!*

» Les assassins étaient plus de trente présents sur le lieu! Ils se promènent tranquillement dans Rome, bien que connus. C'est assez vous dire que le Pape prisonnier de fait a pour ministres des...

» Nous avons dû quitter Rome précipitamment et avec mille précautions. Après avoir tué le père, ils voulaient tuer les enfants. Nous sommes à Civita-Vecchia sous la protection du *Tenare* et du consulat. Vous croirez peut-être que j'ai l'imagination frappée en ayant de pareilles idées! Non, non, mon pauvre ami, c'est exact, c'est certain, cela ne pouvait pas faire un doute. Nous quitterons cette terre maudite le plus tôt possible et nous emmènerons notre bon père que nous n'avons pas *revu*. Le transporter chez nous, c'eût été faire insulter son cadavre par les mêmes hommes qui, le soir de l'assassinat, sont venus chanter sous nos fenêtres : *Benedetta la mano*..... Je m'arrête. Il est des horreurs et des monstruosités qu'un honnête homme ne retrace même pas. »

moi. » Righetti monta sans hésiter, mais lorsqu'il fut à ses côtés, il demanda ce qu'ils avaient à craindre. Rossi lui répondit par des phrases vagues et ambiguës, mais sans manifester le moindre trouble. Puis le carrosse partit au galop, se dirigeant vers la Chancellerie. — Pendant le trajet, le ministre, plein de sang-froid, s'entretint avec son compagnon du discours qu'il allait prononcer[1]. Lorsqu'on fut arrivé au tournant de la rue Leutari, les chevaux modérèrent leur allure en raison de l'encombrement de la foule accumulée à cet endroit. Un détachement

1. « Si l'on me laisse parler, avait dit le comte Rossi, deux jours avant sa mort, si l'on me donne le temps de prononcer le discours que j'ai préparé et qui renferme peut-être le salut de l'Italie, c'en est fait de la démagogie dans la Péninsule ! »
La minute écrite de ce discours, aussi admirable par le fond que par la forme, n'était pas achevée. L'homme d'État, le grand orateur, devait graduer sa péroraison d'après les impressions qu'aurait fait naître dans l'Assemblée sa puissante parole. Ce précieux document fut trouvé taché de sang dans la poche de l'illustre victime.
Rossi, dans ce manifeste, débutait par rappeler les grâces accordées par le Pontife, l'amnistie et la liberté données aux Romains. L'octroi de ces institutions nouvelles prouvait que l'Église, immuable quant aux dogmes éternels, sur le progrès du siècle ne redoute point les lumières. Mais une Constitution n'est point achevée quand elle est écrite et promulguée ; c'est la sagesse du Parlement et du citoyen qui seule peut la mettre en pratique et réaliser le progrès. — Le ministre attribuait les désordres et le trouble des esprits à ce temps de transition et exprimait sa confiance dans l'avenir. Il annonçait que l'armée serait portée au chiffre de 24,000 hommes, il indiquait les réformes à opérer dans l'administration et le moyen de rétablir l'équilibre dans le budget. Il prévoyait en 1849 un déficit d'un million ; mais, en 1850, les recettes devaient égaler les dépenses. Rome, selon lui, avait de grandes ressources économiques ; la richesse du sol et le voisinage de deux mers devaient faciliter le commerce. Les Romains ne payent que trois scudi par tête, tandis que les Français en payent neuf, les Anglais dix. En augmentant la production, les impôts ne seraient point onéreux. En ce moment, le Saint-Père ne voulait avoir recours ni à de nouveaux impôts, ni à l'emprunt, ni au papier-monnaie ; les dons patriotiques du clergé feront face à la situation. Tel était à peu près le résumé du discours que Rossi allait prononcer à l'ouverture du Parlement.

de gardes civiques postés depuis le matin salua la voiture par des huées et des sifflets. Les espions, en apercevant l'équipage, étaient accourus, comme nous l'avons dit, prévenir les légionnaires de son arrivée. Le carrosse déboucha sur la Place, d'où lentement, à travers une foule compacte, il parvint, pas à pas, jusqu'à l'entrée du Palais. Arrivé là, il s'arrêta sous la voûte, au milieu du vestibule.

L'attente de graves événements ou d'un spectacle vaguement espéré avait entassé, pêle-mêle, bourgeois, spadassins et curieux sur la Place, sous le portique, sur les degrés et jusque sur la galerie du premier étage du Palais de la Chancellerie. Cette liberté, ou mieux ces promiscuités de la rue, cette absence de la police et des agents de l'autorité, qui caractérisent si bien les époques révolutionnaires, avaient pour témoins impasssibles les gardes civiques rangés dans la cour.

Les soixante légionnaires, déguisés en *bersaglieri* et disposés sur deux rangs serrés, formaient comme une aile et occupaient tout l'espace qui séparait le carrosse de l'escalier. Sur les premières marches se tenait ostensiblement Grandoni, en qualité de chef de la bande. Derrière les rangs des légionnaires, se pressaient, comme pour servir de renfort ou de rempart, un certain nombre de gardes civiques et de bourgeois complices ou affiliés à la conspiration. Au moment où le carrosse s'arrêta, on entendit une voix qui semblait commander et qui prononça ces mots : « Silence ! Chut ! Chut ! » Pendant quelques secondes, il se fit un profond et lugubre silence. La portière ayant été ouverte par le laquais et le marchepied affermi, Righetti descendit le premier, puis Rossi. Dès que celui-ci parut, des coups de sifflet l'accueillirent, des huées féroces se firent entendre. « Ce fut, dit un témoin oculaire, comme un rugissement terrible; des voix furibondes hurlaient ces mots : Égorgez-le ! Égorgez-le ! A bas Rossi ! Mort à Rossi ! » Ces bruits parvinrent jusqu'à la salle des séances. En cet instant, quelques gardes civiques sortirent des tribunes, et se montrant à la terrasse supérieure, excitèrent la foule en répétant : « Mort à Rossi ! »

Au milieu de ce tumulte, Pellegrino Rossi, impassible, suivi de Righetti, s'achemina vers l'escalier d'un pas ferme, la tête haute, regardant froidement les scélérats qui semblaient, par leurs hurlements, vouloir l'épouvanter. A peine était-il descendu de son carrosse, que les deux ailes des légionnaires se réunirent derrière lui, le séparant adroitement de Righetti. Ceci fait, ils se serrèrent de manière à rendre vaine de la part de la victime toute tentative de fuite. Rossi ayant fait quelques pas, l'un des légionnaires le heurta légèrement au côté droit avec le bout d'une canne. A cet attouchement, Rossi retourna vivement la tête d'un air irrité vers l'insulteur. Aussitôt se détacha du groupe un des six assassins désignés qui, se glissant rapidement derrière le comte, lui enfonça, sur le côté gauche du cou, son poignard jusqu'à la garde[1].

---

1. « Le ministre ne pousse pas un cri, il tire un mouchoir de sa poche et d'une main, demeurée ferme, le tient appuyé sur son cou, puis il gravit encore quelques marches. Un reste d'énergie morale neutralisait l'effet d'une blessure mortelle. « C'est fait, c'est fait ! » crièrent plusieurs voix. Rossi était parvenu

Ces divers mouvements, étreindre Rossi par derrière entre les deux groupes, le séparer de Righetti, le heurter au côté droit, le blesser mortellement au cou, furent exécutés avec tant de promptitude et de précision, qu'ils semblèrent s'être accomplis simultanément. A peine le ministre eut-il senti sur la carotide, la lame froide du poignard, qu'il porta la main à sa blessure, laissant échapper ces mots : « Assassins ! Ah ! les lâches ! » Il tenta de faire quelques pas en avant, mais ne put continuer. Ses forces l'abandonnant, il commença à vaciller. Ses yeux s'obscurcirent. Les mains tendues en avant, il semblait chercher le mur pour s'y appuyer, Puis, tout d'un coup, il tomba à la renverse, pendant que de la plaie ouverte coulait le sang.

« Rossi est frappé ! Il meurt ! Il meurt ! » hurlèrent les assassins transportés de joie, en formant un demi-cercle autour de leur victime agonisante. Righetti alors, se débarrassant brusquement des légionnaires, pénètre courageusement jusqu'à Rossi. Il essaye de le relever, mais ses forces le trahissent. C'est alors qu'il cherche autour de lui un être assez humain pour l'aider à transporter le mourant. Personne ne répond à son appel parmi les bourreaux dont quelques-uns brandissent déjà, sur le corps du ministre, leurs poignards dégainés.

au haut de l'escalier dont il ensanglantait les degrés. Là, son front pâlit, il chancelle. Son mouchoir était rouge, affreusement teint des couleurs du meurtre. L'horreur glaçait les assistants. Ceux qui s'étaient précipités à son aide, l'environnent et le soutiennent ; il tombe évanoui dans leur bras. » (*l'Italie Rouge*, par le vicomte d'Arlincourt.)

Cependant on laisse Righetti soulever la victime avec l'aide du valet de pied qui, après avoir fermé la portière et vu le coup, s'était jeté résolument à travers la foule pour secourir son maître. Righetti et lui, relèvent le ministre, le conduisent péniblement en le tenant sous les bras jusqu'au haut de l'escalier. Rossi monte ainsi huit ou dix marches. Mais, arrivé sur le palier et exténué par ce suprême effort, il ferme les yeux et s'évanouit. On dut le porter jusqu'à la chambre du cardinal Gazzoli qui, en sa qualité de préfet du gouvernement, habitait le Palais. Les conjurés, certains cette fois de la mort du ministre, s'écrièrent : « C'est fini ! partons ! » Et cette foule hideuse se retire en laissant éclater une joie sauvage : « Des hommes noirs ! criaient-ils, il faudra nous en débarrasser ainsi, jusqu'au dernier. »

Le mourant est déposé sur un canapé dans la seconde pièce de l'appartement du cardinal. Lorsque, pour dégager le cou du blessé, on lui eut enlevé sa cravate, on aperçut à la carotide gauche une plaie béante de laquelle s'échappaient des flots de sang. Les docteurs Pantaleoni et Fusconi, accourus de la Chambre des Députés auprès du moribond, examinent la blessure et jugent de suite que le coup est mortel et tout remède inutile. Rossi respirait avec beaucoup de difficulté. Il avait repris connaissance et essayait vainement d'articuler quelques mots. Peut-être voulait-il répéter la pieuse et suprême invocation que l'un des assistants récitait à son oreille : « Mon Jésus ! miséricorde ! »

On envoie chercher le curé de l'église de Saint-

Laurent-de-Damas, contiguë comme nous l'avons dit, au Palais de la Chancellerie. Arrivé par un escalier secret dans les appartements du cardinal, le prêtre trouve Rossi agonisant. Il eut à peine le temps de lui donner l'absolution, et le ministre expira.

Les événements de Rome causèrent en France une profonde émotion. L'opinion publique s'en émut et le gouvernement de la République eut la sagesse et le courage de séparer la cause de la liberté de la cause de la Révolution et de l'assassinat.

Le 28 novembre 1848, à l'Assemblée constituante de Paris, le citoyen Bixio interpelle le gouvernement et lui demande ce qu'il a fait, ce qu'il compte faire en présence de l'insurrection qui vient d'éclater à Rome. Le général Cavaignac, président du Conseil, monte à la tribune, et s'exprime ainsi :

« C'est avant-hier matin que les dépêches officielles du ministre de la République à Rome nous ont informé des événements qui s'y étaient passés. Avant-hier, dans la journée, un ordre télégraphique a été expédié à Marseille et à Toulon pour qu'une brigade qui s'y trouvait précédemment, et depuis longtemps réunie en vue d'éventualités diverses, fût immédiatement embarquée sur des frégates à vapeur prêtes à les recevoir. (*Mouvements. — Très bien!*) M. de Corcelles, représentant du peuple, notre collègue, a accepté une mission dont je vais donner connaissance à l'Assemblée.

» Si nous n'avons pas pris les ordres de l'Assemblée pour faire ce que nous avons déjà accompli, c'est que, d'abord, il y avait urgence, vu le but que nous nous proposions d'atteindre, et qu'ensuite nous avons pensé agir complètement dans les limites des pouvoirs qu'elle avait bien voulu nous confier. *(Très bien!)*.

» Voici les instructions que l'honorable M. de Corcelles a emportées hier. Ces instructions sont données au nom du Gouvernement par M. le Ministre des Affaires étrangères :

« Monsieur et cher collègue, vous connaissez les déplorables
» événements qui se sont passés dans la ville de Rome et qui
» ont réduit le Saint-Père à une sorte de captivité.

» En présence de ces événements, le gouvernement de a
» République vient de décider que quatre frégates à vapeur
» portant à leur bord une brigade de 3,500 hommes seraient
» dirigées sur Civita-Vecchia.

» Il a décidé également que vous vous rendriez à Rome,
» en qualité d'envoyé extraordinaire. Votre mission a pour but
» d'intervenir au nom de la République française, pour faire
» rendre à Sa Sainteté sa liberté personnelle, si Elle en a été
» privée... *(Vive approbation.)*

» Si même, il entrait dans son intention, vu les circonstances
» actuelles, de se retirer momentanément sur le territoire de
» la République, vous assurerez autant qu'il sera en vous la
» réalisation de ce vœu et vous assurerez le Pape qu'il trou-
» vera au sein de la nation française un accueil digne d'elle et
» digne aussi des vertus dont il a donné tant de preuves. *(Très
» bien ! Bravo!)*

» Vous n'êtes autorisé à intervenir dans aucune des ques-
» tions politiques qui s'agitent à Rome. Il appartient à l'As-
» semblée nationale seule de déterminer la part qu'elle voudra
» faire prendre à la République dans les mesures qui devront
» concourir au rétablissement d'une situation régulière dans les
» États de l'Église.

» Pour le moment, vous avez, au nom du Gouvernement
» qui vous envoie, et qui en cela reste dans la limite des pou-
» voirs qui lui sont confiés, à assurer la liberté et le respect de la
» personne du Pape. »

A la fin de cette séance, après une discussion fort animée, à laquelle prirent part les représentants Ledru-Rollin, Edgard Quinet et Montalembert, l'ordre du jour de M. de Treveneuc, ainsi conçu : « L'Assemblée approuvant les mesures prises par le Gouvernement pour assurer la liberté du Saint-Père, et se réservant de prendre une décision sur des faits ultérieurs et encore imprévus, passe à l'ordre du jour, » fut adopté par 480 voix contre 63.

De cette minorité de 63, deux députés seuls survivent en 1886 : ce sont MM. Félix Pyat et Schœlcher.

LIVRE SEPTIÈME

ROME (4ᵉ partie)

APRÈS LA MORT

Rossi n'avait point encore rendu le dernier soupir, que le bruit de son assassinat se répandait dans la salle des séances. La nouvelle arriva en même temps au président Sturbinetti et à la tribune du corps diplomatique.

L'ambassadeur d'Espagne, M. Martinez de la Rosa, se leva[1], suivi de son secrétaire. Le duc d'Harcourt, ambas-

---

1. Un journal français libéral, *Les Débats*, publia ces détails datés de Rome le 15 novembre 1848, onze heures du soir :

.... « Ce crime rappelle l'assassinat de Parceval au Parlement anglais en 1812, dans des circonstances semblables et l'accord de tous les partis pour témoigner de l'horreur qu'un pareil attentat leur inspirait. Mais la Chambre de Rome a fait comme l'Assemblée des étudiants de Vienne, elle n'a rien dit.... L'homme qui a fait le coup ne s'est même pas sauvé ; le groupe des complices est resté immobile. On n'a arrêté personne. L'absence des carabiniers doit-elle être attribuée à une trahison ou à la négligence audacieuse de la victime? Ceci restera, je crois, ignoré. Nous n'avons plus ici d'autorité. Le ministre Rossi était à lui seul tout le gouvernement ; ministre de l'intérieur, chargé de la police, ministre des finances, conseiller, directeur de tous : voilà ce qu'il était! Le sous-chef de la police est dans ce moment en France,

sadeur de France, se tournant vers ses collègues, leur dit : « Attendons, Messieurs, pour voir ce que dira le Président, ce que répondra l'Assemblée ! » Vaine attente : le Président ne prit la parole que pour réprimer l'agitation qui se manifestait dans les tribunes publiques, et, froidement, s'adressant aux députés : « Passons à l'ordre du jour. » Cédant alors à un légitime mouvement d'indignation, le duc quitta la salle en prononçant ces mots : « C'est infâme ; sortons, Messieurs, pour ne pas être complices de cette impassibilité. »

Un seul député montra du courage ; comme plusieurs de ses collègues, ignorant le crime, s'informaient des causes de l'agitation : « Demandez-le à M. Sterbini, dit-il, en regardant fixement l'instigateur du crime, il en sait quelque chose, lui ! »

faisant un voyage pour étudier le régime des bagnes ; le ministre de la guerre est à Ferrare pour pacifier la ville. Les uns conseillent au Pape de se livrer *aux bonnes intentions* de la Chambre, les autres de faire acte de souverain absolu. Comme moyen terme, il prendra, je le crains, le parti de ne rien faire. Dieu sait ce que peut amener la journée de demain ! et je ne puis m'empêcher de craindre beaucoup et de prévoir de grands désordres. Jusqu'à présent, Rome est morne, mais calme. Tout le monde attend. »

« Rome, le 18 novembre 1848.

» L'assassinat du comte Rossi n'est pas seulement la mort violente d'un Romain, c'est un événement qui ouvre pour la Papauté et l'Italie tout entière une ère de périls. Quelle que soit la tournure que les feuilles publiques italiennes donnent à ce malheureux événement, c'est un crime politique. C'est moins l'homme que la capacité qu'on a voulu tuer et qu'on a tuée. Depuis deux mois, le calme était revenu dans Rome ; l'ordre s'introduisait peu à peu dans l'administration ; la séparation, si difficile ici, du temporel avec le spirituel s'effectuait de plus en plus sans déchirement et avec l'assentiment du Pape. De là résultait la possibilité pour la Papauté de gouverner constitutionnellement, par conséquent de demeurer intacte dans les mains de Pie IX. Le parti anarchiste se trouvait donc entravé dans ses projets : il a brisé l'obstacle. Le poignard a fait ce que l'on désespérait de faire autrement, et voilà de nouveau Pie IX totalement isolé. »

Ce fut un Religieux français qui, bravant les murmures de la foule, transporta, aidé d'un jeune prêtre, le cadavre de la victime et le cacha dans les caveaux de l'église Saint-Sauveur où il fut enseveli. Le père Vaures courut annoncer lui-même à la comtesse Rossi le fatal événement. Au même instant, les deux fils de la victime entrèrent dans la chambre de la comtesse, pâles, effarés, hors d'eux-mêmes. « Où est notre père, s'écrient-ils, où est notre père ? Vous ne répondez pas ? ils l'ont assassiné, n'est-ce pas ? Alors vengeance ! mort à Sterbini ! » — Disant ceci, les deux jeunes gens s'élancent en répétant : « Vengeance ! mort à Sterbini ! » Le peuple, le vrai peuple, attendri devant cette immense douleur, s'écarte sur leur passage et un ami dévoué les accompagne pour les calmer et les défendre au besoin.

« Où est notre père ? répètent-ils en arrivant sur la place, devant les portes du Palais de la Chancellerie, gardées par un détachement de garde civique. C'est alors qu'Édouard, le plus jeune, en tenue d'officier, apostropha la garde, muette et impassible : « Vous êtes des infâmes, vous qui ne l'avez pas défendu et l'avez lâchement laissé assassiner ! Vous avez déshonoré votre uniforme ; le mien me fait horreur, je ne le porterai plus. Cette épée, avec laquelle, à Vicence, j'ai combattu les ennemis de la patrie, je la maudis et je la brise. » Et il arrache ses épaulettes, déchire sa tunique, brise son épée et la foule aux pieds. — Plus calme, mais non moins indigné, son frère aîné Alderan, devenu le chef de la famille, s'écrie : « Le poignard qui vient d'assassiner notre père, a tué pour toujours la cause de la jeune Italie ; cette cause, souillée par le crime, est à jamais perdue. »

Voici en quels termes l'agent officiel de la République française, l'ambassadeur de France, le duc d'Harcourt, rendait compte de l'assassinat au ministre des Affaires étrangères, à Paris, M. Jules Bastide :

Rome, samedi 16 novembre 1848.

Monsieur le Ministre,

J'ai déjà eu l'honneur de vous écrire par le télégraphe, pour vous annoncer que M. Rossi, ministre de l'Intérieur, avait été assassiné hier, à une heure, comme il descendait de voiture pour entrer à la Chambre des Députés. Il a été frappé à la gorge d'un coup dont il est mort sur-le-champ. Le meurtrier n'a pas été arrêté; on ne l'a pas même essayé. Quelques gendarmes et gardes nationaux qui étaient sur les lieux ont laissé faire.

La population est restée froide et muette devant cet événement. C'est à peine si le serviteur du ministre a pu trouver un second pour transporter dans une chambre voisine le corps de son maître. L'Assemblée, sur les degrés de laquelle s'était commis le meurtre, a continué gravement la lecture de son procès-verbal, et il n'a pas été fait la moindre mention de l'incident pendant toute la durée de la séance.

Le soir, les meurtriers et leurs adhérents, au nombre de quelques centaines avec des drapeaux en tête, ont été fraterniser avec les soldats des casernes, et l'autorité ne s'est montrée nulle part; le Directeur de la police, pressé de prendre quelques mesures énergiques, s'y est refusé et s'est retiré.

Ce matin, le ministère tout entier a donné sa démission, et

il est bien difficile de concevoir aucune combinaison possible, aucune chance pour rétablir l'ordre après ce qui vient de se passer.

Agréez, etc.

Signé : D'HARCOURT.

La Révolution venait de terminer le premier acte du drame. Rossi n'existait plus. Mais la Papauté était debout encore et le Souverain Pontife au Quirinal. Il restait à chasser le Saint-Père de son Palais et à proclamer la république : les assassins de Rossi n'hésitèrent point à terminer leur besogne.

La nouvelle de l'attentat répandue dans Rome y causa une consternation profonde. — Chacun s'attendait en effet à un soulèvement populaire. Après le crime, le peuple atterré évacua rapidement la place. Quant aux conjurés, loin de fuir, ils se rassemblèrent aussitôt devant le Palais de la Chancellerie, tandis que la garde civique, rangée en bataille, restait impassible et semblait protéger les meurtriers. Le major requis d'aller constater ce qui s'était passé, répondit simplement : « Nous n'avons pas à nous mêler de cette affaire. » — De son côté, la police se borna à envoyer quelques rapports vagues, omettant à dessein le nom des témoins.

Le commandant des carabiniers qui se trouvait au quartier Borromeo avec deux cents hommes, dès qu'il eut appris l'assassinat, s'empressa d'interroger le chef de la police sur la conduite à tenir et prit conseil de ses officiers. Ceci fait, il distribua des détachements sur plusieurs points afin de se renseigner sur l'attitude du public et savoir s'il n'y avait pas à redouter un mouvement. Pendant ce temps, sa petite troupe, dans la crainte d'un retour offensif, avait couru aux armes et s'était mis en bataille, précaution fort inutile d'ailleurs. Les factieux fort peu tentés de les assaillir vinrent au contraire réclamer leur concours et fraterniser avec eux. Le commandant, après quelques moments d'hésitation, fit rentrer ses hommes au quartier afin d'éviter une collision et attendit les ordres des ministres. Ces derniers, en apprenant la mort de Rossi qui était l'âme et la tête du cabinet, avaient perdu toute énergie : ils étaient incapables de prendre un parti.

Ce fut le 22 novembre seulement que le gouvernement français apprit par dépêche télégraphique aérienne la mort du comte Rossi.

Le *Moniteur du Soir* de Paris l'annonçait ainsi :

« Civita-Vecchia, 16 novembre 1848.

» C'est en se rendant à l'Assemblée que M. Rossi a été frappé d'un coup de poignard à la gorge. Après avoir reçu ce coup il a pu faire quelque pas, mais bientôt il est tombé mort. »

L'Univers, du 27 novembre, journal de M. Veuillot, commentait ainsi ce tragique événement :

« Les nouvelles de Rome vont remplir tous les cœurs vraiment catholiques d'horreur et d'angoisse.

» Les annales de l'Europe ne présentent peut-être pas un spectacle plus honteux et plus effrayant, par son universalité même, que cette longue traînée de sang qui signale partout le mouvement de 1848 et qui des barrières de Paris où le général de Bréa tombe prisonnier et égorgé, s'étend sous les cadavres mutilés du prince Lichnowsky, des généraux Auerswald, des comtes de Zamberg et de la Tour, jusqu'à Rome où M. Rossi, lâchement frappé par derrière, « a glorieusement expié toutes ses fautes » en mourant pour la liberté et l'honneur du Saint-Siège. Partout la violence, la cruauté, l'assassinat sous sa forme la plus ignoble ; et ce qui est plus honteux encore que l'assassinat, l'indifférence des masses égarées pour le sang innocent, l'apologie du meurtre, la consécration de ce que le journaliste toscan appelle le *poignard démocratique*.

» Ces forfaits, dignes partout de l'exécration des honnêtes gens, le sont plus que partout à Rome, par le caractère spécialement Auguste du pouvoir qui en est l'objet et du Pontife immortel qui en subit l'outrage.

» On frémit en pensant à quel degré le mal a dû s'infiltrer et infecter le cœur même de l'Italie, pour que les Romains aient pu ainsi, les uns abandonner lâchement leur prince souverain, les autres s'armer d'un fer sacrilège contre celui qui par son courage, son dévouement, son angélique bonté avait imprimé à la réforme politique de ses États et à l'affranchissement de l'Italie le sceau de la sainteté et de la grandeur. On se demande par quel triste arrêt de la Providence, la Ville Éternelle a mérité d'ajouter cette page éternellement déshonorante à ses annales.

» On rougit de savoir que c'est Rome, la cité des héros et des Papes, qui a enfanté ces misérables gardes civiques, d'abord témoins impassibles de l'assassinat, puis auteurs et complices du complot qui aboutit à la répétition du dix août 1792, contre le Palais apostolique défendu par quatre-vingts vieillards et servant d'asile au Père commun de tous les chrétiens.

C'est ainsi que fut consommé l'assassinat du premier

ministre de Pie IX, en plein jour et pour ainsi dire sous les yeux de tout un peuple. On ne rencontre guère dans l'histoire de précédent d'une telle audace et d'une telle lâcheté : la mort de César, assassiné dans le palais du Sénat romain, offre seule quelque analogie avec la mort de Rossi, égorgé sur les marches de la Chancellerie[1].

Chacun connaissait les auteurs du crime : personne n'osa les arrêter. « On eût dit que le poignard de l'assassin avait du même coup tranché le nerf de l'énergie publique. » Le comte Rossi était le seul homme qui pût maintenir en respect cette masse impressionnable et passionnée de la plèbe romaine, le seul qui inspirât confiance aux uns et terreur aux autres. Aussi, était-ce contre lui seul que les chefs de la démagogie avaient réuni leurs efforts.

Au milieu de la stupeur générale, les conjurés, enhardis par l'impunité, se préparèrent à recueillir le fruit de leur crime. L'esprit du mal était déchaîné ; l'assassinat de Rossi n'était que le prélude de la série de forfaits dont allait se souiller la Révolution romaine. Au lieu de provoquer, selon leur premier dessein, le peuple au pillage

---

1. « Le 15 novembre, dit M. Joseph Garnier, républicain, dans son *Dictionnaire d'Economie politique*, Rossi devait exposer ses projets à la Chambre des députés, lorsque le parti extrême de la Révolution le fit assassiner par un jeune fanatique : « *Nous tenons de la bouche de l'illustre Gioberti*, ajoute M. Joseph Garnier dans une note, « *que le sort de Rossi a été décidé dans un » conciliabule d'hommes dont l'histoire dira les noms.* »

...... La garde civique assista pour ainsi dire à ce crime sans l'empêcher ; l'Assemblée se sépara lâchement sans prendre aucune mesure; la police resta inactive ; le *parti qui l'avait fait commettre* osa s'en glorifier et la populace outragea de son allégresse la douleur de la femme et des enfants de Rossi.

et au massacre de la noblesse et du clergé, les chefs usèrent tout d'abord de prudence. Maîtres de la situation, grâce à l'inertie des troupes, ils différèrent l'heure de la révolte, espérant ainsi attirer à eux le commandant des carabiniers, Calderari, dont ils connaissaient l'irrésolution. Ils comptaient en outre séduire ses soldats par des promesses. Ils annoncèrent donc que, ce jour-là, il n'y aurait aucune manifestation, et, en même temps, des affidés sollicitaient en sous-main les carabiniers de se joindre à la démonstration qui devait avoir lieu le soir au Corso.

On s'occupa tout d'abord de la caserne principale du palais Borromeo. — Les factieux s'y présentèrent en nombre, portant l'uniforme de la garde civique. Ils s'étaient munis de plusieurs centaines d'exemplaires d'une adresse aux carabiniers. Cette œuvre déclamatoire d'un avocat du 4ᵉ bataillon de la garde avait été imprimée le matin même, en prévision du meurtre, à la typographie de Chiosi, éditeur du *Contemporaneo*. Ils entrèrent tranquillement au quartier, saluant les carabiniers du nom de « frères » et les suppliant de faire cause commune avec le peuple.

Le major Calderari, ébranlé par cette démarche inopinée, hésita quelque temps, puis céda, tout en faisant remarquer qu'il lui semblait patriotique de soutenir les droits du souverain. Les orateurs, redoublant d'insistance, eurent facilement raison de cette dernière objection, et bientôt les carabiniers se joignirent aux factieux.

Après cette première victoire, la bande s'achemina vers le café des Beaux-Arts, où était fixé le rendez-vous général. C'est là que l'on devait fêter les assassins de Rossi. Au milieu de la foule, on remarquait les légionnaires de Grandoni. A eux revenait tout l'honneur de la journée; aussi leur faisait-on grande fête et, en particulier, à l'individu qui avait porté le « coup de maître ». On l'acclamait, on l'embrassait, on le saluait des titres les plus pompeux : « Sauveur du peuple ! » « Libérateur de la Patrie ! » « Nouveau Brutus ! »

Comme la nuit commençait à tomber, Sterbini et Fabri descendirent dans la salle du Cercle, feignant de se retirer. La foule aussitôt, sortant du café, se rua vers le Corso aux cris de : « Vive les carabiniers ! Vive les meurtriers de Rossi ! » et s'avança, en tumulte, au son des tambours et à la lueur sinistre des torches et des cierges pillés dans les églises. Le cortège se dirigea vers la Place du Peuple, précédé d'une bannière aux emblèmes du Cercle populaire. En tête, se tenant par le bras, marchaient les assassins, Santa Constantini, Trentanove, Luigi Brunetti, Neri, Ranucci, Todini, suivis de légionnaires, de carabiniers, de gardes civiques et de bourgeois.

De temps à autre, la bande s'arrêtait pour redoubler de vociférations où le grotesque se mêlait à l'infâme : « Vive les carabiniers, nos frères ! Mort aux prêtres ! Vive la Constituante ! Vive le petit Brutus ! Vive Brutus II ! » et les légionnaires des premiers rangs, élevant sur leurs bras Santa Constantini, chantaient : « Bénie soit la main qui a égorgé Rossi ! » La foule applaudissait.

Sur la Place du Peuple, les émeutiers rencontrèrent Ciceruacchio et Guerrini qui les attendaient. Dès qu'ils eurent rejoint le cortège, les deux chefs se rendirent au poste de carabiniers le plus rapproché. A l'entrée du poste, Ciceruacchio invita la foule à le suivre, et bientôt les salles et les cours furent envahies de toutes parts. Les insurgés se livrèrent alors aux démonstrations les plus amicales à l'égard de leurs « frères », mêlant l'assassinat de Rossi à l'affranchissement de Rome, à la sainte union des peuples. Là aussi, ils réussirent à gagner les soldats. Sous la conduite d'un maréchal des logis, portant un drapeau tricolore, la foule reprit le chemin du Corso.

L'insurrection s'était ainsi assurée de la gendarmerie. Il s'agissait maintenant d'entraîner l'armée régulière. La tâche fut plus aisée encore. Chemin faisant, on s'arrêta à la caserne des dragons qui s'associèrent sans peine à la manifestation. Puis on continua vers le Corso et on arriva bientôt devant le palais Malta, en face le palais Doria. C'était la demeure de la victime. Là, se passa une scène hideuse: les assassins firent halte devant le Palais en poussant des hurlements féroces et des menaces de mort, et, sous les fenêtres mêmes, ils osèrent porter en triomphe l'assassin Constantini aux cris de : « Vive le nouveau Brutus! Vive le meurtrier de Rossi! Mort aux infâmes! — En entendant ces vociférations et ces menaces, la malheureuse veuve, réfugiée au fond de ses appartements auprès ses deux fils[1], tremblait que la populace

---

1. Les deux fils du comte Rossi sont morts depuis plusieurs années. Mais nous sommes trop jaloux de leur mémoire pour passer sous silence le fait suivant :

Le *Journal des Débats*, du 5 juin 1851, insérait la note suivante qui fut reproduite par la plupart des journaux de Paris:

déchaînée n'envahît la maison et ne vînt massacrer les enfants comme elle avait massacré le père.

« Une scène très grave s'est passée hier soir sur le quai d'Orsay. Le prince de Canino, qui a joué un rôle important dans la révolution romaine, était à dîner au café d'Orsay avec M. Boulay de la Meurthe, lorsqu'un garçon du restaurant vint lui dire qu'un jeune homme le demandait au dehors et le priait de sortir un moment. « Quel est ce jeune homme ? » dit le prince, « demandez-lui son nom. » Le garçon va transmettre cette question à l'inconnu qui lui répond : « Je dirai mon nom au prince lui même. » — « Puisque cet » homme ne veut pas me faire savoir son nom », répondit le prince, auquel cette réponse avait été apportée ; « il attendra que nous ayons fini de dîner. » C'est en effet le parti qu'avait pris le jeune homme qui s'était assis à l'une des tables placées à l'extérieur devant le café. A huit heures à peu près, le prince de Canino et M. Boulay de la Meurthe sortirent du café. A peine avaient-ils dépassé le seuil, que l'inconnu se plaça devant eux : « Vous êtes le prince de » Canino », dit-il en s'adressant à celui-ci. — « Oui, Monsieur, et vous, qui êtes-» vous ? — Moi, je suis le fils du comte Rossi. » Et en prononçant ce nom de l'une des plus illustres victimes de la démagogie romaine, M. Rossi fait le simulacre de lancer au visage du prince de Canino la plus grave insulte. Cet acte de violence ayant été vu par quelques habitués qui étaient devant le café, on se précipita entre les deux adversaires, M. Boulay de la Meurthe saisit fortement le prince de Canino par le bras et l'entraîna à l'écart. M. Rossi, de son côté, fit un demi-tour et descendit le quai, se dirigeant vers l'Assemblée nationale. Le prince de Canino, cédant aux vives instances de M. Boulay de la Meurthe, l'a suivi dans la direction opposée des Tuileries. »

D'autre part, la *Patrie* du 6 juin 1851 donna le récit du duel dans les termes suivants : « Un duel a eu lieu ce matin à Versailles entre M. le prince Charles Bonaparte et M. le comte Édouard Rossi. Un premier feu, à trente pas, ayant été sans résultat, les témoins, conformément aux conditions arrêtées, ont fait recommencer le combat à quinze pas. — Après ce double feu échangé par les adversaires avec une loyauté et une bravoure incontestables, les témoins soussignés ont déclaré l'honneur satisfait et se sont formellement opposés à ce qu'une nouvelle rencontre eût lieu.

» Le prince Charles-Napoléon Bonaparte s'est alors avancé vers le comte Rossi et lui a dit : « Maintenant que j'ai essuyé votre feu, je suis heureux, Monsieur, » de pouvoir vous affirmer que j'ai été indignement calomnié à la suite de la » déplorable catastrophe qui a jeté le deuil dans votre famille. » A cette honorable déclaration, le comte Rossi a répondu : « Devant une parole si loyalement » donnée, je regrette vivement, prince, et mon erreur et l'attaque qui en a été » la conséquence. »

» Pour le prince Charles-Bonaparte : Vicomte J. CLARY, représentant ; Comte N. LEPIC, représentant.

» Pour le comte Rossi : ÉLIE JALENQUES ; ERNEST DE ROZIÈRES. »

Il n'en fut rien cependant. La horde sauvage, apaisée
en quelque sorte, assouvie par cette démonstration, pour-
suivit sa promenade et se dirigea vers l'hôtel de la
Minerve, pour y fêter l'arrivée de Joseph Galletti. Ce
dernier était prudemmment arrivé à Rome le soir même,
quelques heures après l'assassinat de Rossi. De Bologne
il avait écrit à Sturbinetti et à Montanari, que faute
d'argent, il ne pouvait partir pour assister à l'ouverture
des Chambres. Mensonge impudent! Il voulait seulement
éviter de se trouver à l'exécution du ministre, mais il
arrivait au moment opportun pour lui succéder, profiter
du crime et reprendre son portefeuille. La foule ayant
salué l'avocat de bruyantes acclamations, celui-ci parut
au balcon, remercia ses admirateurs et ajouta qu'il était
venu à Rome au milieu de ses frères, afin d'y représenter, comme député, la cause du peuple et de la Révolution.

Les manifestants ne se dispersèrent qu'à une heure
fort avancée de la nuit. Sterbini et les autres chefs
revinrent au Cercle pour y préparer le coup du lendemain et en concerter l'exécution.

Telle fut cette journée qui pèsera à jamais sur la population romaine. L'histoire abonde en scènes sanguinaires et
terribles, mais pour en trouver qui se puissent comparer
à celles dont Rome fut le théâtre le 15 novembre 1848,
il faut remonter aux épisodes les plus hideux de la
Révolution française.

La ville demeurait consternée : chacun prévoyait les

excès auxquels on devait s'attendre de la part des rebelles triomphants. Les modérés, tout en condamnant le crime, protestèrent timidement, le lendemain... par leur silence. Les factieux, au contraire, pleins de hardiesse et confiants dans leur succès, le célébrèrent non seulement dans Rome, mais dans toute l'Italie. La *Pallade*, la *Epoca*, la *Speranza*, *Il Contemporaneo*, en retraçant l'ovation nocturne et la promenade sinistre devant les fenêtres de la comtesse Rossi, parlaient de la « danse nationale qui avait égayé la ville entière et donné le spectacle de l'union fraternelle des citoyens, des carabiniers et de la milice ». Puis, faisant allusion à l'attentat lui-même, ces feuilles louaient l'attitude calme et noble de la Chambre dont la séance n'avait même pas été suspendue. On taisait le nom du meurtrier et de ses complices, attribuant le coup aux « impénétrables desseins de la Providence! »

Aux insultes des journaux se joignirent les calomnies entassées sur la mémoire de Rossi. Rien ne fut épargné au martyr de la liberté et du droit. Après le meurtre, les conspirateurs organisèrent, dans les bouges et les auberges de Rome, des banquets où les honneurs les plus pompeux furent décernés aux misérables qui avaient porté le coup.

Le triomphe des sectaires romains eut un immense retentissement dans toute l'Italie et en particulier en Toscane. A Livourne, la nouvelle fut fêtée comme une victoire ; à Florence, le 16 novembre, Montanelli annonçait que la politique du Pape cessait enfin d'être funeste à l'Italie.

D'autres voix se firent entendre ; rappelons-le pour l'honneur des Italiens, pour l'honneur de l'humanité. Dans une lettre à ses électeurs, parue en janvier 1849, le patriote Massimo d'Azeglio apprécie avec éloquence et sincérité le triste rôle de la Révolution en Italie. Nul n'a parlé de Pie IX avec autant de respect et autant de vérité, et n'a flagellé avec plus de courage ses compatriotes :

« Vous vous en prenez de nos désastres aux gouvernements, aux ministres, aux souverains... Vous ne voulez pas comprendre que, chez un peuple comme le nôtre, il ne s'agit pas de changer les formes, mais de nous changer, nous, de nous régénérer nous-mêmes, de secouer notre inertie, de nous arracher à la fange des lâches habitudes, de cesser d'être à la fois des vantards et des incapables, de devenir une nation, vive Dieu ! qui ait des mérites et des vertus, au lieu d'être une *race abaissée, avilie, objet de la risée des forts !* Ayez au moins le courage d'entendre ces paroles, Italiens ! J'ai bien le courage de les dire !

. . . .

» Oui ! l'entourage de Pie IX, abusant de sa candide nature, n'a que trop divisé et rendu ennemies les deux forces qui, unies, auraient subjugué le monde, la foi et la liberté. Oui, Rome et l'Italie et tous ceux à qui sont chers, en ce monde, le droit et la justice, tous ceux qui eurent un esprit et un cœur pour comprendre Pie IX, ce qu'il fut, ce qu'il est, ce qu'il pouvait devenir pour la civilisation entière, ont eu à pleurer sur de fatales erreurs et à maudire les intrigues qui les ont produites. Oui, cela est vrai ! Mais il n'y avait que la sottise et la perversité qui pussent croire remédier à un si grand mal, en violant toutes les lois divines et humaines !... Comment ne pas avoir compris qu'en dépit de tout, Pie IX était de tous les princes, de tous les hommes le plus inviolable ; que pour l'Europe Pie IX était toujours le Pontife de l'amnistie et des réformes ; que l'Europe et le monde trop éloignés pour se préoccuper des questions locales auraient dit à l'Italie : « Anathème ! » en entendant tonner le canon tourné contre Pie IX ; qu'ils l'auraient traitée de folle, d'ingrate, d'injuste, d'étrangère à tout élément de vie politique ; qu'ils l'auraient déclarée indigne de liberté et d'indépendance, et qu'ils auraient dit de l'Autriche et du roi Bourbon : « Ceux-là connaissent l'Italie ; ils savent comme elle mérite d'être traitée ? »

» Ah ! on n'a pas compris que le drapeau italien, le *drapeau de la liberté et de l'indépendance, ne pouvait se déployer aux yeux de l'Europe tant qu'il était souillé de l'horrible tache du sang de Rossi !* Et l'on n'a pas lavé cette honte ! Il était plus pressé d'imaginer à Rome aussi le ministère démocratique. Rome l'a eu ce ministère, et après ? — Vous avez à choisir aujourd'hui entre l'anarchie, la guerre civile et l'intervention étrangère ! »

Le meurtre du comte de Rossi, nous l'avons dit, n'était que le premier acte du drame. Il fallait achever l'œuvre commencée. Rossi, c'est-à-dire le plus puissant obstacle supprimé, les conjurés tournèrent leurs efforts vers le Pape resté sans défense. Ainsi se trouva réalisé le mot généreux du ministre au duc de Rignano : « Si les rebelles osaient jamais diriger leurs attentats contre

la Papauté, ils devraient d'abord passer sur mon corps[1]. »
En effet, la conséquence immédiate de l'assassinat fut l'insurrection du 16 novembre, qui devait amener la chute du gouvernement temporel du Pape.

Après la promenade nocturne du Corso, Galletti, enivré

---

[1]. Voici deux lettres sur la mort du comte Rossi, précieuses à plus d'un titre. Elles sont écrites par M. Doudan, cet ami intime de la maison de Broglie et de tous les grands doctrinaires et parlementaires de l'époque. Il avait beaucoup connu M. Rossi en France, et le juge bien :

« A M. le prince de Broglie.
» Genève, mercredi 28 novembre 1848.

» Mon cher ami, j'ai laissé passer un mercredi sans pouvoir du tout t'écrire, j'ai été poursuivi par des vertiges continuels, qui me laissaient à peine lire. Cela commence à se dissiper. Durant ce temps, j'ai reçu tes trois lettres, qui m'ont donné bien envie de te répondre, sans pouvoir y parvenir. Cette affreuse nouvelle de Rome ne me sort pas de l'esprit. Est-il possible qu'une telle destinée puisse planer sur ceux avec qui on vit dans une paisible intimité, sans que rien vous avertisse? On ne s'accoutume point, en regardant dans tout le détail du passé, à voir la vie de M. Rossi s'acheminer vers ce dénouement. Je trouve cruellement durs tous les journaux, même du bon parti, qui parlent de cet événement comme d'un autre événement et de cet affreux assassinat comme d'un assassinat ordinaire. Il semble pourtant que, pour ceux qui ne le connaissaient que pour la supériorité de son esprit, sa perte devait inspirer plus de regrets, même dans ce temps où tout croule à la fois.

» Il ne tombe pas souvent d'hommes de cette trempe, et ceux qui font les entendus en morale politique et qui l'ont tant blâmé, ne le valaient vraisemblament sur aucun point et ne montreront certainement jamais, pour une aussi bonne cause, l'intrépidité qui l'a perdu... Il est probable que la Rome que nous avons connue, finira avec M. Rossi. Il fallait, pour la sauver, être, comme lui, de la race italienne, avec des qualités que n'a plus cette race. Il est probable aussi que son nom sera le dernier nom de l'histoire de ce malheureux pays. Après tout, et quoi qu'en puissent dire les assez misérables ennemis qu'il avait un peu partout, il a péri pour les idées qu'il a défendues toute sa vie. Cela vaudrait bien qu'on exprimât un regret sur sa mort... »

« A M. Raulin.
» Genève, 2 décembre 1848.

» J'ai plus en horreur que jamais les misérables systèmes qui ont bouleversé notre terre depuis qu'ils ont tué M. Rossi. Je ne puis plus penser ni à la Rome, ni à l'Italie que j'ai vues autrefois. Ces misérables ont justement frappé le

par son ovation de la place de la Minerve, avait été rejoint par Sterbini. Réunis au Cercle populaire, les chefs s'entretinrent des plans à exécuter pour le lendemain. L'intention des démagogues était de faire, le jour suivant, une grande démonstration populaire et de se rendre, à sa tête, au palais du Pape, afin d'imposer leurs volontés. Avant tout, le souverain devait accepter le nouveau cabinet.

« Si le Pape, pensaient-ils, accepte nos conditions, il sera dépouillé de sa souveraineté réduite ainsi à un fantôme. Son concours, cependant, ne laissera pas que d'être utile à la Révolution, s'il consentait à couvrir comme d'un voile légitime notre usurpation et à abriter sous le manteau pontifical les nouveaux magistrats de notre république.

— Si, comme il est plus vraisemblable, il refuse de se rendre, nous passerons, sans hésiter, aux menaces, à la

---

seul homme probablement qui pût les sauver, et, sans nul doute, l'ami le plus sincère et le plus éclairé et le plus courageux de l'Italie, parmi tous les Italiens. L'Italie était restée la plus vive de ses affections. Il n'y a pas huit mois qu'il disait à M. Rillet : « Vous verrez ce que sont ces Romains; c'est une race admirable! » Et de ces Romains, les uns l'ont laissé massacrer, les autres ont promené son corps meurtri, avec des chants de triomphe. Tous ces temps où nous le voyions sans cesse, me reviennent à l'esprit. Quelles destinées inattendues planent sur chacun! Par quelles routes il a passé pour arriver à ce Quirinal où il devait finir si cruellement! Qui nous aurait dit que son premier voyage à Rome, en préparant son ambassade, préparait son ministère et l'acheminait à une mort violente? Qui eût dit, à la fin de nos causeries du soir, dans ce petit salon gris, quand il s'animait, après un long sommeil que cette vie nonchalante finirait dans un drame sanglant, au milieu de tous les débris de l'Europe? L'avenir a des trésors de malheurs dont les imaginations les plus effarouchées ne se doutent point. Voilà encore un grand arbre tombé, et nous ne reconnaîtrons plus bientôt la place où nous avons vécu; et puis pourquoi la mort d'un homme si rare semble-t-elle prise en France avec une sorte d'indifférence? Les maux personnels rendent terriblement durs! »

violence, jusqu'à ce qu'il cède. Pour empêcher l'effusion du sang, il acceptera nos propositions; sinon, il périra dans le massacre avec ses derniers fidèles. Ainsi sera consommée l'œuvre que nous avons si heureusement commencée. »

Sans tarder, Sterbini composa donc le nouveau ministère. « Ces noms », disait la *Epoca*, « furent dictés par la voix unanime du pays. » En tête de la liste venaient Terenzio Mamiani et Pietro Sterbini. Il fallut ensuite rédiger l'ultimatum à proposer au Pape, c'est-à-dire les quatre articles fondamentaux: proclamation du principe de nationalité; déclaration de guerre à l'Autriche; élection de la Constituante; programme Mamiani. On ajouta un article demandant la nomination d'un autre Galletti en qualité de général des carabiniers. On rattachait ainsi au service et aux ordres de la Révolution le corps entier de la plus valeureuse milice dont disposait le Pape. Rendez-vous fut pris pour midi, sur la Place du Peuple, où devait se grouper l'état-major des alliés. On partirait de la Place pour se rendre d'abord à la Chancellerie, afin d'y recruter les membres de l'Assemblée, et de là au Quirinal. Tel fut le plan arrêté.

Le 16, au matin[1], Rome se réveilla en proie à la plus

---

1. Une lettre de Rome, du 17 novembre 1848, écrite au *Journal des Débats*, raconte ainsi les faits :

« En ce moment, midi 16, toutes les troupes, la garde nationale et le peuple se rassemblent à la Place du Peuple pour se porter au Quirinal, afin de présenter au Pape leurs conditions. De plus, on annonce un ministère composé de MM. Mamiani, Sterbini, Campello, Salicetti, Fusconi, Lunati, Sereni et un commandant général des carabiniers, Galletti.

» *Une heure.* — Quatre mille personnes se rendent en ce moment au Qui-vive anxiété. Les collègues de Rossi, est-il besoin de le dire, terrifiés par l'audace populaire, n'avaient eu le temps ni d'agir ni de penser. Les présidents des deux Assemblées furent convoqués par eux le matin, pour s'entendre avec Galletti sur la composition du ministère; mais ces pourparlers n'aboutirent pas.

Dès le point du jour, on apprit au Quirinal qu'une imposante démonstration aurait lieu dans la journée. Pour toute mesure, l'infortuné gouvernement en désarroi se borna à défendre aux chefs de la garde civique de prendre part au mouvement. L'infortuné Pie IX se trouvait déjà presque sans défenseurs, en face de la révolution triomphante.

Les rebelles furent exacts au rendez-vous et se rassemblèrent sur la Place du Peuple, encombrée d'avance par une foule immense, au milieu de laquelle on distinguait le major Calderari et quelques-uns de ses soldats. A l'heure convenue, la foule s'ébranla, précédée des militaires et de la bannière du Cercle qu'un légionnaire portait au bout d'une perche. Elle s'achemina vers le Corso. Arrivée sur la place Colonna, elle prit à droite et se dirigea vers le le Palais de la Chancellerie, recrutant sur sa route de nouveaux factieux. Sur la place de la Chancellerie, on fit halte. Au milieu des clameurs, quelques hommes se détachèrent pour aller inviter les députés qui siégeaient à se

---

rinal. Chose horrible que cette manifestation, cette musique et cet air de fête à propos d'une mort d'homme. Le duc d'Harcourt a fait venir chez lui la veuve, les fils et les frères de la victime. Le peuple entoure le Palais Pontifical dont les portes restent fermées. »

mêler à eux, afin de présenter au Pape, au nom du peuple, ses réclamations légitimes.

Sterbini, qui avait eu le temps de revenir à la Chambre, répondit pour ses collègues. Il approuva avec chaleur l'attitude du peuple et affirma que l'on avait raison d'aller au Quirinal, puis il lut à haute voix la liste des ministres choisis par lui, pendant la nuit. La foule acclame les noms, et, le silence s'étant fait, Sterbini ajoute ces paroles significatives : « Le Pape, lui aussi, acceptera ce ministère, et, s'il refuse, eh bien ! nous achèverons l'œuvre que nous avons commencée. » Descendu de la terrasse et accompagné de quelques députés, il dirigea vers le palais du Quirinal cette bande qui s'intitulait « le peuple romain. » A peine en marche, ils rencontrèrent un carrosse où se trouvait Galletti qui les attendait. Les clameurs et les cris d'enthousiasme éclatent aussitôt : on fait descendre de voiture ce triste héros que la foule acclame comme délégué et orateur auprès du Pape. Galletti, s'exécutant de bonne grâce, remercie les manifestants de la mission dont ils le chargeaient et gravit avec eux la route du Quirinal.

Pendant ce temps, des bandes de sectaires attendaient sur la Place de Venise, poste que leur avait assigné Sterbini. Celui-ci apparut bientôt, en proie à cette exaltation dont il ne se départit jamais, durant ces journées sinistres. Armé d'un fusil et brandissant une épée, il marchait en tête de la troupe des mercenaires, enrôlés par lui.

On arriva ainsi devant le Quirinal. Galletti, escorté de quelques fidèles, entra au Palais. Introduit dans les appartements du Pape par le cardinal Soglia, il fit parvenir à Sa Sainteté les demandes du peuple, qui, réuni sur la place, attendait avec impatience le retour de son ambassadeur. Pie IX qui, depuis la veille, avait compris l'imminence du danger, ne fut point surpris par l'insolence de cet ultimatum. Il fit répondre qu'il pourvoirait lui-même, ainsi que c'était son droit, à la formation d'un nouveau ministère, avant vingt-quatre heures. Quant aux autres demandes, il s'abstint d'y faire allusion.

Armé de cette réponse, Galletti revint sur la place. A peine l'eut-il communiquée à la foule que celle-ci éclata en cris furieux : « Non, c'est maintenant ! c'est sur l'heure, que nous voulons nos ministres ! » A ces cris se mêlaient des menaces de mort et les injures les plus grossières. Devant ces vociférations, Galletti rentra de nouveau au Palais, non point en suppliant, mais porteur, cette fois, auprès du Pape de la volonté déclarée du peuple. Au dehors, la foule frémissante s'agitait comme une mer en furie, anxieuse de la réponse du Saint-Père, partagée entre la crainte et l'espoir, ignorant encore si le Pape céderait à l'ultimatum. L'incertitude ne fut pas de longue durée. Pie IX, aux premiers mots, interrompit et, justement indigné, répondit par un refus énergique, ajoutant qu'il appartenait à lui seul, souverain, de choisir ses ministres. Il termina en disant que jamais il ne se laisserait dicter une résolution sous la pression de la terreur ou de la violence. Cette ferme réponse fut transmise au peuple par Galletti du haut de la terrasse de la tourelle, située à l'entrée du Palais Pontifical. Il se présenta hypocritement dans une attitude de tristesse et d'abattement et répéta, au milieu d'un silence absolu, le refus du Pape.

La fureur des sectaires, jusque-là contenue, ne connut plus de bornes. Un hurlement épouvantable ébranla le Palais : « *Aux armes! Aux armes!* criait-on de toutes parts. *Vive la Révolution! Vive la République! Mort aux prêtres!* » Puis, comme mus par une même volonté, les énergumènes coururent la ville, s'emparant d'armes et de torches, résolus à envahir et au besoin à incendier le Quirinal.

Le Palais était défendu seulement par quelques suisses chargés d'en garder l'entrée. Ces braves et fidèles soldats, habitués depuis longtemps aux démonstrations populaires, et ne prévoyant pas que celle-ci dût avoir une issue plus tragique que les précédentes, n'avaient point d'abord considéré comme dangereux les attroupements tumultueux de la foule. Ce fut lorsque les violences prirent un caractère sérieux qu'ils se décidèrent à fermer les portes du Palais et à s'armer.

C'est à ce moment que le major Calderari, resté jusque-là spectateur, voyant le soulèvement prendre d'aussi graves proportions, descendit du Quirinal et se rendit, accompagné de quelques soldats, au quartier Borromeo. Bien que le péril de son souverain réclamât une prompte défense et que plusieurs officiers demandassent des ordres, le malheureux, effrayé, ne savait à quoi se résoudre. A ce moment, Bezzi et d'autres chefs se présentèrent au quartier pour exciter les carabiniers à s'unir au peuple. Calderari, feignant d'accéder à leur invitation, envoya un escadron au Quirinal. Son intention n'était point alors d'associer ses soldats aux rebelles, mais de maintenir, au contraire, ces derniers. Il évita de donner aux officiers l'ordre de résister, se bornant à leur recommander d'agir avec prudence; puis il suivit de loin l'escadron. En chemin, il croisa une bande qui, voyant monter au Quirinal un escadron de carabiniers, supposa qu'il allait combattre l'émeute. Les factieux s'élancèrent vers Calderari, les menaces à la bouche. Le lâche soldat, reniant alors son maître, comme l'apôtre, répondit qu'il était du côté des rebelles et tournerait son épée contre lui-même plutôt que de la tirer contre le peuple. Satisfaits de cette réponse, les agresseurs changèrent aussitôt leurs menaces en vivats.

Pendant ce douloureux incident, les émeutiers débouchaient de toutes parts sur la place et autour du Palais Pontifical. Après avoir occupé rues, maisons, toits et clochers, l'assaut sacrilège commença. Une troupe de ces bandits arriva du Campo-Vaccino, traînant avec elle sur les hauteurs de Monte-Cavallo une quantité de chariots et de voitures de toute espèce. Des barricades formées avec ce matériel devaient obstruer les débouchés des rues voisines. Grandoni et ses légionnaires, parmi lesquels les six assassins de Rossi, occupèrent les environs de l'église de San Carlino, située à l'extrémité et en face de l'aile orientale du Palais. Sterbini, Ciceruacchio, Facciotti, Bezzi allaient et venaient parmi les groupes, donnant des ordres et des conseils, excitant les combattants qui, d'ailleurs, semblaient bien préparés.

Une violente décharge, dirigée contre le Palais, donna le signal. Le mur, les portes et les fenêtres de la façade furent criblés de balles ; plusieurs projectiles pénétrèrent dans les appartements pontificaux. Peu s'en fallut que le Saint-Père lui-même ne fût atteint ; quelques-uns parmi ces forcenés braquaient leurs armes, prêts à tirer sur le Pape, s'il se montrait à une fenêtre ou sur la terrasse. Mgr Palma, secrétaire des lettres latines, fut mortellement blessé par une décharge partie du clocher de San Carlino, au moment où il s'approchait d'une fenêtre. Le cardinal Lambruschini, qui habitait une des dépendances, faillit être assassiné par un des légionnaires, qui s'était caché dans son appartement.

Le Palais toutefois n'était pas encore violé. Pour faire une brèche plus large, les rebelles, au moyen de matières incendiaires, mirent le feu aux portes et particulièrement à celle qui ouvre sur la rue de la Porta Pia. Les flammes firent peu de dégâts, les pompiers du Palais étant aussitôt accourus, pendant que les Suisses repoussaient les assaillants. C'est alors que l'un des chefs, avisant que le canon seul pourrait forcer la grande porte, descendit avec un certain nombre de ses hommes au quartier des dragons. Là, il donna l'ordre de sortir un canon de gros calibre, qui était désigné sous le nom de *Saint-Pierre*, et le fit traîner par des chevaux jusqu'au milieu de la place. Lorsqu'il fut braqué sur la porte principale, les nommés Torre et Calandrelli, une mèche à la main, se tinrent prêts. Quelques citoyens moins excités ayant émis l'avis qu'on pourrait peut-être encore tenter de négocier avec le Pape, un sursis fut décidé. On résolut de suspendre les hostilités et de dépêcher pendant cette trêve des députés auprès de Pie IX, pour lui renouveler les demandes du peuple et lui signifier le délai suprême, après lequel on en arriverait aux dernières extrémités.

Il était plus de huit heures du soir quand Pietro Guerrini, Ruggiero et deux autres chefs se présentèrent en parlementaires, au nom des rebelles, à la porte du Quirinal. Là, sur un ton de menaces, ils réclamèrent Galletti, se plaignant qu'on l'eût retenu comme otage. Lorsqu'il leur eut été répondu que leur envoyé était dans les appartements pontificaux, occupé à négocier avec le souverain, ils répliquèrent qu'il était temps d'en finir et que le canon était prêt à tonner, si le Pape ne se soumettait pas sur l'heure aux volontés du Peuple. On rapporta ces paroles à Pie IX, qui n'avait cessé de garder, au milieu de cette crise, un calme et une sérénité admirables, et qui maintenait son refus dans le seul espoir que sa fermeté triompherait de l'obstination des rebelles. Mais, voyant qu'une plus longue résistance ne pouvait aboutir qu'à un massacre, il se décida à subir la violence, non sans déclarer hautement qu'il cédait uniquement pour arrêter l'effusion du sang.

Profitant de la courte trêve accordée par ses ennemis, le Pontife rappela Galletti pour le mettre en présence des ministres étrangers. Presque tous les membres du corps diplomatique étaient accourus au Quirinal, à la nouvelle des dangers que courait le Saint-Père. Parmi eux se trouvait le duc d'Harcourt, ambassadeur de France; M. Martinez de la Rosa, ambassadeur d'Espagne; le comte de Spaur, ministre de Bavière; MM. de Santa-Cruz pour le Portugal, Boutenieff pour la Russie, Figueredo pour le Brésil et Liederkerke pour la Hollande. Le représentant du Piémont et lord Minto, envoyé du gouvernement anglais, étaient seuls absents. Les clubs populaires avaient l'honneur de leurs assiduités. En compensation, un petit nombre d'étrangers dévoués avaient volontairement accompagné à ce poste d'honneur leurs ambassadeurs respectifs; on cite parmi eux deux Français, le comte de Malherbe et le Père Vaures.

Ce fut sur l'avis seulement des représentants de la catholicité que le Pape accorda certaines concessions. Il consentit à nommer un nouveau ministère, mais non celui que les factieux avaient dicté : l'abbé Rosmini, président du Conseil et ministre de l'Instruction publique, Mamiani aux Affaires étrangères, Galletti à l'Intérieur, Sterbini aux Travaux publics, Campello aux Armes, Lunati aux Finances et Sereni à la Justice. Quant aux autres demandes, sans entrer dans aucun détail, le Pape consentait à ce qu'elles fussent présentées au Conseil pour y être examinées et mises aux voix. De cette façon, il se donnait le temps et le droit de les rejeter ouvertement ou de les proposer aux Chambres.

Galletti, apparaissant pour la troisième fois sur la place, annonça à la foule cette réponse du Pape. Bien qu'elle ne satisfît pas toutes les exigences des séditieux, on l'accueillit cependant par des cris de joie, comme l'annonce d'une grande victoire. Le siège du Palais fut dès lors abandonné.

Les principaux chefs s'empressèrent de tirer un profit immédiat de leur victoire. S'emparant des administrations publiques, ils agirent comme s'ils eussent été maîtres absolus. Tandis que le gros de l'insurrection attaquait le Quirinal, Sterbini, Vinciguerra et quelques autres s'étaient constitués en comité de permanence. Après s'être déclarés uniques représentants de la volonté du peuple, ils s'étaient érigés en « gouvernement provisoire », à l'exemple des républicains de Paris. Leur premier soin fut de faire afficher des proclamations, d'expédier des ordres aux divers chefs et aux commandants de la milice. Ces derniers courbèrent la tête devant les dictateurs improvisés.

Pour assurer le succès et consommer leur usurpation, les vainqueurs décidèrent, dans cette même nuit, d'enlever au Pape la garde qui l'avait si fidèlement défendu. Les Suisses furent expulsés du Quirinal et remplacés par des gardes civiques qui, sous prétexte d'escorter le Pape, le gardèrent à vue comme un prisonnier. On recommença la triste histoire de Louis XVI aux Tuileries, après la fuite de Varennes. Telle est la logique routinière de la Révolution.

Ainsi se termina cette journée du 16 novembre. Les sectaires de la *Jeune Italie* venaient d'atteindre le but poursuivi depuis si longtemps. Tous les moyens avaient été bons : la calomnie, la trahison, le poignard, l'émeute.

— Dépouiller le Pape de sa souveraineté, s'emparer du gouvernement, renverser toutes les institutions civiles et religieuses de Rome, puis, sur ces ruines, édifier une République destinée à devenir le centre d'une nouvelle Italie démocratique et athée, tel était l'objet suprême de leurs vœux et de leurs efforts.

La victoire de l'insurrection du 16 novembre couronnait dignement le second acte du drame. Après l'enivrement de ses premiers succès, l'audace des factieux ne connut plus de bornes. Les journaux démocratiques de Rome, *il Contemporaneo, la Pallade, la Epoca, la Speranza, il Don Pirlone, il Giornale del Popolo*, etc., après avoir célébré l'assassinat et l'ovation nocturne du 15 novembre, s'empressèrent de saluer la nouvelle Révolution par ce dithyrambe grotesque :

Miraculeuse délivrance, à la suite de laquelle l'Europe commence à rendre justice *au courage des Romains*, pendant que l'Italie reconnaissante va désormais confier son avenir aux héros de la Ville Éternelle ! Le peuple romain, tout entier, a montré sa force : il a prouvé au monde qu'il n'était pas seulement un peuple épris de banquets et de spectacles. Il s'est réveillé terrible en sa colère, comme il le fut toujours sur les champs de bataille ; il s'est montré digne de son antique grandeur ; il a fait des démonstrations si résolues qu'il a remporté, après une lutte obstinée, la plus éclatante des victoires. Rome s'est relevée ! Son nom retentira de nouveau à travers l'Italie ; elle deviendra le roc inébranlable de la liberté italienne, car il ne saurait exister de terre aussi propice au développement naturel de la liberté !

Pendant qu'éclataient en transports les scélérats qui s'étaient emparés de Rome, la douleur et la consternation se répandaient dans toute l'Europe catholique. Depuis de nombreux siècles, la majesté du Vicaire du Christ n'avait subi de pareilles atteintes; en aucun temps son pouvoir n'avait été plus audacieusement outragé. Et ces coups lui étaient portés par ses propres sujets, qui répondaient ainsi par l'ingratitude, la trahison, la violence à l'initiative si libérale d'un Pape réformateur. L'âme douce et magnanime de Pie IX se manifesta dans ces jours d'épreuve : sa patience et sa résignation excitèrent dans le monde chrétien l'enthousiasme et le respect. En même temps, son inébranlable fermeté ne contribua pas médiocrement à rehausser son prestige et à préparer cette restauration qui devait, après de longs mois d'exil, rétablir le Pontife sur son trône.

Après l'assaut du Quirinal et l'installation des nouveaux ministres, non seulement le Souverain Pontife n'était plus en sécurité à Rome, au milieu des assassins de Rossi, mais sa présence pouvait, jusqu'à un certain point, égarer l'opinion de la chrétienté et donner à la tyrannie et à l'usurpation des Sterbini et des Canino un semblant de légalité [1]. Il fut donc décidé, dans les con-

---

1. Le 3 décembre 1848, un grand et noble républicain, le général Cavaignac, chef du pouvoir exécutif de France, adressait au Saint-Père, au Pape Pie IX, la lettre suivante qu'il est bon de reproduire aujourd'hui :

« Paris, 3 décembre 1848.

» Très Saint-Père,

» J'adresse à Votre Sainteté, par l'un de mes aides de camp, cette dépêche

seils de Pie IX, que le Pape devait à tout prix quitter Rome. Le Saint-Père s'effraya d'abord des conséquences graves que pouvait avoir son départ pour tant d'amis dévoués qu'il abandonnait ; mais la raison d'État l'ayant emporté, il ne s'agit plus que de préparer les moyens d'échapper à la surveillance des nouveaux maîtres de Rome. — Une Française, la comtesse de Spaur, née comtesse Giraud, femme du ministre de Bavière auprès du Pape, eut le courage de l'entreprise, qui fut concertée avec son mari et le duc d'Harcourt, ambassadeur de France.

Dans la soirée du 24 novembre, M. d'Harcourt arrivait au Quirinal, en grand équipage, précédé de coureurs et de torches. Introduit auprès du Pape, comme pour une réception officielle, il aida à la hâte Sa Sainteté à dépouiller ses vêtements blancs, pour les échanger contre

» et celle ci-jointe de M. l'Archevêque de Nicée, votre Nonce près le gouverne-
» ment de la République.
 » La nation française, profondément affligée des chagrins dont Votre Sainteté
» a été assaillie dans ces derniers jours, a été aussi profondément touchée du
» sentiment de confiance paternelle, qui portait Votre Sainteté à venir lui
» demander momentanément une hospitalité qu'elle sera heureuse et fière de
» vous assurer, et qu'elle saura rendre digne d'elle et de Votre Sainteté.
 » Je vous écris donc pour qu'aucun sentiment d'inquiétude, aucune crainte
» sans fondement ne vienne se placer à côté de votre première résolution pour
» en détourner Votre Sainteté.
 » La République dont l'existence est déjà consacrée par la volonté réfléchie,
» persévérante et souveraine de la nation française, verra avec orgueil Votre
» Sainteté donner au monde le spectacle de cette consécration toute religieuse
» que votre présence au milieu d'elle lui annonce et qu'elle accueillera avec la
» dignité et le respect religieux qui conviennent à cette grande et généreuse
» nation.
 » J'ai éprouvé le besoin de donner à Votre Sainteté cette assurance et je fais
» des vœux pour qu'elle lui parvienne sans retard prolongé.
 » C'est dans ces sentiments, Saint Père, que je suis votre fils respectueux,
» Général Eugène CAVAIGNAC. »

un costume de prêtre. Après lui avoir couvert les yeux sous d'épaisses lunettes et jeté sur les épaules un large manteau, il le fit échapper, ainsi déguisé, par une porte dérobée, à travers les longs dédales et les corridors de la salle du Conclave. Resté seul dans le cabinet de Pie IX, le duc d'Harcourt se mit à lire à haute voix et à parler avec animation, comme au cours d'une sérieuse discussion.

Les geôliers de Pie IX, trompés par ce stratagème, ne remarquèrent point qu'on entendait seulement la voix de l'ambassadeur. Après être resté enfermé deux heures, M. d'Harcourt sortait en annonçant aux gardes que le Pape venait de se mettre au lit. De retour au palais Colonna, l'ambassadeur passait de sa voiture de gala dans une chaise de poste et arrivait à minuit à Civita-Vecchia, où il s'embarquait sur le bateau français le *Tenare* pour rejoindre à Gaëte le Souverain Pontife.

Pendant ce temps, Pie IX, accompagné d'un seul serviteur, le sieur Filippani, courrier de la Cour, gagnait l'église des Saint-Pierre et Marcellin, sur la Place des Quatre-Fontaines. Là, une voiture l'attendait. Des soldats lui adressèrent quelques mots sans le reconnaître et le laissèrent passer. « Adieu, monsieur l'abbé, » lui dit à haute voix son domestique en l'installant seul dans la voiture et en refermant la portière. Sur le siège se tenait le comte de Spaur, accompagné de son domestique Frédéric Horn. Les chevaux, conduits par le comte, partirent au galop dans la direction d'Albano. C'était là que la comtesse de Spaur, après avoir quitté Rome quelques heures auparavant dans une berline de poste attelée de quatre chevaux, attendait dans la vallée de Lariccia l'illustre fugitif.

Nous trouvons dans une relation du voyage de Pie IX à Gaëte, par la comtesse de Spaur, des détails très peu connus et pleins d'intérêt [1].

« La nuit était avancée, l'obscurité profonde; la nuit nous menaçait. Moi, cependant, l'esprit frappé de tant de craintes, le corps épuisé de fatigue, je me sentais saisie d'un trouble inexprimable et qui s'augmentait de moment en moment, en voyant approcher celui où j'allais être assise familièrement à côté du chef vénéré de notre sainte religion, sans pouvoir me prosterner à ses pieds, et forcée, au contraire, d'oublier les actes de respect que la foi impose à tout catholique et que l'habitude a rendus naturels aux cœurs romains : c'était un effort dont je me sentais incapable. Tandis que je me tenais ce discours à moi-même, nous arrivions à Lariccia. A peine eûmes-nous traversé ce bourg que nous ralentîmes notre marche et commençâmes la descente au petit pas. Dans les ténèbres de la nuit, mon imagination malade ne cessait de transformer en objets formidables chaque arbuste, chaque pierre que nous rencontrions. Que devins-je lorsque, tout bruit ayant cessé, j'entendis de loin un coup de sifflet fort aigu? Des voleurs, des bandits, pis que cela, vont nous assaillir; je crus que nous étions perdus. Au second coup de sifflet, la voiture s'arrête. J'avance la tête hors de la portière pour voir et m'informer, mais à peine eus-je reconnu l'uniforme et la figure d'un carabinier que je me sentis pâlir et transir. Ma voix s'arrêta, mon gosier ne laissait sortir aucun son. Cependant je repris un peu de courage lorsque cet homme, m'adressant la parole d'un ton fort obséquieux, me dit : « Votre Excellence

1. Les détails de l'évasion du Pape Pie IX en 1848 et de son voyage, en quittant Rome, présentent beaucoup d'analogie avec l'évasion du comte de Lavalette, en 1815, sauvé par l'héroïsme de sa femme, née Emilie de Beauharnais.

demande-t-elle quelque chose? » Je compris alors que ce soldat avait été posté là pour garder la route et que peut-être les coups de sifflet étaient un signal convenu entre les carabiniers et les postillons. A force de regarder, je reconnus distinctement mon mari au milieu d'un groupe d'hommes en uniforme, et, derrière lui, un homme vêtu de brun, debout, le dos appuyé contre une palissade qui bordait la route. Aussitôt, j'adressai à celui-ci la parole convenue d'avance et lui dis : « Docteur, montez dans ma voiture (c'était une berline commode), montez vite, car je n'aime pas voyager la nuit. » Alors un carabinier ayant ouvert la portière et défait le marchepied, le Souverain Pontife monta, et le soldat, refermant la voiture, nous souhaita un bon voyage, en ajoutant que nous pouvions être tranquilles et que la route était parfaitement sûre.

» Nous voici donc en route à dix heures du soir, Notre Très Saint Père et très clément Souverain Pie IX, assis à gauche au fond de la voiture, le Père Liebl en face de lui, moi à sa droite et mon jeune fils Maximilien vis-à-vis de moi. Mon mari et Frédéric Horn étaient montés derrière la voiture sur le siège adapté à cet usage.

» Dans les premiers moments, je fis tous mes efforts pour retenir mes paroles. Mais, bientôt, ne pouvant maîtriser mon cœur et cédant à l'excès de mon émotion, j'exprimai au Saint-Père, sans égard aux convenances et sans penser que les autres ne pouvaient me comprendre, tout ce que je ressentais de peine à feindre et quels efforts je faisais pour ne pas tomber à genoux devant l'auguste Vicaire de Jésus-Christ. Le Saint-Père, compatissant très bénévolement à ce mouvement de sensibilité, me répondit : « Soyez tranquille, ne craignez rien, Dieu est avec
» nous. »

» A ce moment, nous arrivions à Genzano. Nous y changeâmes de chevaux et l'on alluma les lanternes, où le manque de bougies n'avait pas peu favorisé l'entrée du Pape dans ma voiture, au milieu des carabiniers. Maintenant la lumière, éclairant ses traits, fit tout à coup reconnaître à mes compagnons de voyage la figure du Saint-Père. Alors, je vis mon fils et son gouverneur témoigner une grande surprise, et aussitôt chacun d'eux se renfonça dans son coin, en se faisant le plus petit possible. Moi, à mon tour, je n'éprouvai pas moins d'étonnement en voyant le peu de soin que le Saint-Père avait pris de déguiser ce visage que l'amour du peuple, peu de temps auparavant, reproduisait de mille manières et répandait jusque dans les campagnes les plus retirées et dans les logis les plus misérables.

» Pendant toute la route, il ne cessa d'adresser au Rédempteur des prières pour l'amour de ses persécuteurs et de réciter le bréviaire et d'autres oraisons avec le Père Liebl.

» A cinq heures trois quarts du matin, nous arrivâmes à Terracine. Peu de moments après en être sortis, il me demanda de l'avertir quand nous serions à la frontière des deux États. Et, lorsqu'il eut entendu de ma bouche ces mots : « Saint-Père, » nous y sommes, » pensant être arrivé en lieu sûr, le cœur ému sans doute de profonds et sublimes sentiments, il versa des larmes et rendit grâce au Dieu de miséricorde, en récitant le cantique consacré à la reconnaissance par la coutume de l'Église. »

Arrivé vers neuf heures et demie à Mola di Gaeta, où le rejoignirent le cardinal Antonelli et le chevalier Arnao, secrétaire de l'ambassade d'Espagne, Pie IX adressait au roi de Naples, Ferdinand II, une lettre touchante pour lui demander l'hospitalité. Le comte Spaur, porteur de la missive, se rendait à Naples, et le Roi arrivait bientôt à Gaëte pour y recevoir le Pontife.

Il ne nous appartient pas de pénétrer plus avant dans le récit des faits qui suivirent le départ de Rome du Souverain Pontife. Toutefois, avant de terminer, il nous reste à donner des détails sur la fin des personnages que nous avons vus défiler devant nos yeux. Nous avons déjà dit comment, le lendemain du crime, le ministère improvisé par l'émeute, au lieu de rechercher les assassins de Rossi, ainsi que l'exigeait la dignité de tout gouvernement, se plut à protéger ces scélérats et à les combler d'honneurs.

Les légionnaires de Grandoni, que nous avons vus au Palais de la Chancellerie exécuter l'assassinat et concourir, le lendemain, à l'assaut du Quirinal, obtinrent du ministre Galletti, par décret en date du 21 novembre, l'autorisation, jusqu'alors refusée, de s'organiser en bataillons réguliers. Après avoir élu leurs officiers, ils occupèrent une caserne importante dans la ville et Grandoni, nommé colonel, put réaliser des souhaits depuis si longtemps formés. Sterbini, l'un des principaux chefs de la conspiration, devenu ministre des Travaux publics, découvrit un moyen ingénieux de répondre aux exigences et aux demandes des comparses, ses complices, qui réclamaient leur part du butin. Il imagina de les nourrir aux frais du public et, pour ce, décréta de nombreux travaux qui lui permirent de tenir entre ses mains la lie du peuple, en même temps qu'il soldait à ses satellites le prix des crimes accomplis. C'est ainsi que l'on commença à *Tordi-Quinto* les travaux d'une voie suburbaine fort peu nécessaire.

Ciceruacchio fut nommé inspecteur général des chantiers, créés à l'exemple des ateliers nationaux de Paris, de M. Louis Blanc, avec faculté d'enrôler comme travailleurs les hommes qu'il lui conviendrait et de les payer à sa guise. Ces escouades, que l'on appela « *la canaglia di Ciceruacchio* », devinrent bientôt l'effroi des honnêtes gens, remplissant la cité de leur tapage et de leurs violences. Les chefs d'équipe et surveillants des travaux furent choisis parmi les plus dignes auxiliaires de la Révolution. On investit, entre autres, de ces fonctions deux des assassins de Rossi, Ranucci et Santa Constantini, qui étaient considérés comme les instruments fidèles du ministre Sterbini. Ces misérables prélevaient sur les sommes affectées aux ouvriers jusqu'à 7 et 8 écus par jour. Un officier, indigné de cette façon de procéder, adressa plusieurs fois des plaintes à Sterbini. Celui-ci, loin de s'émouvoir, congédia sévèrement le trop zélé serviteur : peu s'en fallut que les drôles dénoncés ne lui fissent un mauvais parti.

De ce jour, ils jetèrent le masque et profitèrent de chaque occasion pour se vanter publiquement de leurs crimes, ajoutant « que Sterbini, — le voulût-il, — ne pouvait rien contre eux en raison des liens étroits qui le faisaient leur obligé ». Sans craindre de faire ouvertement allusion à l'assassinat, ils s'en glorifiaient, ajoutant « qu'ils avaient toujours la petite machine (*machinetta*) qui avait servi à Rossi, toujours prête et infaillible. Quant aux *Noirs*, qu'ils prennent garde à eux, parce qu'avec nous, il n'y a pas lieu de faire les braves. Nous possédons un certain professeur de la carotide (*professore della carota*), le professeur même de Rossi ! » Cette cynique bravade était répétée par ces misérables avec tant d'audace qu'ils passaient non seulement pour avoir été les complices de l'assassinat, mais encore on affirmait que l'un d'eux en était le véritable auteur. Tous les trois, à Tor di Quinto et à Rome, étaient désignés sous le nom de « *taille-carotide*... », allusion au coup porté à la carotide par le poignard de l'assassin.

Toutefois les soupçons les plus sérieux planaient sur Santa Constantini. D'après les détails révélés au cours du procès, il ne fut pas seul chargé de l'assassinat, mais ce fut certainement l'un des six misérables désignés pour l'exécution. D'autre part, s'il ne fut pas absolument prouvé qu'il fût l'auteur matériel du crime, les témoignages et les preuves réunis contre lui sont tels qu'ils établissent une presque-certitude. Ces soupçons furent singulièrement corroborés par le respect et les égards avec lesquels le traitèrent les chefs de la conspiration. Après ses vols restés impunis de Tor di Quinto, Santa Constantini fut nommé lieutenant dans la légion Masi et choisi par Ciceruacchio et Guerrini pour les accompagner dans leur voyage en Toscane, lorsqu'ils s'y rendirent, dans le but de favoriser l'union de la nouvelle République avec celle de Rome.

C'est ainsi que les nouveaux gouvernants de Rome récompensaient publiquement, par des grades militaires, par des postes lucratifs, les assassins de Rossi. Lorsque cette orgie de sang et de rapine eut pris fin, lorsque la France républicaine, mais chrétienne alors, eut restauré le gouvernement légitime des Papes, la terreur d'un châtiment mérité fit prendre la fuite aux principaux complices. — Hors des États Pontificaux, nous avons honte de le dire, plusieurs d'entre eux jouirent non seulement d'une sécurité absolue, mais d'une sorte de considération de la part des comités révolutionnaires. Quelques-uns cependant tombèrent entre les mains de la justice avant d'avoir pu quitter le territoire. De ce nombre, les deux Constantini et Felice Neri. Ces trois individus et quelques autres encore furent incarcérés sous l'imputation des crimes d'assassinat et de pillage, et on instruisit leur procès.

Cette instruction, pour des causes que nous avons déjà exposées, subit des lenteurs incroyables. Les difficultés inouïes de trouver des témoins assez courageux pour s'exposer à la vengeance des sectaires entravèrent longtemps les efforts des magistrats. Enfin, le 17 mai 1854, le Tribunal Suprême de la Sacrée Consulte termina les débats de cette affaire à jamais célèbre, sous ce nom : « *Romana di lesa Maesta, con omicidio in persona del conte Pellegrino Rossi.* »

Le nombre des inculpés présents aux débats s'élevait à seize. Voici les noms de ceux qui furent atteints par le verdict du Tribunal Suprême :

Luigi Grandoni et Santa Constantini, condamnés à la peine de mort ;

Ruggiero, les deux frères Philippe et Bernard Facciotti, aux galères à perpétuité ;

Cappana, Fabiani, à vingt ans de fers ;

Francesco Constantini, Selvaggi, Testa, à quinze années de fers.

Quant aux complices, fort nombreux d'ailleurs, le gouvernement pontifical les renvoya acquittés. Cette indulgence paraîtra excessive, si l'on considère la gravité de ses conséquences, mais elle semblera bien naturelle pour quiconque connaît la mansuétude de la Cour de Rome dans la répression des actes les plus criminels.

En cette circonstance, il parut aux juges que l'état de contumax, dont bénéficiaient les principaux auteurs, les instigateurs les plus coupables de la conspiration et du crime, devait rendre les magistrats plus indulgents à l'égard des autres. « C'est ce qui les détermina, dit un des rédacteurs de la *Civiltà Cattolica*, à mettre en pratique cet aphorisme de droit, qui jamais ne trouva une application plus directe : « *Æquum est parcere multitudini !* »

Des deux condamnés à mort, un seul subit le dernier supplice. Grandoni prévint, en s'étranglant avec un mouchoir dans sa prison, la hache du bourreau. Santa Constantini marcha au supplice en vomissant des imprécations et des blasphèmes.

Le Pape Pie IX a fait élever à la mémoire de Pellegrino Rossi un cénotaphe dans la basilique de Saint-Laurent de-Damas. Le monument est en marbre. Sur un soubassement à trois pans les armes de la famille de Rossi de Carrare figurent au milieu de deux rosaces.

De chaque côté du monument sont dressés deux piliers ornés de pavots et de torches dans le style du xve siècle. — Entre les piliers s'ouvre une niche, dans laquelle se trouve le buste du défunt. Ce buste est d'une vérité et d'une ressemblance telles que ceux qui ont connu Rossi croient le voir revivre, grave et fier, concentré sur lui-même, propre des penseurs et des grands politiques.

Sur les chapiteaux des pilastres et formant le couronnement du monument, s'étend un demi-centre concave, au milieu duquel, au-dessus du buste, figure un bas-relief représentant le Sauveur ouvrant les bras pour recevoir l'âme du défunt. Enfin, autour du bas-relief, des figures d'anges entourent la tête du Rédempteur. Les dessins, bas-reliefs, le buste et l'ensemble du monument sont l'œuvre du grand sculpteur Tenerani. Les ornements ont été exécutés par Palombini.

Au-dessus du buste se trouvent gravés ces mots, prononcés par Rossi:

CAUSAM OPTIMAM MIHI TUENDAM ASSUMPSI;
MISEREBITUR DEUS [1].

L'inscription suivante est gravée sur le monument [2]:

QUIETI ET CINERIBUS
PELLEGRINI ROSSI COM. DOMO. CARRARIA
QUI AB INTERNIS NEGOTIIS PII IX PONT. MAX.
IMPIORUM CONSILIO
MEDITATA COEDE OCCUBUIT
XVII KAL. DEC. ANN. MDCCCXLVIII
ÆTAT. ANN. LXI. M. IIII. D. XII.

1. J'ai entrepris de défendre la meilleure, la plus belle des causes;
Que Dieu ait pitié de moi!

2. Au repos et aux cendres
Du comte Pellegrino Rossi de Carrare
Lequel, étant ministre de l'Intérieur
Du Souverain Pontife le Pape Pie IX,
Succomba victime d'une conjuration impie
Et d'un meurtre prémédité
Le 15 novembre 1848
A l'âge de 61 ans.

Les deux fils de Pellegrino Rossi, Alderan et Édouard, sont morts il y a plus de quinze ans. La comtesse Rossi, née Jeanne-Charlotte Melly, est morte à Paris, le 19 avril 1878.

Par testament olographe du 1er décembre 1876, la veuve de l'illustre homme d'État a légué à l'Académie des Sciences morales et politiques une somme de cent mille francs, à la condition que le revenu de ce capital sera consacré à fonder un prix annuel sur une question d'économie politique et sociale choisie par l'Académie et que le prix portera le nom de « Prix Rossi ».

FIN

NOTE

Nous devons à la gracieuseté de la comtesse Desages, belle-sœur et unique héritière de M. Emile Desages, qui fut l'ami intime et le collaborateur de M. Guizot au ministère des Affaires Étrangères, la communication de plusieurs lettres confidentielles de M. Rossi et de M. Guizot. Le caractère intime de la correspondance du premier ne nous permet pas de la publier, d'autant plus que l'ambassadeur s'y entretient avec M. Desages moins de politique que du personnel de son ambassade.

Parmi les précieuses lettres que M. Guizot écrivait de Val-Richer à M. Desages, pendant ses rares absences, nous en avons choisi une qui nous fait assister en quelque sorte à l'entretien familier et quotidien du grand ministre avec son directeur politique. C'est là que, dans l'épanchement de l'intimité, M. Guizot donnait à son second des aperçus si élevés et des instructions si précises sur toutes nos grandes affaires diplomatiques.

Bien que la dernière partie seulement de cette lettre ait trait à l'ambassade de Rome, nous avons reproduit tout entier cet admirable résumé de la politique française en 1847. En lisant ces lignes, cette pensée viendra à tous : un tel ministre et un tel directeur ne furent jamais remplacés.

Val-Richer, mercredi 18 août 1847.

Mon cher Desages,

Les petites choses d'abord.

J'ai chargé M. Génie de vous parler de ce qui m'arrive avec la reine de Portugal. Elle m'a nommé grand'croix de la Tour et de l'Épée. Ce n'est que le second ordre du Portugal. Le premier est l'Ordre du Christ. Je ne veux, à Lisbonne comme ailleurs, recevoir que le premier ordre. MM. de Talleyrand, de

Villèle et de Chateaubriand ont reçu l'ordre du Christ. J'ai décliné le grand cordon de Danebrog du roi de Danemark, et n'ai accepté que l'Éléphant. Je tiens si peu à ces choses-là qu'il m'est bien permis d'y être un peu difficile. Voici la lettre que je reçois du baron de Renduffe. J'espérais qu'elle tarderait un peu et que j'aurais le temps de la prévenir. Mais je n'en suis pas moins décidé. Voyez le baron de Renduffe, je vous prie, et faites-lui comprendre que je ne puis me conduire envers sa Reine autrement que je n'ai fait envers la reine d'Espagne, le roi de Danemark, le roi de Bavière.

Je suis très reconnaissant des bontés de la Reine Dòna Maria. Je le serai également, soit qu'elle juge ou ne juge pas à propos d'échanger pour moi l'ordre de la Tour et l'Épée contre l'ordre du Christ. J'espère que je serai dispensé de l'ennui de refuser positivement. Arrangez-moi cela, je vous prie. Personne ne sait mieux que vous garder toutes les convenances et être un peu fier sans la moindre fatuité.

Je vous renvoie le petit dossier du comte de Camerata-Bacciochi. Faites-le envoyer au Roi avec les dépêches ordinaires. Ce sera, plus tard, une affaire de conseil. Accusez-en réception à M. de La Rochefoucauld et dites-lui que j'en rendrai compte au Roi quand il reviendra au château d'Eu.

Je viens aux affaires.

Nous ne pouvons certainement pas répondre au mémorandum de M. de Nesselrode par une phrase d'adhésion générale. Il faut arriver à une conclusion positive et à un plan complet. La combinaison du projet Colettis, des modifications Lemaitre et d'une partie des propositions russes, est évidemment ce qu'il y a de sensé et de praticable. J'adopte à cet égard les vues et la marche indiquée par le duc de Broglie. Faites rédiger en ce sens notre mémorandum. Ne craignez pas de le faire un peu long et détaillé. Il doit commencer par relever d'une part ce qu'il y a de vrai et de pratique, de l'autre ce qu'il y a d'erroné et d'impossible dans les propositions diverses et finir par une proposition un peu éclectique qui sera la nôtre. Nous ferons bien, je crois, de l'envoyer *inofficiellement* à Piscatory pour qu'il dise positivement à Colettis que c'est là notre avis définitif, que nous le communiquerons à Pétersbourg, que nous tâcherons d'y amener M. de Nesselrode, et que si nous y réussissons, nous irons de l'avant, *officiellement*, à Athènes comme à Londres. Je suis persuadé que, dans l'intérêt de la Grèce, il faut mettre ainsi Colettis un peu au pied du mur. Je crois aux très mauvais desseins de lord Palmerston envers lui. On dit que toute l'escadre anglaise, Parker et Napier, va se réunir dans la Méditerranée. Dieu sait ce qu'elle y fera ! Obligeons Colettis à retirer tout prétexte au mauvais vouloir arrogant et brutal de Palmerston. Ecrivons à Piscatory sur les réclamations des Ioniens. Qu'il insiste pour que Colettis leur fasse justice, promptement et un peu largement. Qu'il nous donne à ce sujet des renseignements un peu précis. Nous ne connaissons que très vaguement cette affaire.

Tenez pour certain que, les élections faites, en présence du Parlement quasi radical et très susceptible d'emportement vaniteux, quoique pacifique, Palmerston tentera, en Espagne et en Grèce, je ne sais quel coup. Plus nous sommes décidés à soutenir, dans les deux pays, leur gouvernement et notre politique, plus il est indispensable qu'on se mette et qu'on nous mette dans une position *inobjectionable*. Nous ne ferons ni comprendre, ni faire cela à Madrid. Mais à Athènes, Colettis et Piscatory peuvent et doivent le comprendre et le faire. C'est bien assez d'une partie avec un *partner* insensé. Colettis doit être pour nous un bon *partner*.

Je vous renvoie deux lettres particulières du duc de Broglie qu'il vous sera bon d'avoir sous les yeux pour la rédaction de ce mémorandum. Renvoyez-les-moi quand vous n'en aurez plus que faire.

Je vous rends sur-le-champ les dépêches de Rome (n° 47) et de Naples (n° 17). Envoyez-les sans retard au Roi. Je ne crois à aucune coalition traîtresse de Naples avec l'Autriche. Mais je ne vois pas clair en Autriche. Veut-on là un incident, naturel ou factice, qui fournisse un prétexte d'entrer en Italie et d'étouffer le mouvement naissant, même modéré, même soutenu par le Pape ? M. de Metternich finirait-il comme Napoléon, par faire la guerre au Pape ? Je ne puis le croire. J'ai une lettre particulière de Rossi que j'envoie au Roi et où il me dit: « Le Pape aurait peut-être (moi je dis *certainement*) mieux fait de réclamer avant de protester. Mais il y avait chez lui parti pris. Il se sent une grande force d'opinion ; il ne veut pas la compromettre. Je crois qu'il aimerait mieux, en désespoir de cause, quitter Rome et garder sa réputation et une immense popularité. N'oubliez pas qu'il y a dans cette tête un mélange fort complexe et entre autres, je crois, un peu de mysticisme. »

Rossi ajoute que le Pape et le cardinal Ferretti ont eu encore quelques nuages dans l'esprit sur une ligue entre nous et Vienne. Quelles cervelles ! J'espère que mes paroles à la Chambre des Pairs les auront définitivement rassurés.

Préparez, je vous prie, pour Rossi, une dépêche confidentielle, mais ostensible, qui fasse deux choses : 1° inspirer confiance au Pape *modéré* et au parti romain *modéré*; 2° les engager à ne pas porter du premier coup les questions et les affaires devant le public, et à les traiter d'abord de gouvernement à gouvernement. Par le procédé auquel ils paraissent enclins, ils se créeront encore plus d'embarras qu'ils ne se donneront de force. Ecrivez aussi à La Rochefoucauld une dépêche qui le mette bien au courant de notre attitude envers Rome et lui serve ainsi de guide pour Florence.

J'aurais encore bien des choses à vous dire. Mais l'heure me presse. Adieu. Mille amitiés.

Signé : GUIZOT.

— 305 —

LIVRE PREMIER

BOLOGNE

1787-1815

Naissance de Pellegrino Rossi (13 juillet 1787), à Carrare. Son enfance. — Il fait ses humanités au collège de Corregio. — Il suit des cours de droit aux universités de Pise et de Bologne. — Anecdote du duc de Broglie au sujet de Rossi et de Napoléon Ier. — Il est nommé en 1807 secrétaire du parquet de la Cour Royale de Bologne. — Ses succès au barreau de Bologne. — Il est professeur de droit romain et de droit criminel en 1812. — État de l'enseignement du droit, à cette époque, en Italie. — Société *del Caffé*. — Beccaria. — Institutions juridiques italiennes avant 1789. — Influence de la Révolution française en Italie. — Napoléon et l'Unité italienne. — Le Prince Eugène Vice-Roi d'Italie, 1805-1814. — Joachim Murat, *l'Italique*, roi des Deux-Siciles en 1814. — Retour de Murat. — Le Roi fait appel à l'Italie indépendante. — Adhésion de Pellegrino Rossi à ce programme libéral. — Il est nommé Commissaire civil du Roi Joachim Napoléon pour les départements du Rhin, du Rubicon, du Bas-Pô et de la Brenta. — Sa proclamation aux Italiens datée de Bologne, 15 avril 1815. — La patrie *une*. — Adhésion des compatriotes de Rossi au mouvement unitaire provoqué par Murat. — L'Empereur Napoléon à Porto-Ferrajo (octobre 1814) promettant l'unité aux Italiens. — Les Cent Jours. — Tentative de Murat à Naples ; sa mort. — L'Italie et la dynastie des Bonaparte. — Pellegrino Rossi exilé. Il gagne les Calabres et se réfugie en Suisse. . . . . Page 13

LIVRE SECOND

GENÈVE

1815-1833

Voyage de Rossi en Angleterre, 1815. — Il se réfugie à Genève, « l'hôpital des blessés de tous les pays ». — Influence de Mme de Staël. — La vallée du Léman. La Société Genevoise en 1815. Bonstetten, Dumont, Sismondi, le marquis Bossi, Pictet, Bellot. — Pellegrino Rossi traducteur de lord Byron. — En 1819, il ouvre un cours de jurisprudence et d'histoire. — Les *Annales de Législation* et *d'Économie politique* (1819-1821). — Ses succès dans les salons genevois. — Son mariage. — Le premier catholique depuis Luther professant à Genève. Il reçoit le droit de bourgeoisie de Genève et est élu député au Conseil représentatif (1820). — Autorité et charme de son enseignement, d'après Cherbuliez. — Pellegrino Rossi et Bellot. — Rossi *doctrinaire*. — Rossi député à la Diète fédérale. Juin 1832. — Le *Pacte Rossi*. Modification de la Constitution fédérale. — Avantages du système centralisateur de Rossi. — Défiance des républicains suisses. — Le *Pacte Rossi* n'est pas accepté. — Rossi et ses articles dans le *Fédéral*. — Rossi abandonne la Suisse et s'établit en France (1833).
Livre second. . . . . Page 33

LIVRE TROISIÈME

PARIS

1833-1845

Rossi vient à Paris sur les instances de M. Guizot et du duc de Broglie (1833). Il remplace J.-B. Say à la chaire d'Économie politique au Collège de France. — En 1834, il est nommé professeur de droit constitutionnel à la Faculté de droit de Paris. — Troubles suscités par cette nomination. — Souvenirs de M. Colmet d'Aage. — Lettres de grande naturalisation. — Elévation de l'enseignement de Rossi. — Le système représentatif, ou « le gouvernement modèle ». — Succès de son enseignement. — Il est élu membre de l'Académie des Sciences morales et politiques. — Rossi doyen de l'École de droit de Paris. — Rossi accueilli à la cour du roi Louis-Philippe. — Il est nommé Pair de France. — Ses discussions à la Chambre Haute. — Rossi écrivain et orateur, jugé par Louis Reybaud. — Jugement de M. Mignet. — Jalousie qu'il inspire. — Rossi criminaliste. — Son traité de droit pénal. — Ses théories sur le droit de punir et sur le droit constitutionnel. — Rossi économiste. — Les premières parties de son cours publiées en 1840 ; le complément publié après sa mort. — Distribution des prix du 8 août 1844, à l'École de droit. — Discours de Rossi. — Le roi Louis-Philippe et M. Guizot le choisissent pour lui confier une mission à Rome . . . . Page 67

LIVRE QUATRIÈME

ROME

1845-1846

Liberté d'enseignement inscrite dans la Charte de 1830. — Loi du 18 juin 1833. — Impartialité de M. Guizot dans la question d'éducation religieuse. — Agitation en France contre les Jésuites. — La Presse et le Parlement. — M. Guizot renonce à toute mesure pouvant être taxée de persécution. — Il veut s'adresser au Pape Grégoire XVI. — Choix de Rossi pour cette délicate mission. — Portrait de Rossi par M. Guizot. — Rossi présente ses lettres de créance au Pape le 11 avril 1845. — Administration défectueuse des États Pontificaux. — Puissance des Jésuites à la Cour de Rome. — Contre-révolution et théocratie. — Le Pape Grégoire XVI étranger à cette politique. — Habileté diplomatique de Rossi. — Le Saint-Père doit-il sacrifier la bonne entente avec la France à la Compagnie de Jésus ? — La France ignorée à Rome. — Interpellation de M. Thiers à la Chambre sur la question des Jésuites. — Le nonce Ferrari et le roi Louis-Philippe à Neuilly. — Mémorandum du 2 juin 1845. — Attitude de la Cour de Rome. — Le Père Roothan, général des Jésuites, donne l'ordre à la Compagnie de se disperser d'elle-même en France. — Note du *Moniteur officiel*. — Son effet. — La fête du 15 août 1845 à Saint-Louis-des-Français. — Affluence inusitée de cardinaux. — Le Pape s'y rend. — Ses paroles sur le roi des Français. — Troubles dans les Romagnes. — Rossi ambassadeur titulaire à Rome malgré les entraves apportées par ses adversaires. Livre quatrième. . . . . Page 97

LIVRE CINQUIÈME

ROME

1846-1848

Mort de Grégoire XVI (1846). — Le cardinal Mastaï. — Le Conclave. — Nomination de Pie IX. — Idées libérales du nouveau Pontife. — L'amnistie. — Allégresse populaire. — Obstacles apportés aux réformes dans l'entourage du Souverain Pontife. — Les hésitations. — Préoccupations et politique de l'Autriche. — Complot contre-révolutionnaire. — Incident Minardi. — Ajournement des fêtes de l'anniversaire de l'amnistie. — La garde civique et la noblesse romaine. — Fermentation populaire. — Installation de la Consulte d'État. — Conversation du Pape Pie IX et de Rossi sur les réformes à faire. — Influence de l'envoyé français. — *L'elemento laïco*. — Sagesse des conseils donnés par le ministre des Affaires Étrangères, M. Guizot, et par le comte Rossi. — Confidence du comte Rossi au comte de Saint-Aignan. M. Guizot, M. de Metternich et la Lombardie. — La Révolution de 1848 en France. — Son contre-coup à Rome. — Rossi est remplacé par le duc d'Harcourt. — Il reste provisoirement au palais Colonna. — Agitation dans la Péninsule. — Rossi reprend la nationalité italienne. — Il est nommé député de Carrare . . . . Page 141

LIVRE SIXIÈME

ROME

1848

Installation à Rome de l'ex-ambassadeur. — La librairie Merle. — Lettres d'un *Dilettante de la politique* sur l'Allemagne, la France et l'Italie. — Rossi, sujet romain, député de Bologne. — Septembre 1848. Il accepte le ministère. — La prétendue victime des Jésuites. — Portrait de Rossi. — Son programme politique : Ordre dans les finances et l'administration ; répression de l'anarchie. — Appréhensions de Mazzini et du parti révolutionnaire. — Subsides demandés au clergé ; réorganisation civile des États romains. — Mesures énergiques. — La mort de Rossi décidée par les révolutionnaires. — Pietro Sterbini. — Cicerruachio. — Joseph Galletti. — Les conciliabules de la *Porte du Peuple*. — Le comte Mamiani et Fracciotti. — Société révolutionnaire du *Rione del Monti*. — Le prince de Canino. — Les *reduci* de Vicence. Résistance de Rossi aux organisations révolutionnaires. — Succès des Autrichiens. — Le 15 mai à Naples. — Rossi rattache la police au ministère de l'intérieur. — Le Pape Pie IX et Rossi, partisans du système fédératif des États italiens. — La Constituante fédérative de Vincent Gioberti. — La constitution démocratique de Mazzini. — Premier plan d'assassinat de Rossi. — Il est déjoué. — Second plan. — L'assassinat fixé au 15 novembre. — Menaces de la presse révolutionnaire. — Courage et calme de Rossi. — Mesures prises par lui. — Le palais de la Chancellerie. — Grandoni et les conjurés. — Le prince de Canino acclamé par la foule. — Rossi se rend à la Chancellerie malgré les avertissements reçus. — Arrivée de son carrosse. — Il est frappé de mort. — Impassibilité et terreur de la population romaine . . . . Page 189

LIVRE SEPTIÈME

APRÈS LA MORT

Lâcheté des députés romains. — La séance continue après l'assassinat. — Protestation de l'ambassadeur d'Espagne et du duc d'Harcourt. — Sérénité des assassins. — Manifestation populaire. — Les troupes fraternisent avec le peuple. — Nuit triomphale. — Grandoni l'assassin est acclamé. — Réveil de Rome le 16 novembre. — Le ministère Sterbini. — Le peuple se rend au Quirinal. — Refus énergique de Pie IX d'accepter ce ministère. — Les conjurés appellent le peuple aux armes. — Attaque du Quirinal. — Suspension des hostilités. — Les ministres étrangers. — Négociation Galletti. — Les Suisses enlevés au Saint-Père. — Évasion du Pape Pie IX. — Récit de la comtesse de Spaur. — Le Pape passe la frontière et se réfugie dans le royaume de Naples. — Impunité et triomphe des assassins dans Rome. — La République est proclamée. — Les ateliers nationaux. — Arrogance des assassins de Rossi. — Orgie révolutionnaire « de sang et de rapine ». — La conclusion. — Procès des assassins en 1854. — Seize accusés. — Deux condamnations à mort. — Grandoni s'étrangle dans sa prison. — Santa Constantini est exécuté. — Le tombeau de Rossi élevé par le Saint-Père Pie IX. Inscription tumulaire. — Mort des deux fils de Pellegrino Rossi. — Mort de la comtesse Rossi (1878). — Fondation du « Prix Rossi » . . . . Page 299

ŒUVRES COMPLÈTES DE H. DE BALZAC
NOUVELLE ÉDITION — 55 VOLUMES
1 fr. 25 cent. le volume (Chaque volume se vend séparément)

La Comédie humaine, 40 vol. — Les Contes drôlatiques, 3 vol. — Le Théâtre, édition complète, 2 vol. — Œuvres de jeunesse, 10 vol.

COMÉDIE HUMAINE
SCÈNES DE LA VIE PRIVÉE

Tome 1. — LA MAISON DU CHAT-QUI-PELOTTE. Le Bal de Sceaux. La Bourse. La Vendetta. Mme Firmiani. Une Double Famille.

Tome 2. — LA PAIX DU MÉNAGE. La Fausse Maîtresse. Étude de femme. Autre étude de femme. La Grande Bretèche. Albert Savarus.

Tome 3. — MÉMOIRES DE DEUX JEUNES MARIÉES. Une Fille d'Ève.

Tome 4. — LA FEMME DE TRENTE ANS. La Femme abandonnée. La Grenadière. Le Message. Gobseck.

Tome 5. — LE CONTRAT DE MARIAGE. Un Début dans la vie.

Tome 6. — MODESTE MIGNON.

Tome 7. — BÉATRIX.

Tome 8. — HONORINE. Le Colonel Chabert. La Messe de l'Athée. L'Interdiction. Pierre Grassou.

SCÈNES DE LA VIE DE PROVINCE

Tome 9. — URSULE MIROUET.

Tome 10. — EUGÉNIE GRANDET.

Tome 11. — LES CÉLIBATAIRES. — I. Pierrette. Le Curé de Tours.

Tome 12. — LES CÉLIBATAIRES. — II. Un Ménage de garçon.

Tome 13. — LES PARISIENS EN PROVINCE. L'illustre Gaudissart. Muse du département.

Tome 14. — LES RIVALITÉS. La Vieille Fille. Le Cabinet des antiques.

Tome 15. — LE LYS DANS LA VALLÉE.

Tome 16. — ILLUSIONS PERDUES — I. Les Deux Poètes. Un grand Homme de province à Paris, 1re partie.

Tome 17. — ILLUSIONS PERDUES — II. Un grand Homme de province, 2e p. Ève et David.

SCÈNES DE LA VIE PARISIENNE

Tome 18. — SPLENDEURS ET MISÈRES DES COURTISANES. Esther heureuse. A combien l'amour revient aux vieillards. Où mènent les mauvais chemins.

Tome 19. — LA DERNIÈRE INCARNATION DE VAUTRIN. Un Prince de la Bohème. Un Homme d'affaires. Gaudissart II. Les Comédiens sans le savoir.

Tome 20. — HIST. DES TREIZE. Ferragus. Duchesse de Langeais. Fille aux yeux d'or.

Tome 21. — LE PÈRE GORIOT.

Tome 22. — CÉSAR BIROTTEAU.

Tome 23. — LA MAISON NUCINGEN. Les Secrets de la princesse de Cadignan. Les Employés. Sarrasine. Facino Cane.

Tome 24. — LES PARENTS PAUVRES — I. La Cousine Bette.

Tome 25. — LES PARENTS PAUVRES — II. Le Cousin Pons.

SCÈNES DE LA VIE POLITIQUE

Tome 26. — UNE TÉNÉBREUSE AFFAIRE. Un Épisode sous la Terreur.

Tome 27. — L'ENVERS DE L'HISTOIRE CONTEMPORAINE. Madame de la Chanterie. L'Initié. Z. Marcas.

Tome 28. — LE DÉPUTÉ D'ARCIS.

SCÈNES DE LA VIE MILITAIRE

Tome 29. — LES CHOUANS. Une Passion dans le désert.

SCÈNES DE LA VIE DE CAMPAGNE

Tome 30. — LE MÉDECIN DE CAMPAGNE.

Tome 31. — LE CURÉ DE VILLAGE.

Tome 32. — LES PAYSANS.

ÉTUDES PHILOSOPHIQUES

Tome 33. — LA PEAU DE CHAGRIN.

Tome 34. — LA RECHERCHE DE L'ABSOLU. Jésus-Christ en Flandre. Melmoth réconcilié. Le Chef-d'œuvre inconnu.

Tome 35. — L'ENFANT MAUDIT. Gambara, Massimilla Doni.

Tome 36. — LES MARANA. Adieu. Le Réquisitionnaire. El Verdugo. Un Drame au bord de la mer. L'Auberge rouge. L'Élixir de longue vie. Maître Cornélius.

Tome 37. — SUR CATHERINE DE MÉDICIS. Le Martyr calviniste. La Confidence des Ruggieri. Les deux Rêves.

Tome 38. — LOUIS LAMBERT. Les Proscrits. Seraphita.

ÉTUDES ANALYTIQUES

Tome 39. — PHYSIOLOGIE DU MARIAGE.

Tome 40. — PETITES MISÈRES DE LA VIE CONJUGALE.

CONTES DRÔLATIQUES

Tome 41. — Tome 42. — Tome 43.

THÉÂTRE

Tome 44. — VAUTRIN, drame. Les Ressources de Quinola, comédie.

Tome 45. — LA MARÂTRE, drame. Le Faiseur (Mercadet), comédie.

ŒUVRES DE JEUNESSE

Tome 46. — JEAN-LOUIS.

Tome 47. — L'ISRAÉLITE.

Tome 48. — L'HÉRITIÈRE DE BIRAGUE.

Tome 49. — LE CENTENAIRE.

Tome 50. — LA DERNIÈRE FÉE.

Tome 51. — LE VICAIRE DES ARDENNES.

Tome 52. — ARGOW LE PIRATE.

Tome 53. — JANE LA PÂLE.

Tome 54. — DOM GIGADAS.

Tome 55. — L'EXCOMMUNIÉ.

PARIS. — IMPRIMERIE CHAIX, 20, RUE BERGÈRE. — 1334-7.

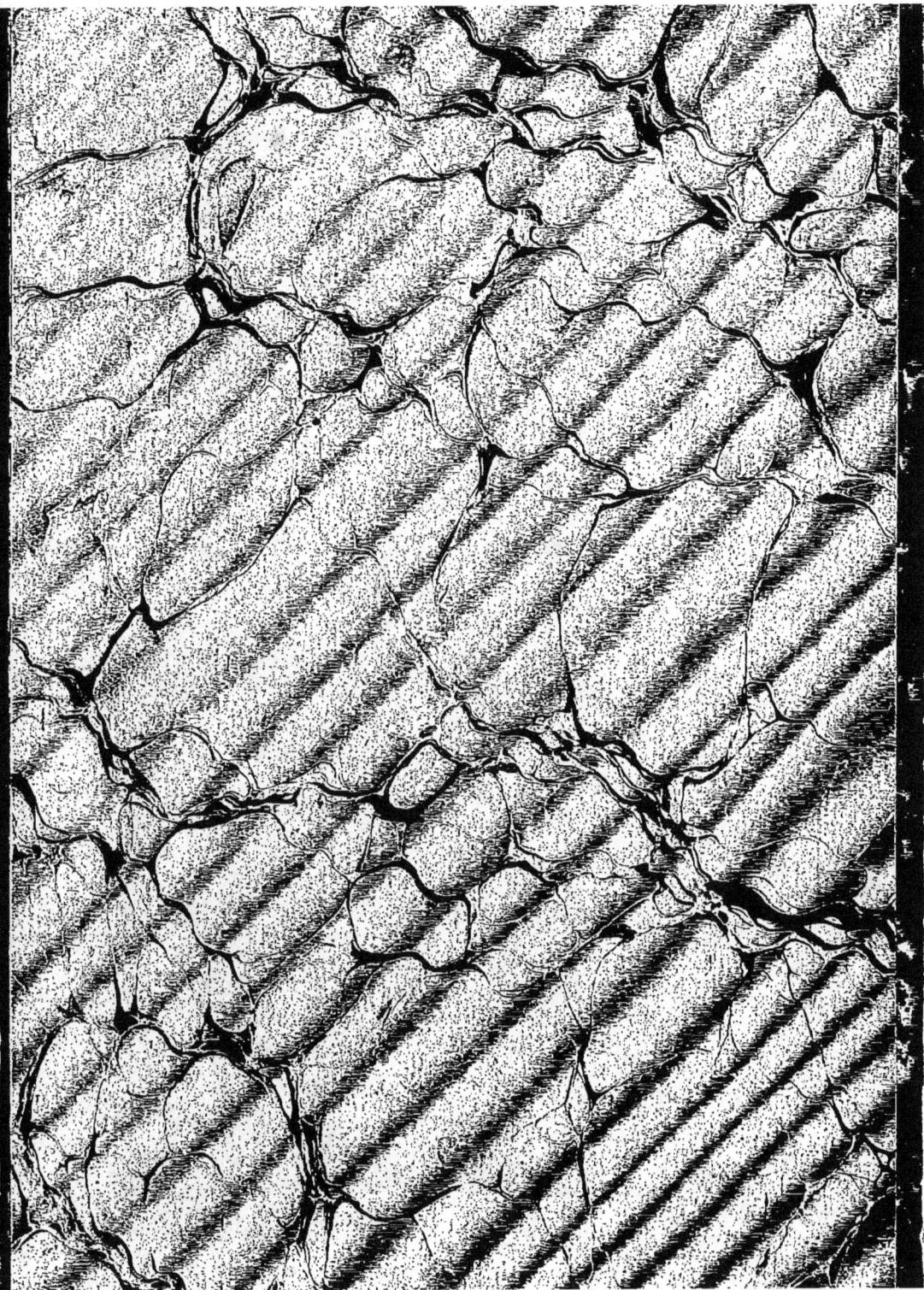

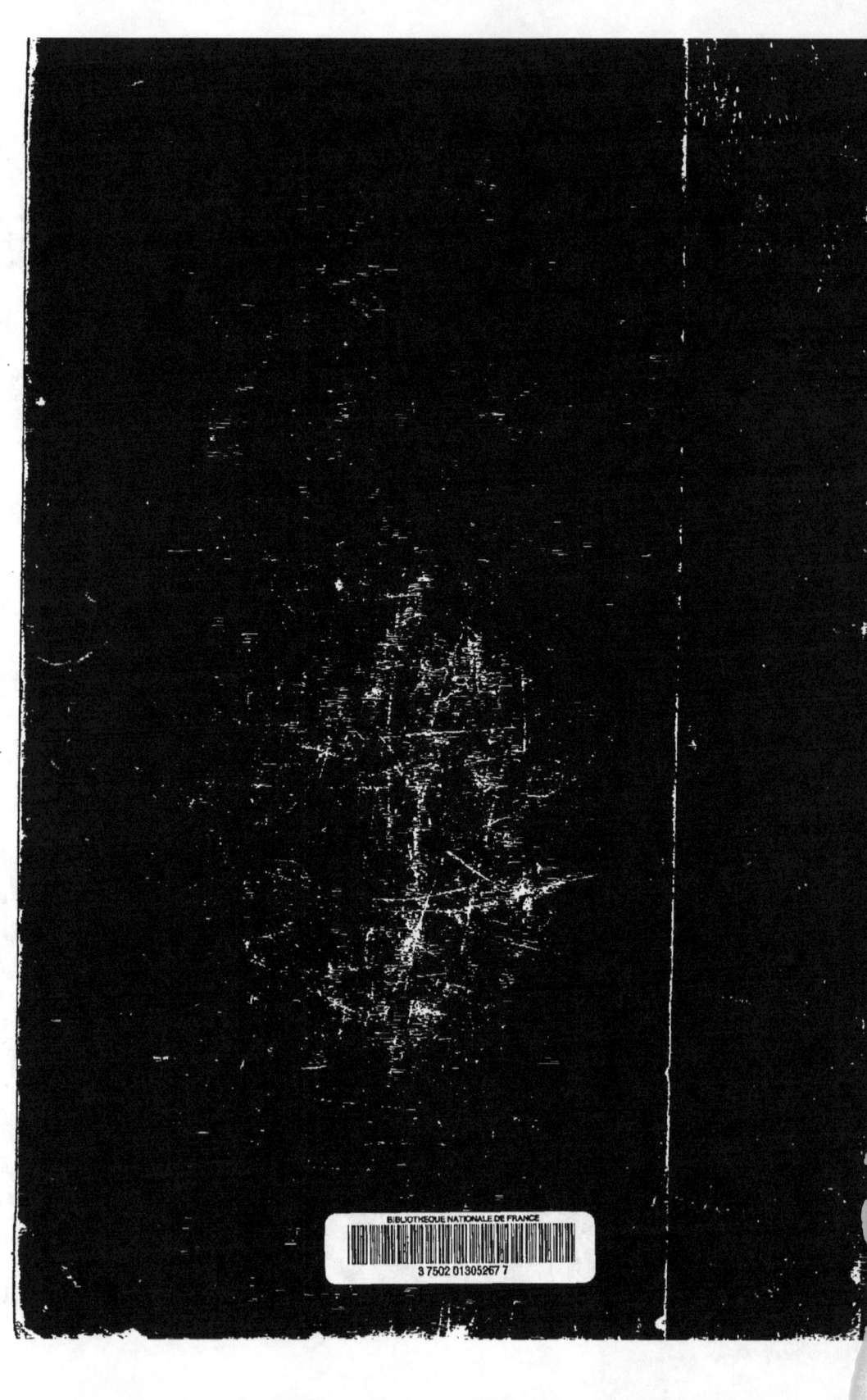

www.ingramcontent.com/pod-product-compliance
Lightning Source LLC
Chambersburg PA
CBHW070615160426
43194CB00009B/1273